東歐諸國史 上

·當代完備版·

李邁先 著 | 洪茂雄 增訂

The History of Eastern Europe Countries: A Contemporary Edition

編輯說明

　　李邁先教授與洪茂雄教授在東歐史研究領域擁有卓越成就,《東歐諸國史》為兩位教授的心血結晶,是研究東歐歷史最全面、詳盡的專著。

　　此次再版,為符合現代出版潮流,本書除了調整內文間距及字體編排外,也重新設計版式與封面,並將內容分為上、下兩冊,讓讀者能更輕鬆、舒適的閱讀本書。本書第五編「當代東歐變貌」也對2012年後東歐諸國的近況略作增補,期望讀者能更了解東歐的歷史發展,並擁有國際觀,以理解、應用於今日世界。

編輯部謹識

增訂四版序

　　李邁先教授這部《東歐諸國史》，自 1989 年出版，其後 1990 年再版，加列第二十九章「東歐共產政權的瓦解」；2002 年三版增訂第三十章「後共產主義時期東歐國家發展情勢」。由於這十多年東歐諸國政經情勢變化頗大，相關資料有進一步補充的必要，始能符合讀者市場的需求，並盡一份出版界求新求實的職責。

　　2002 年增訂出版迄至 2012 年，屈指一算剛好滿十週年。過去十年間，這些由共黨極權專制的國家演變而來的新興民主政體，又有一些對其發展具有決定性的影響，其中最引人矚目者：

　　第一，絕大多數東歐國家加入北大西洋公約組織和歐洲聯盟，成為歐洲大家庭的成員。這些原始華沙公約組織和經互會一員，均能按照北約和歐盟所提供的加盟程序，如前者，建立和平夥伴關係；後者，依循哥本哈根決議和歐洲協定的規範，使北約和歐盟東擴成為事實，來填補華約和經互會所留下的真空。

　　第二，完善憲法體制。東歐諸國在 1989 年和平演變之後，均頒布新憲法，拋棄史達林模式憲法，改採西歐三權分立的憲政體制。隨後雖做小幅度的修憲，但不影響民主法治的運作。其中較引人關注的焦點有：匈牙利一部新憲法《基本法》，辛苦等了二十載始告誕生；克洛琪亞修憲，將原本實行的半總統制改為內閣制；羅馬尼亞總統和國會之間的衝突，使公投成為保衛總統職權的手段。凡此種種都予人印象深刻。

　　第三，南斯拉夫二度分裂，使南斯拉夫這個名詞正式走入歷史。由狄托所創建的南斯拉夫社會主義聯邦，於 1992 年正式分裂，一分為五。2006 年 5 月黑山獨立公投通過；2008 年 2 月科索沃單方面宣布獨立，脫離塞爾維亞，並獲國際法庭宣判其獨立行為並未違反國際法，

終於使東西方冷戰時期曾是不結盟運動要角的南斯拉夫面目全非，一分為七個主權獨立的國家。

第四，最後尚值得一提者，為 1940 年第二次世界大戰期間，數千波蘭軍官在卡廷森林遭集體屠殺。這個恐怖事件，莫斯科當局言之鑿鑿，指係納粹所為。直到波蘭非共化後，這件歷史懸案才逐漸公開。最令人感到惋惜的是，2010 年 4 月，波蘭政府為紀念卡廷森林事件七十週年，由總統卡欽斯基率文武百官近百人搭上專機親赴現場憑弔，卻因為天候不佳，座機不幸罹難，使歐洲社會大為震驚，痛失波蘭新一代領導人。另外最令人訝異者，是組織嚴密、無孔不入的 KGB，竟然還保存卡廷森林大屠殺事件的機密檔案，不但未將之銷毀，而且還把相關主要文件交還波蘭政府保管。卡廷森林慘案始末已搬上銀幕「愛在波蘭戰火時」，劇情可歌可泣，扣人心弦。正因為卡廷森林事件史實廣為流傳，故未在增訂版多所著墨。

本書第三十章論述後共產主義時期東歐國家發展情勢，基本上以憲政體制的選擇、國會政黨生態之消長、經濟改革及其發展、融入歐洲社會前景等面向作為觀察指標，一來較容易掌握東歐諸國發展的脈動，二來可藉此比較這些前社會主義國家民主化以來的共同特徵及其差異性。總之，東歐研究素材極為豐富，本書正可提供國人作為認識東歐不可或缺的參考讀物。

洪茂雄　謹識
2012 年 9 月 7 日於
臺北萬隆寓所

增訂版序

　　1989 年東歐劃時代的變革，史家曾比喻，值以與 1789 年的法國大革命、1889 年「社會黨國際」(Socialist International) 之建立，前後相輝映。因為兩百年前的法國大革命改變了歐洲的君王統治制度，走向「共和」的國體；一百年前建立的社會黨國際，宣揚左派思想，帶動左翼政黨進入體制內，形成左右勢力良性競爭，健全政黨政治的運作；而 1989 年東歐的民主浪潮，不但促使掌握大權統治近半個世紀的共產黨和平交出政權，而且也改寫了戰後的歐洲政治地理，如東、西德和平統一（1990 年 10 月）、南斯拉夫的分裂（1991 年 6 月）、蘇聯解體（1991 年 12 月）和捷克斯洛伐克和平分離（1993 年 1 月）。其演變之大，影響之深遠，實與十八世紀的法國大革命相比擬，堪稱是二十世紀「偉大的革命」。

　　當 1989 年東歐國家陸續掀起和平演變浪潮之後，執政近半個世紀的共黨政權出乎世人意料之外，「改朝換代」，轉由昔日被迫害的異議分子所組成的政黨取而代之，使長期共黨「一黨專政」時代劃上休止符。東歐進入後共產主義時期以來，作者曾先後在 1991、1993 和 1995 年再赴某些東歐國家進行短期觀察，深入瞭解其各方面的演變，印象極為深刻。1998 年和 2000 年的 7、8 月間，又走訪波蘭、捷克、斯洛伐克、匈牙利、羅馬尼亞、保加利亞和南斯拉夫分裂出來的斯洛汶尼亞、南斯拉夫聯盟、克洛琪亞等國，事隔多年，再度重遊，雖自然地理景觀依舊，但人文社會風貌，則予人有欣欣向榮，展現社會活力之感。羅馬尼亞、保加利亞和南斯拉夫聯盟因市場經濟轉軌步伐猶豫不前，加上南聯盟飽受巴爾幹戰火衝擊，其政經情勢的發展令人失望。

　　國人對戰後淪入鐵幕之東歐國家的瞭解，顯得相當陌生，一來因其長期受共黨統治，在我國「反共」基本國策的約束下，被列為敏感

地區，鮮少來往；二來距離我國遙遠，儘管 1980 年代開放東歐市場，但貿易量極其有限，不易引起國人興趣；三來國內欠缺研究人員和相關著作。其實，歷史上東歐演變，尤其是戰後東歐人民爭自由爭民主的過程，正可幫助國人認識如下問題：其一、斯拉夫民族和非斯拉夫民族如何在東歐爭得一席之地，建立現代國家？其二、民族主義為何在這個地區興而不衰，屢生事端，引起動盪不安？其三、共產黨「一黨專政」，掌握所有政經資源，為何卻無法振衰起敝，而走向崩潰，拱手交出政權？其四、東歐各國由「一黨專政」走向多黨民主，由計畫經濟轉向市場經濟，由封閉「一言堂」的社會轉變成開放的多元化社會，其改革工程毫無前例可循。它們如何採行因應對策，蛻變成為新興民主國家？其五、東歐共產黨的脫胎換骨，和剛崛起對抗共黨的民主黨派，前者仍有東山再起，重新執政的機會；後者嚐到權力滋味之後自甘墮落，或由盛而衰，或呈現分裂，其經驗和啟示，值供我國朝野政黨的借鏡。

李邁先教授的《東歐諸國史》，算是國內對東歐各國整個歷史脈絡敘述最完整的巨著，極富可讀性和參考性。惟李教授的大作僅寫到「東歐共產政權的瓦解」（第二十九章），因他的健康的關係，對共黨政權和平演變後的十二年，未能如願予以增補。作者承蒙臺北三民書局之邀，補列第三十章「後共產主義時期東歐國家發展情勢」。從 1990 年至 2002 年間，這些前社會主義國家如何渡過重重難關，由共黨獨裁統治，邁向多黨民主；由行之無效率的計畫經濟，轉變到講究效率和競爭的市場經濟；整個改革實踐過程，誠是當代歷史令人刮目相看的新篇章，頗值國人正確認識。

洪茂雄　謹識

2002 年 7 月 16 日於

指南山麓

再版序

　　東歐諸國在 1989 年秋到 1990 年之間，發生了驚天動地的劇變，有人稱之為「東歐大革命」。因為一則發生變革的國家，包括整個東歐和中歐東陸的東德，範圍十分廣大；二則變革的性質，兼具政治、經濟和社會意義，影響十分深遠。

　　在這短短一年之間，統治東歐將近半個世紀的共產政權，像骨牌一樣的一個個倒了下來，矗立了將近三十年的「柏林圍牆」，在萬眾歡呼聲中打成碎塊，二次大戰所造成的東西分裂突然終止，德國重歸統一，〈美蘇裁軍協定〉及〈巴黎憲章〉(Charter of Paris) 簽字，使得「北大西洋公約組織」和「華沙公約組織」兩個敵對的聯盟，失去了原有的作用，東、西雙方走向和解合作的坦途。

　　這部《東歐諸國史》的初版，脫稿於 1989 年 10 月，其時「柏林圍牆」尚未拆除，東歐共產集團除波蘭外，其餘仍在共黨統治之中。本書付印後，東歐局勢始起激變，所以 10 月以後發生的上述大事未及一一列入，殊屬遺憾。為了彌補這個缺失，特於本書再版時，增列第二十九章，專論「東歐共產政權的瓦解」，希望更能有助於對東歐諸國的瞭解。

　　東歐共產政權雖已瓦解，但安定繁榮的民主東歐尚未建立。東歐現正處於蛻變轉型時期，有些國家如蘇聯、捷克、羅馬尼亞和南斯拉夫等國可能發生分裂，歐洲地圖也可能重畫。現在我們還不能輕率樂觀，而應以審慎冷靜的眼光，仔細觀察它未來的起伏變化。

　　這一段由共產社會轉變為民主社會的寶貴經驗和歷史教訓，實在值得世人再思三思！

中華民國 79 年（1990 年）12 月 10 日　李邁先　序

著者序

　　近年以來，臺灣正圖推展與東歐諸國之間的貿易，並擬在匈牙利、捷克和南斯拉夫等國設置商務辦事處。企業界尤躍躍欲試，渴望打開東歐市場，東歐忽然成為熱門的話題。

　　但是我們不禁要問，我們對於東歐究竟有多少的瞭解？東歐有哪些國家？有哪些民族？那些國家的歷史背景如何？宗教信仰和生活方式如何？經濟結構和市場供需情形如何？尤其重要者是東歐諸國的現狀如何？未來的發展方向如何？要想尋求這些問題的答案，我們亟需介紹東歐諸國歷史、地理、政治、社會和經濟貿易等等的書刊。

　　東歐不似西歐，世人一向對其忽視，缺乏深入的認識。不僅我們如此，西方世界亦然。有一則諷刺性的笑譚：在第二次世界大戰前夕，希特勒蓄意併吞捷克，世局陡趨緊張。英國首相張伯倫惟恐引發大戰，插手干涉。當他在議會中提及捷克時，竟然說道：「捷克？捷克在哪裡？那是一個遙遠的國度，我們對它一無所知。我們怎能為了這樣一個國家而捲入糾紛，輕啟戰禍呢！」殊不知「捷克危機」正是二次大戰的一條導火線，一年以後，英國就捲入了這場大戰的漩渦。

　　東歐的地位，最近方始引起世人的重視。因為大家發現，第一和第二兩次世界大戰以及東西雙方之間的「冷戰」，全是導源於東歐。第一次大戰的肇因是塞爾維亞和波士尼亞問題，第二次大戰的肇因是捷克和波蘭問題，冷戰的肇因是英、美與蘇聯之間對於波蘭、羅馬尼亞和希臘問題的爭執，而這些地區全在東歐。換言之，東歐常是國際戰亂的根源，我們怎能對其忽視！

　　東歐諸國，除希臘外，在第二次大戰以後，即淪為蘇聯的附庸。鐵幕深垂，一億二千萬人民失去了自由，忍受共黨的專橫統治，歷時已有四十四年之久。

　　直至最近期間，東歐大局始有激變。激變的高潮發生於 1989 年：首先是波蘭的「團結工聯」（Solidarnosc）在是年 6 月的國會大選中獲得壓倒性的勝利，迫使共黨屈服讓步，同意組成以工聯為主體的多黨聯合政府，總理一職，由工聯領袖瓦文薩（Lech Walesa）推薦的馬佐維耶斯基（T. Mazowiecki）擔任。這是大戰以後在東歐首次出現的民主政府，打破了共黨一黨獨裁的傳統。

　　其次是長期統治匈牙利的卡達（J. Kádár）保守政權，在要求自由改革的反對聲中於 1988 年黯然下臺，改由自由派分子格羅茲（K. Grósz）和尼米茲（M. Németh）執政。新政府首先採取的一項行動，是把匈牙利和奧國之間的邊界於 1989 年 9 月開放，剪斷了阻隔自由與奴役兩個世界的鐵絲網，於是數以萬計的東歐人民，尤其是東德人民，紛紛穿越匈境逃往西方。這是「柏林圍牆」自 1961 年建立以後的首次突破。匈共所採取的另一項行動，是更換黨名，在 1989 年 10 月 7 日的匈共代表大會中，決議將黨名更換為「匈牙利社會黨」。改名的目的，是爭取人民的好感，以期在來年的全國普選中，不致重蹈波共失敗的覆轍。

　　上述波蘭和匈牙利的政局激變，使晦暗已久的東歐天空，綻出了兩道耀眼的光芒。展望前程，充滿了令人樂觀的景象。

　　東歐政局之所以發生變革，內在的原因是由於各國共黨政權的倒行逆施，一成不變，終於引起人民的堅強反抗。外在的原因則是由於蘇聯改變政策的影響。東歐鐵幕國家，一向遵循蘇聯的意旨行事，唯其馬首是瞻。史達林時代奉行專橫獨裁的「史達林主義」（Stalinism），赫魯雪夫時代奉行修正主義，布里茲涅夫時代奉行「布里茲涅夫主義」（Brezhnevism）。但自 1985 年戈巴契夫（M. Gorbachev）上臺以後，作風丕變，高唱「開放」（glasnost）和「改造」（perestroika）政策，不僅蘇聯國內已有若干劃時代性的革新，東歐附庸也難免受其衝擊和感染。在波蘭團結工聯大選獲勝後，波共驚懼徬徨不知所措，戈巴契夫曾勸告波共與工聯妥協，放棄一黨專政。當匈共打開鐵幕更改黨名時，蘇

聯並未橫加干涉，而聽其自由行事。此種作風，迥異於 1956 年對於匈牙利的血腥屠殺和 1968 年對於捷克「布拉格之春」(Prague Spring) 自由運動的大軍鎮壓。如果照此趨勢繼續發展，東歐諸國的開放與改造勢必逐步加強。東歐和西方的政治觀察家甚至預測，第二次大戰所造成的歐洲東西分裂局面，可望漸漸泯除，重新恢復戰前的原貌。

由於上述種種令人目眩的變化，介紹東歐諸國歷史和現狀的專書，更有儘速刊行的必要。著者致力於東歐史的研究工作已有多年，1969 年起曾在行政院國家科學委員會的獎助之下撰寫了多篇論文，並在臺灣大學、政治大學和輔仁大學講述有關東歐的課程和專題，但一直未得機緣，把這些零散的篇章，編寫成一部有系統的專著。最近始獲餘暇，乃得黽勉從事。除原有篇章外，更在國外多方搜求最新資料加以補充。歷時三載，始得於 1989 年秋完成此書之初稿。

這部東歐史的編寫方式，原擬分國成書，再合為一部「東歐諸國叢書」，但有下列缺失：一是有些國家的歷史演進過程，彼此相似，甲國與乙國的部分章節，難免重複，徒然浪費篇幅。例如巴爾幹五國在十五至十九世紀之間均在土耳其帝國的統治之下，其典章制度和人民遭際大致相同。再如第二次大戰末期，紅軍席捲東歐，北起波蘭，南至巴爾幹，分建共產政權，這些附庸的政經制度，均屬同一模式，分國列舉，無異重抄。另一困難則是東歐諸國同處一個地區，彼此毗鄰而居，關係錯綜糾結，不易分國闡述。為了避免上述缺失，本書乃改採另一編寫方式，即將東歐看作一個整體，依照歷史時代先後的推移，縱分為四個大的段落，然後再於每個段落之中，分國詳述個別的史實。這樣的編排，可使讀者一方面明瞭整個東歐歷史演進的軌跡，同時也可明瞭每一個國家的個別發展。

本書分為四編二十八章，第一編為「東歐諸國的早期歷史」（自中古建國起至十八世紀的低潮時期為止），第二編為「十九世紀的東歐」，第三編為「戰間期的新東歐」(1918–1939)，第四編為「現代東歐」（第

二次大戰以後以迄 1989 年 10 月為止）。

就地理區劃來說，本書介紹的範圍，僅限於「狹義的」東歐，由北而南，包括波蘭、捷克、匈牙利、南斯拉夫、羅馬尼亞、保加利亞、阿爾巴尼亞和希臘等八個國家。至於蘇聯的西半部及其所屬之烏克蘭、白俄羅斯、莫德維亞 (Moldavia)、愛沙尼亞、拉脫維亞、立陶宛等六個「加盟共和國」則在「廣義的」東歐範圍之內，限於篇幅，所以並不論列（讀者可參閱拙著《俄國史》），但在論及古代的波蘭時，亦將連帶介紹立陶宛、白俄羅斯和烏克蘭，因為這些地方原是波蘭的領土。在論及羅馬尼亞時，亦將連帶介紹莫德維亞，因為莫德維亞是由原屬羅國的比薩拉比亞 (Bessarabia) 和北布庫維納 (North Bucovina) 兩地合組而成。

此外，在上述八國之中，有七國是共產政權，獨有希臘不在鐵幕之內。再則東德雖是共產國家，因地居中歐，故不在東歐史範圍以內。

1989 年 10 月 12 日　李邁先序於美國洛杉磯

東歐諸國史 (上)

第一編　　東歐諸國的早期歷史

第二編　　十九世紀的東歐

第三編　　戰間期的新東歐 (1918–1939)

第一編
東歐諸國的早期歷史

第一章　東歐的地理背景與民族分布

一、東歐的地理區劃

　　所謂「東歐」，究何所指？論者說法不一。東歐與西歐的分界線，傳統上多以波蘭、捷克、匈牙利、南斯拉夫等國的西界為準，此線以西為西歐，此線以東為東歐。第二次世界大戰以後，蘇聯勢力擴張，在東歐乃至中歐的東部，建立了八個共產國家，自北而南，分別是波蘭、東德、捷克、匈牙利、南斯拉夫、羅馬尼亞、保加利亞和阿爾巴尼亞。當時剛剛卸任英國首相的邱吉爾，赴美訪問，1946 年 3 月，在密蘇里州的富爾敦 (Fulton) 城發表了一篇著名的警世演說，指出「北自波羅的海的史泰汀 (Stettin) 起，南至亞得里亞海的特里雅斯特 (Trieste) 止，已經降下了一道縱貫歐洲大陸的鐵幕 (Iron Curtain)。」以後世人常稱上述波蘭等國為「鐵幕國家」。這一條分隔共產世界與民主世界的「鐵幕線」，大致與傳統上的東、西歐分界線符合。

　　至於鐵幕線以東的東歐，則有廣義與狹義兩種不同的解釋。廣義的東歐，是指西自鐵幕線起，東至烏拉山麓為止的廣大地區，包括蘇聯的西半部在內。狹義的東歐，西界相同，而東界則止於蘇聯的西疆，並不包括蘇聯在內。

　　本書所要討論的範圍限於狹義的東歐。有些學者稱之為「東中歐」(East-Central Europe)。本書所要介紹的國家並不包括東德在內，卻增列巴爾幹半島南端的希臘。因為東德雖為共產國家，卻在鐵幕線以西；希臘雖非共產國家，卻在東歐的範圍之內。

表 1　東歐諸國的面積與人口

國　名	面　積 （平方公里）	人　口 （千人）
波蘭 (Republic of Poland)	312,685	38,282
捷克 (Czech Republic)	78,867	10,702
斯洛伐克 (Slovak Republic)	49,035	5,440
匈牙利 (Republic of Hungary)	93,028	9,771
羅馬尼亞 (Romania)	238,391	21,302
保加利亞 (Republic of Bulgaria)	110,879	6,966
阿爾巴尼亞 (Republic of Albania)	28,748	3,074
斯洛汶尼亞 (Republic of Slovenia)	20,273	2,102
克洛琪亞 (Republic of Croatia)	56,594	4,227
馬其頓 (Republic of Macedonia)	25,713	2,125
波士尼亞・赫塞哥維納 (Bosnia and Herzegovina)	51,197	3,835
塞爾維亞 (Republic of Serbia)	77,474	7,012
黑山 (Republic of Montenegro)	13,812	609
希臘 (Hellenic Republic)	131,957	10,607
合　計	1,288,653	126,054

註：本表所列塞爾維亞人口不包含科索沃。馬其頓共和國於 2019 年改名為北馬其頓
　　共和國。
　　本表所列之所有數據係根據美國中情局之統計 (2020.7)。

　　展視地圖，我們不難發現，歐洲只是「歐亞大平原」西陲的一個半島，
而東歐現在的十三國正位於半島的頸部。北面是波羅的海，南面濱臨亞得
里亞海、愛琴海與黑海，是一個大型的地峽。北起波蘭的格但斯克
(Gdansk)，南至希臘南端，長約二千公里；西起克洛琪亞的伊斯特里亞
(Istria) 半島，東至羅馬尼亞的多瑙河口，寬約一千三百公里。

　　東歐的地形，變化起伏甚大，所以又分為若干個小的地理區，這也是
東歐不易產生統一大帝國的原因之一。為了敘述的便利，我們把東歐簡分
為三區：㈠波蘭平原，㈡多瑙河流域，㈢巴爾幹半島。其間，二、三兩區
頗多重疊之處，例如塞爾維亞、羅馬尼亞與保加利亞三國，既屬多瑙河流
域國家，也是巴爾幹國家。依照習慣，我們把這三個國家列入巴爾幹區 ❶。

㈠波蘭平原

波蘭現稱「波蘭共和國」(Republic of Poland)，是東歐諸國之中面積最大、人口最多的國家。面積三十一萬二千六百八十五平方公里，人口約三千八百萬。疆域略呈正方形，東與俄羅斯、立陶宛、白俄羅斯、烏克蘭有共同邊界；西鄰德國，以奧得河與西尼塞河 (Oder R.-West Neisse R.) 為界；

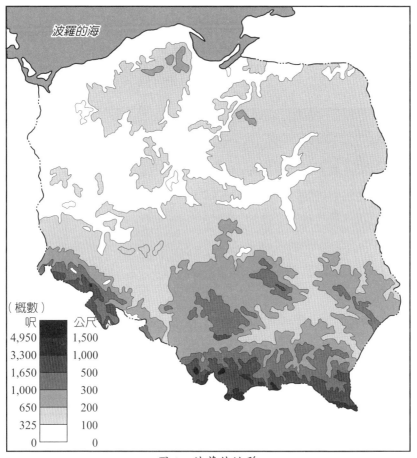

圖 1　波蘭的地形

---

❶　參閱 Osborne, R. H. *East-Central Europe: An Introductory Geography.* N.Y.: Praeger
　　Publisher, 1967.

北至波羅的海；南鄰捷克，以喀爾巴阡山 (Carpathian Mts.) 為界。上述國界是第二次世界大戰以後的新版圖，但與中古時期十一至十二世紀時的舊疆界卻大致相似。因為波蘭的領域在十二世紀以後逐漸向東拓展，當其最盛時期，東疆一直延伸到聶伯河 (Dnieper R.) 流域，立陶宛、白俄羅斯和烏克蘭等三個共和國，均在波蘭的統治之下。

　　波蘭的地形，北部為平原，約占全境的三分之二。南部為丘陵地，約占全境的三分之一。

　　波蘭濱臨波羅的海南岸，東、西寬約四百公里，有兩個著名的海灣，西面的稱為波摩蘭尼亞灣 (Pomeranian Bay)，正當奧得河的河口，史泰汀港即在河口的西岸。此港原屬德國，是當年普魯士國王斐特烈·威廉一世

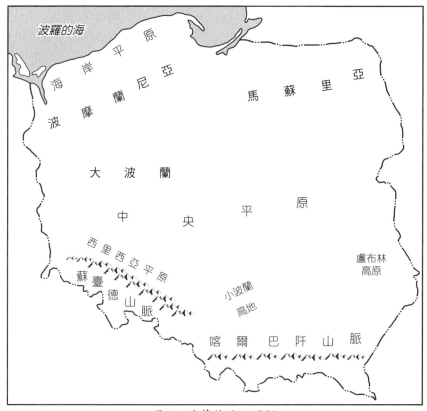

圖 2　波蘭的地理區劃

(Frederick William I) 全力經營的柏林外港，二次大戰以後割予波蘭。東面的海灣即位於維斯杜拉河 (Vistula R.) 口的格但斯克灣 (Bay of Gdansk)，從前稱為但澤灣 (Bay of Danzig)，波蘭的第一大港格但斯克位於海灣南岸。

　　波蘭的西北沿海，稱為波摩蘭尼亞 (Pomerania)，意即「濱海之地」。波蘭的東北部，一部分是原屬波蘭的馬蘇里亞 (Mazuria)，另一部分是二次大戰以後取自原屬德國的東普魯士南區。這是一片沼澤地帶，湖泊密布，第一次世界大戰時，德將興登堡於此地大敗俄軍，史稱坦能堡戰役 (Battle of Tannenberg)。

　　波蘭有兩大水系，西為奧得河流域，東為維斯杜拉河流域，各有很多支流，均發源於喀爾巴阡山，北流注入波羅的海。奧得河支流的瓦塔河

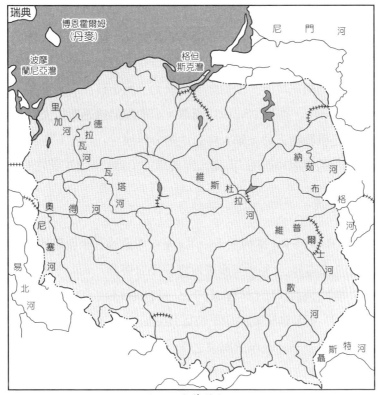

圖 3　波蘭的河川

(Warta R.) 流域，是一片平原，稱為「大波蘭」(Wielkopolska，或 Greater Poland)，是波蘭最早的歷史發源地，名城波茲南 (Poznan) 即在瓦塔河沿岸。波蘭的「中部平原」，土壤肥沃，宜於農耕，這一片平原由大波蘭向東延展，進入維斯杜拉河中游，波蘭首都華沙 (Warsaw) 即位於維斯杜拉河西岸。「中部平原」以南，是一片丘陵地帶。在這一片丘陵帶中間，除了較高的臺地之外，也有一些沖積平原，自西而東，分別是：

(1)西里西亞平原 (Silesian Plain)：以礦藏豐富和工業發達聞名，十八世紀時普王斐特烈大帝曾發動多次戰爭，奪自奧國，二次大戰以後割予波蘭。

(2)小波蘭高地 (Małopolska，或 Lesser Poland Upland)：這是一片高地，十二至十六世紀間波蘭曾於此建國，當時的首都克拉科 (Krakow) 即在此地，一直到 1609 年方遷都於華沙。

(3)盧布林高原 (Lublin Plateau)：已屬波蘭的東南隅，再東即達蘇聯所屬之白俄羅斯與烏克蘭。中古末期俄國建國之初，東斯拉夫人曾在這一帶建有瓦林尼亞 (Volhynia) 與加里西亞 (Galicia) 等公國。十八世紀末波蘭被三度瓜分時，這兩處地方一度劃歸奧國統治。盧布林高原的東面，便是普瑞比耶特（Pripyat，或作 Prypiat）沼澤，一般認為這是斯拉夫民族的原始發源地，也是俄羅斯人和波蘭人棲息地的分界線。

波蘭平原的東面和西面，因無山河天險的屏障，所以常受外敵的侵凌。

(二)多瑙河流域

多瑙河 (Danube R.) 長約三千公里，是由中歐通往東南歐的大動脈。發源於南德之「黑森林」，穿過奧國後流經捷克之南界，成為捷克與匈牙利間之界河。惟流經捷克的流程甚短，西自斯洛伐克的布拉提斯拉瓦 (Bratislava) 起，東至匈牙利的伊斯特哥 (Esztergom) 止，約一百六十公里，所以捷克也算是多瑙河流域的國家之一。多瑙河在伊斯特哥下游不遠處，即折而南流，穿越匈牙利，流向塞爾維亞、羅馬尼亞和保加利亞，然後注入黑海。多瑙河雖然流經捷、斯、匈、塞、羅、保六個東歐國家，但因塞、

羅、保三國屬於巴爾幹區，所以我們所要介紹的多瑙河流域國家，只限於捷克、斯洛伐克與匈牙利。

1. 捷克、斯洛伐克

　　第二次世界大戰後捷克國的全名是「捷克斯洛伐克社會主義共和國」(Czechoslovak Socialist Republic)，是第一次世界大戰以後新建的國家。1993 年捷克斯洛伐克和平分離，捷克和斯洛伐克各自獨立，建立捷克共和國 (Czech Republic) 和斯洛伐克共和國 (Slovak Republic)。它的地形略似中國的湖北省，面積約為十二萬七千九百平方公里。由三個地理區組成，由西而東，分別是波希米亞 (Bohemia)、摩拉維亞 (Moravia) 和斯洛伐琪亞 (Slovakia)。兩國人口共約一千六百萬。

　　波希米亞的地形非常特殊，是一個四面由高山環抱的正方形高原，自成一個獨立的地理區，習稱「波希米亞鑽石」(Bohemian Diamond)，德國詩人哥德曾稱其為「大洲中的小洲」。古時曾建波希米亞王國，是神聖羅馬帝國的選侯國之一，王國的首都布拉格 (Prague) 也是「捷克斯洛伐克社會主義共和國」的首都。西北面是礦石山（Ore Mts. 或 Erzgebirge），與德國交界；東北面是蘇臺德山 (Sudeten Mts.)，與波蘭交界；西南面是波希米亞森林 (Bohemian Forest)，與德國交界；東南面是波希米亞‧摩拉維亞高地

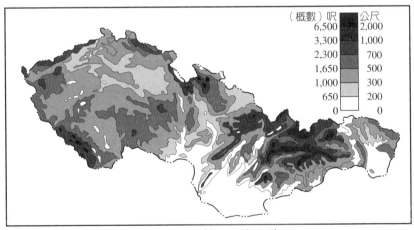

圖 4　捷、斯兩國的地形

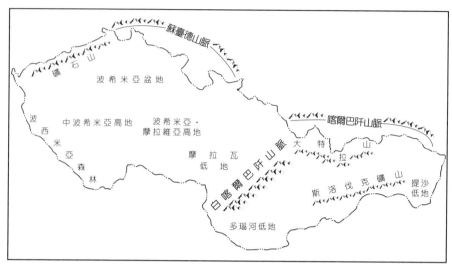

圖 5　捷、斯兩國的地理區劃

(Bohemian-Moravian Heights)，與摩拉維亞交界。易北河 (Elbe R.) 發源於布拉格的北方，北流穿越德國注入北海。

　　摩拉維亞位於捷克的中部，北面是高峻的喀爾巴阡山，山北即是波蘭。境內有兩條主要的河流，一條是奧得河的上流，向北穿越喀山山隘流入波蘭，構成波蘭與德國之間的國界；一條是摩拉瓦河 (Morava R.)，向南注入多瑙河。由於這兩條河谷的穿越，形成著名的「摩拉維亞走廊」(Moravian Corridor)，是自古以來由北歐進入中歐與南歐的商旅交通孔道。拔都西征的蒙古部隊即曾由波蘭穿過這個走廊攻入匈牙利。九世紀間，這裡曾建「大摩拉維亞帝國」(The Great Moravian Empire)，帝國的領域約捷克全境。

　　以上兩區——波希米亞與摩拉維亞，是捷克 (Czech) 民族的棲息地，所以又合稱「捷克地方」(Czech Lands)。

　　斯洛伐琪亞位於摩拉維亞的東方，北以喀爾巴阡山與波蘭交界，南以多瑙河與匈牙利交界，境內有許多條河流，均南流注入多瑙河，較為重要者是瓦克河 (Vah R.)、尼特拉河 (Nitra R.) 與霍恩河 (Hron R.)。本區的主要民族是斯洛伐克人 (Slovaks)，與捷克人同屬西斯拉夫民族。

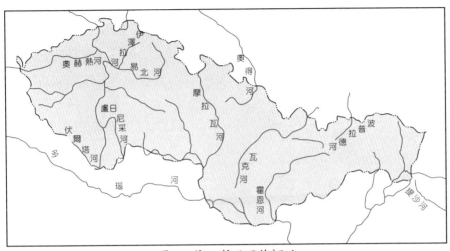

圖 6　捷、斯兩國的河川

在斯洛伐琪亞的東方，喀爾巴阡山的南麓，有一片山區，稱為魯森尼亞 (Ruthenia)，居民為魯森尼亞人，與烏克蘭人同支，魯森尼亞原是捷克的領域。二次大戰以後被蘇聯兼併，於是蘇聯乃得與匈牙利接壤。

捷克是一個工業比較進步的東歐國家，主要的工業區多在波希米亞境內，斯洛伐琪亞區則較為貧瘠落後。

2. 匈牙利

「匈牙利共和國」(Republic of Hungary) 的疆域，已非昔比，約有九萬三千平方公里，東、西長約四百公里，南、北寬約二百五十公里，人口約有九百七十多萬。

在第一次世界大戰以前，它是「奧匈雙元帝國」之中一個享有高度主權的「匈牙利王國」，領域遠比現在為大。第一次大戰之後簽訂的〈特瑞嫩條約〉(Treaty of Trianon) 使它的領域減少了 70%，人口減少了 60%。戰間期由於德國的協助，領域一度擴大，但為時很短暫，二次大戰以後即再被削減。匈牙利和它的西鄰奧國一樣，都只能算是小國家。

匈牙利是中歐的一處平原，古羅馬時代曾在此建置潘諾尼亞 (Pannonia) 省。西北以多瑙河與斯洛伐克交界，西南以德拉瓦河 (Drava R.)

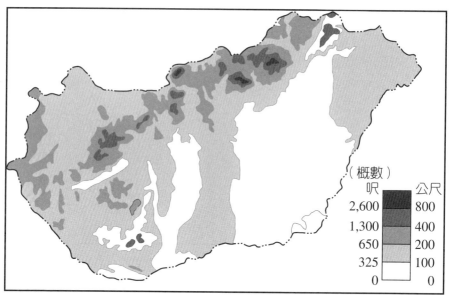

圖 7　匈牙利的地形

圖 8　匈牙利的地理區劃

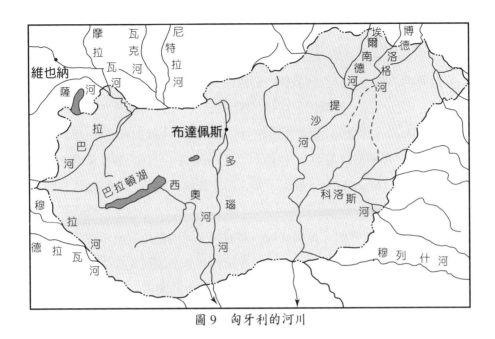

圖 9　匈牙利的河川

與塞爾維亞交界，西鄰奧國，東鄰羅馬尼亞，東北角與烏克蘭接壤。多瑙
河正好穿越中央，由北而南，流入塞爾維亞。多瑙河在匈牙利境內有幾條
重要的支流，形成幾處河間平原。西北部有拉巴河 (Rába R.)，形成「小平
原」(Little Plain)。小平原的南方，有一條「中央山脈」(Central Mts.)，由
西南向東北延伸，多瑙河穿越這條山脈，形成「維西格拉峽谷」(Visegrad
Gorge)，峽谷之南就是跨越多瑙河兩岸的匈國首都布達佩斯 (Budapest)。西
南部有一大湖，稱為巴拉頓 (Balaton) 湖，長約七十二公里，南岸沙灘平
靜，風光明媚，為旅遊勝地。湖之東為西奧河 (Sio R.)，東南流注入多瑙
河。第二個著名的平原稱為「大平原」(Great Plain)，位於匈牙利的東南
部，介於多瑙河及其支流提沙河 (Tisza R.) 之間，一片黃土層，為匈牙利之
主要農產地，盛產稻米、果蔬。

　　匈牙利的煤、石油、天然氣、鋁等礦藏頗為豐富，工業人口已超越農
業人口甚多，工業區集中於首都附近。

㈢巴爾幹半島

　　巴爾幹半島上共有五個我們所要討論的國家，分別是前南斯拉夫、羅馬尼亞、保加利亞、阿爾巴尼亞和希臘。古代的羅馬帝國曾在巴爾幹分建戴西亞（Dacia，今羅馬尼亞）、莫西亞（Moesia，今保加利亞）、伊利瑞康（Illyricum，今斯洛汶尼亞）、色雷西亞（Thracia，今保、塞及希臘之東北部）、馬其頓（Macedonia，今保、塞、希交界處）等行省，與現代六國之疆域約略相似。

　　巴爾幹的西北界線，是構成匈、塞兩國界河的德拉瓦河。東北方則是東喀爾巴阡山和普茹特河 (Prut R.)，普茹特河是多瑙河入海之前的最後一條支流，現在是摩爾多瓦 (Moldova) 與羅馬尼亞的國界。半島的西方是亞得里亞海和愛奧尼安海 (Ionian Sea)，半島的東方是黑海和愛琴海。

　　巴爾幹區多山，除了多瑙河下游南北兩岸和保加利亞南境的色雷斯平原 (Thrace Plain) 等幾處較大的平原以外，其他各地多為崇山峻嶺或丘陵起伏的山地。由西而東，第一座大山是阿爾卑斯山系的餘脈迪納瑞克·阿爾卑斯山 (Dinaric Alps)，沿達爾瑪什亞 (Dalmatia) 海岸南行，直到阿爾巴尼亞的北方。阿爾巴尼亞的東界，是一條南北縱行的克拉伯山 (Korab Mts.)，山系之南，有兩座高山湖，北為歐克瑞德 (Ohrid) 湖，南為普里斯巴 (Prespa) 湖，兩湖均跨越阿國與馬其頓兩國邊界。再南就是希臘西部的高山品達斯山 (Pindus Mts.) 了。

1. 南斯拉夫

　　以「南斯拉夫人居住的地方」得名而來的南斯拉夫，位於歐洲東南的巴爾幹半島西北部。1929 年在這個半島上的斯拉夫人首次以「南斯拉夫」之名，建立「南斯拉夫王國」(Kingdom of Yugoslavia)。巴爾幹半島處於歐亞交通必經孔道，屬戰略要地、兵家必爭之地；歷史上先後經歷羅馬帝國、拜占廷帝國、鄂圖曼帝國和奧匈帝國的統治管轄，致使這個地區因宗教信仰、種族血緣、歷史文化等因素的差異，呈現錯綜複雜的局面，屢生戰端，

乃有「火藥庫」之稱。

南斯拉夫解體之前，正式的國名是「南斯拉夫社會主義聯邦共和國」
(Socialist Federal Republic of Yugoslavia)，為巴爾幹半島最大國家，面積達
二十五萬五千八百零四平方公里；至 1989 年的統計，人口亦有二千三百七
十五萬二千。

基本上，南斯拉夫可分為三大地理區：

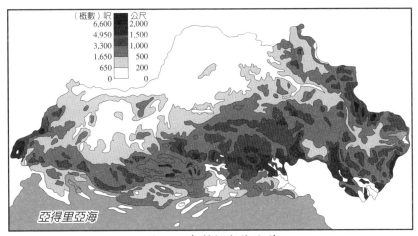

圖 10　南斯拉夫的地形

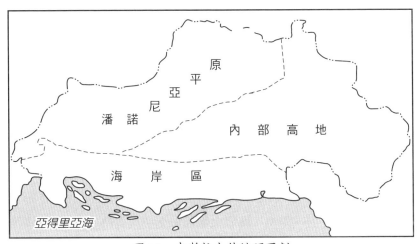

圖 11　南斯拉夫的地理區劃

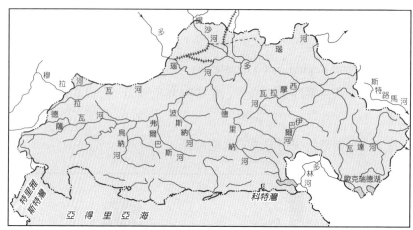

圖 12　南斯拉夫的河川

⑴*海岸區*：為亞得里亞海之狹長地帶。多懸崖峭壁和海灣，形成許多天然良港。優美的風景和沙灘每年吸引數百萬遊客，石灰岩地形是這個地區的特色，岩洞和伏流世界著名，但土壤貧瘠，無耕種價值。

⑵*內部高地*：這地區的山脈從西北部延伸到東南部。最西北方的朱里安‧阿爾卑斯山脈 (Julian Alps) 是冬天滑雪勝地，特里格拉夫山 (Triglav Mt.) 是全國最高峰，高二千八百六十三公尺。與海岸平行的迪納瑞克‧阿爾卑斯山亦多為石灰岩構成。東部和東南端的山脈則越界進入羅馬尼亞、保加利亞和希臘。頻仍的地震常造成嚴重的災難。另外，這個地區自古雖是阻擋外敵入侵的天然屏障，卻也造成境內交通的困難。

⑶*潘諾尼亞平原* (Pannonian Plains)：位於南斯拉夫的中部和北部，地勢平坦，土地肥沃，是主要的農業生產區。巴爾幹地區的氣候型態，北部乾燥，屬大陸型氣候；南部多雨，屬地中海型氣候。夏天氣溫常高達攝氏三十八度以上，春秋兩季的雨量則常使多瑙河氾濫成災。礦產有鋁、煤、銅、鉛、鎂等，在潘諾尼亞平原和亞得里亞海亦有石油和天然氣的開採。

1991 年 6 月 25 日，斯洛汶尼亞和克洛琪亞宣布獨立，南斯拉夫聯邦遂告瓦解（參見表 2）。隨後，爆發血腥民族衝突，為時三年半的內戰所造成的傷亡和經濟設施的破壞，比第二次世界大戰期間的損失，有過之而無不及。

表2　前南斯拉夫分裂後各共和國概況

共和國名稱	面積（平方公里）	人口（千人）	首都	民族分布比例 (%)	宣布獨立時間
塞爾維亞共和國	77,474	7,012	貝爾格萊德	塞爾維亞族 66.4 阿爾巴尼亞族 14.0 其他 19.6	1992 年 4 月 28 日與黑山合併為南斯拉夫聯盟共和國
黑山共和國	13,812	609	波多戈里察	黑山族 76.3 阿爾巴尼亞族 7.3 塞爾維亞族 3.6 其他 12.8	2006 年脫離塞爾維亞獨立
克洛琪亞共和國	56,594	4,227	札格瑞伯	克洛琪亞族 75.1 塞爾維亞族 11.6 其他 13.3	1991 年 6 月 25 日
斯洛汶尼亞共和國	20,273	2,102	留布里安納	斯洛汶尼亞族 90.5 塞爾維亞族 2.3 其他 7.2	1991 年 6 月 25 日
波士尼亞・赫塞哥維納共和國	51,197	3,835	薩拉耶佛	塞爾維亞族 31.4 穆斯林族 43.7 克洛琪亞族 17.0 其他 1.9	1992 年 4 月 7 日
馬其頓共和國	25,713	2,125	斯科普耶	馬其頓族 67.0 阿爾巴尼亞族 19.7 塞爾維亞族 2.3 其他 11.0	1991 年 11 月 20 日

2. 羅馬尼亞

羅馬尼亞的面積約為二十三萬八千三百九十一平方公里，人口二千一百三十餘萬人，由「東喀爾巴阡山」、「南喀爾巴阡山」與「西喀爾巴阡山」三座大山構成一個馬蹄形的山系，山系的東北方是莫德維亞 (Moldavia) 低地，南方是瓦雷琪亞 (Wallachia) 平原，西方是「外息爾凡尼亞」(Transylvania) 高地。以上三區是古時的三個小公國。十九世紀中葉，莫德維亞與瓦雷琪亞脫離土耳其統治，合組羅馬尼亞王國。外息爾凡尼亞則時而屬於匈牙利，時而屬於羅馬尼亞，成為兩國不斷爭奪的地區。

羅馬尼亞的經濟結構，以農業為主，農地占全國土地的 63%，盛產玉蜀黍、小麥、甜菜、馬鈴薯，礦產以石油為大宗。

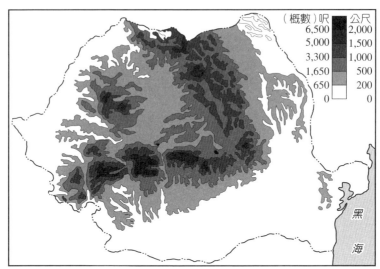

圖 13 羅馬尼亞的地形

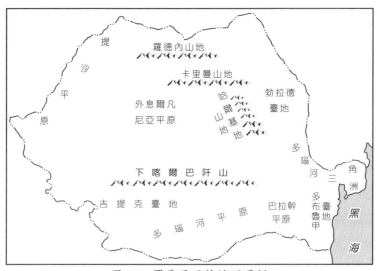

圖 14 羅馬尼亞的地理區劃

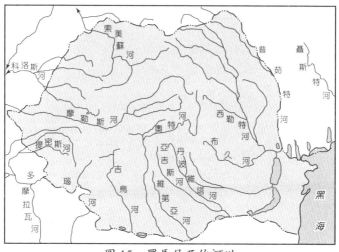

圖 15　羅馬尼亞的河川

3. 保加利亞

　　保加利亞的面積約為十一萬一千平方公里，人口有七百萬。境內有兩

座東西走向的大山，北為巴爾幹山 (Balkan Mts.)，南為洛多比山 (Rhodope

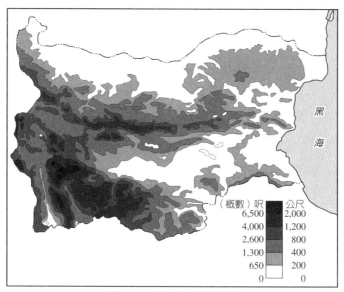

圖 16　保加利亞的地形

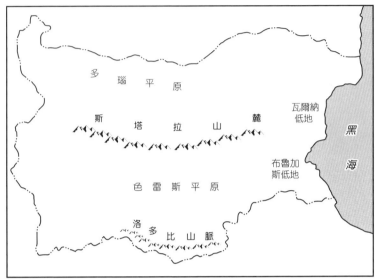

圖 17　保加利亞的地理區劃

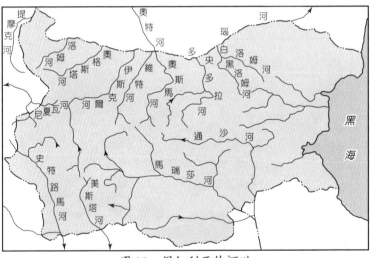

圖 18　保加利亞的河川

Mts.)。「巴爾幹」土耳其語意即山嶺，巴爾幹半島即以此得名。在巴爾幹山的北方和南方，是兩片平原。北稱「多瑙平原」，南稱「色雷斯平原」。洛多比山的西段，就是保加利亞和南斯拉夫與希臘的邊界地帶，稱為馬其頓，馬其頓區也是三國之間糾紛最多的地帶，多次「巴爾幹戰爭」常由此引起。

保加利亞的經濟比較落後，農產以穀類、菸草、果蔬為主，礦產有鐵、銅、鋅、鉛及石油，惟產量不豐。

4. 阿爾巴尼亞

阿爾巴尼亞的面積只有二萬八千七百四十八平方公里，人口約有三百多萬，是東歐最小的國家之一。它的國名是「阿爾巴尼亞共和國」(Republic of Albania)，位於巴爾幹半島的西隅，濱臨亞得里亞海，北方及東方與馬其頓和黑山為鄰，南方與希臘為鄰。全境多惡山深谷，地形崎嶇，自成一個孤立的地理區域。因邊界為峭壁絕谷所阻斷，故外敵不易由陸路入侵。

5. 希　臘

希臘的地形也是山巒起伏，東北部是洛多比山，西部為品達斯山，中部的奧林帕斯山 (Olympus Mt.) 則是希臘神話中諸神的殿堂。希臘海岸線

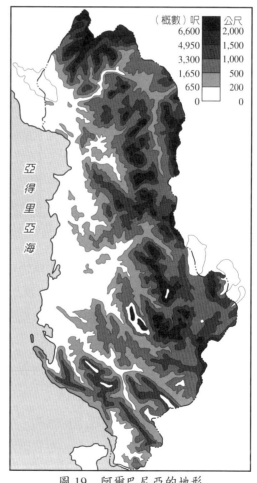

（概數）呎	公尺
6,600	2,000
4,950	1,500
3,300	1,000
1,650	500
650	200
0	0

亞得里亞海

圖19　阿爾巴尼亞的地形

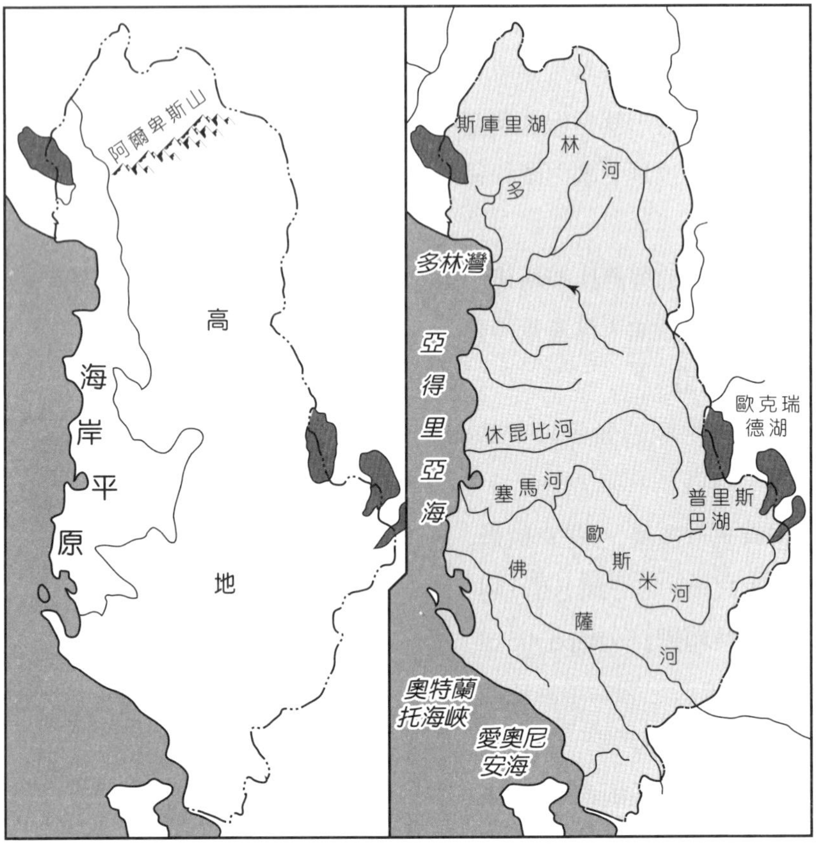

圖 20　阿爾巴尼亞的地理區劃與河川

曲折多變，三面環海，海中島嶼星羅棋布。有兩個特別突出的半島，南部為伯羅奔尼撒 (Peloponnesus) 半島，東北為凱昔迪西 (Chalcidice) 半島。這兩個半島的南端均另有三個小半島伸出，凱昔迪西半島東面的小半島上有一座高山，稱為阿托斯山 (Athos Mt.)，九世紀起，就成為希臘正教的一個著名的修士隱修區，故有「聖山」之譽。凱昔迪西半島的西北角，是希臘的第二大港薩羅尼加 (Salonika)。

　　巴爾幹半島區的河川以多瑙河為主。流經塞爾維亞、羅馬尼亞和保加利亞三國。多瑙河的支流極多，在塞爾維亞境內者，右岸有德拉瓦河，是匈、塞兩國的界河。德拉瓦河之南是薩瓦河 (Sava R.)，由斯洛汶尼亞

(Slovenia) 及克洛琪亞 (Croatia) 東流注入多瑙河，兩河交匯處即塞國首都貝爾格萊德 (Belgrade)。第三條右岸支流是摩拉瓦河，是塞國南部的主要河川。南境多瑙河左岸的主要支流是提沙河，此河由匈牙利南注，在貝爾格萊德的北方注入多瑙河。

多瑙河東流穿越「鐵門」(Iron Gates) 峽谷後，就成為羅馬尼亞和保加利亞兩國的界河。羅國東南部有很多條南北流向的河流，均注入多瑙河的左岸，其中最後一條就是普茹特河，現在是羅國與摩爾多瓦的界河。多瑙河自普茹特河以下，即由北流折而東流，注入黑海。多瑙河三角洲是一片沼澤，占地頗廣，河分三叉入海，北面的支流稱為琪利亞 (Chilia)，河北即烏克蘭領域，這是第二次世界大戰以後的變化。前蘇聯既然濱臨多瑙河支流，因此也變成了「多瑙河國家」之一，使它可以干預多瑙河谷的一切活動。三角洲南面便是多布魯甲 (Dobruja) 區，該區分屬羅、保兩國，也是兩國多次爭奪的地區。

保加利亞的主要河流有二：西北部有一條伊斯克爾河 (Iskŭr)，由南向北流穿越巴爾幹山注入多瑙河，河的中游西方就是保國首都索菲亞 (Sofia)。東南部的馬瑞莎 (Maritsa) 河穿越色雷斯平原後由東流折為南流，注入愛琴海，它的中下游是土耳其與希臘的界河，一度曾是土耳其帝國首都的亞德里亞諾堡 (Adrianople) 即在此河東岸。

希臘境內的河流，流程均甚短，比較重要的是北部的瓦達河 (Vardar R.)，發源於馬其頓的斯科普耶 (Skopje)，南流穿過希臘的馬其頓省，在薩羅尼加的西方注入愛琴海。

上述的巴爾幹河川，古時便是由西歐或中歐通往近東大城──君士坦丁堡 (Constantinople) 的交通孔道。在這些交通孔道中，一條是東西走向，沿多瑙河到達貝爾格萊德以後，沿摩拉瓦河谷南行，到尼施 (Nish) 轉向東行到索菲亞，再沿馬瑞莎河東南行到亞德里亞諾堡，更向東行即達君士坦丁堡。另一條是南北走向，由貝爾格萊德到尼施以後，即沿瓦達河南下到達薩羅尼加，再由海道前往拜占廷帝國首都。

　　巴爾幹區因位於歐、亞、非三大洲的交會點，所以自古迄今，一方面是各種民族或各方勢力移動穿越的孔道，同時也是強勢國家競相侵略的目標。巴爾幹區雖然多山，但多被河流穿過，形成很多隘道，不足構成侵略者的障礙。十九世紀以後，海權發展，巴爾幹的外患又來自海上，英、法等國都是自海上威脅本區安定的強勢國家。

二、東歐的民族分布

　　活躍於東歐地區的民族，成分十分複雜，支系既繁，住地又極分散。東歐諸國的政治疆域與民族分布，在第二次世界大戰以前，二者並不一致。有一國之內擁有多種民族者，也有同一民族散住在不同國度者。再則，他們的血統與文化，由於歷史的關係，常有交互的影響，乃使情況更為複雜。

　　斯拉夫民族 (Slavs) 是東歐民族之中人數最多和分布最廣者，本書所要討論的東歐諸國，除了匈牙利、羅馬尼亞、阿爾巴尼亞和希臘以外，其餘國家——波蘭、捷克、斯洛伐克、前南斯拉夫和保加利亞均屬斯拉夫民族的國家。東歐諸國的人口約一億兩千八百萬，斯拉夫人約占 60%。

　　下面分別說明東歐的斯拉夫民族與非斯拉夫民族的概況。

㈠東歐的斯拉夫民族

　　斯拉夫民族最初棲息地，在喀爾巴阡山北麓，維斯杜拉河、聶斯特河 (Dniester R.) 和南布格河 (South Bug R.) 的發源地一帶，亦即波蘭的東南部、俄屬白俄羅斯的西部和烏克蘭的西北部，略呈一不規則的長方形。西元一世紀間，開始四散播遷。此一播遷行動，和歐洲史上的「蠻族大遷徙」運動同時發生，所以這也是蠻族大遷徙的一環。斯拉夫人的播遷運動，到了六世紀間大致已經完成，他們活動和定居地的範圍，西至易北河流域，東至頓河流域，北至波羅的海，南至巴爾幹半島，幾乎遍布整個東歐。

　　斯拉夫人依其住地分為東、西、南三大支：

1. 東支的斯拉夫人

　　東斯拉夫人是現在的俄羅斯人 (Russians) 的祖先，原住歐俄的西部，即普瑞比耶特河、布列錫納河 (Brezina R.) 和迪斯納河 (Desna R.) 三河的河源一帶。由於這一帶河道縱橫，易於四向發展。北向可至芬蘭灣，東向可至窩瓦河 (Volga R.)，南向可沿聶伯河以達黑海，西向可沿尼門河 (Niemen R.) 以達波蘭東疆。

　　地理環境雖對東斯拉夫人之播遷有利，但亦頗受其他民族的阻擾。在當時歐俄平原的北部是芬人 (Finns) 的住地，不過芬人的部落極為分散，並未構成嚴重的威脅，且為時不久，芬人即向西北方集中，最後定居於現在的芬蘭 (Finland) 和卡累利亞 (Karelia) 一帶。東斯拉夫人和芬人大量通婚，是「大俄羅斯人」(The Great Russians) 的祖先。在歐俄平原的南部，是一片大草原，有很多北亞游牧民族進入，如西徐亞人 (Scythians)、匈人 (Huns)、保爾加人 (Bulgars)、阿瓦人 (Avars)、哈薩爾人 (Khazars)、佩臣尼格人 (Pechenegs) 和古曼人 (Cumans) 等，十三世紀的蒙古人是最後侵入的一支，曾建欽察汗國 (Kipchak Khanate) 達二百五十年之久。

　　進入歐俄平原的這一支東斯拉夫人，日後因受地理和歷史的影響，又分化為三支：⑴大俄羅斯人，⑵白俄羅斯人 (Byelorussians)，⑶小俄羅斯人，又稱烏克蘭人 (Ukrainians)。俄國便是這幾支東斯拉夫人建立起來的國家。

2. 西支的斯拉夫人

　　維斯杜拉河與萊茵河之間的北歐平原，原來全是日耳曼人 (Germans) 的居住地，後來有一部分日耳曼人離開了奧得河河谷他遷，斯拉夫人即乘虛而入，且更逐漸西移，一度到達今日德國西部的易北河流域。查理曼大帝為了阻止斯拉夫人的西進，曾在今日德國境內構築石灰牆防線，時在 805 年。其後，日耳曼人的勢力又向東推進，將舊日失地逐次收復，到了十二世紀中葉，奧得河便又成為斯拉夫人與日耳曼人居住地的主要分界線了。

　　西支的斯拉夫人，又分為下面三支：

圖 21　東歐的民族分布圖

⑴**波蘭人** (Poles)：這是一批未曾離開斯拉夫民族原始發源地的部落。

他們又分兩部：西面的一支稱為波蘭尼安人 (Polanians)，住在瓦塔河

(Warta R.) 的兩岸平原。所謂波蘭人，意即「住在河洲平原的人」。此區即

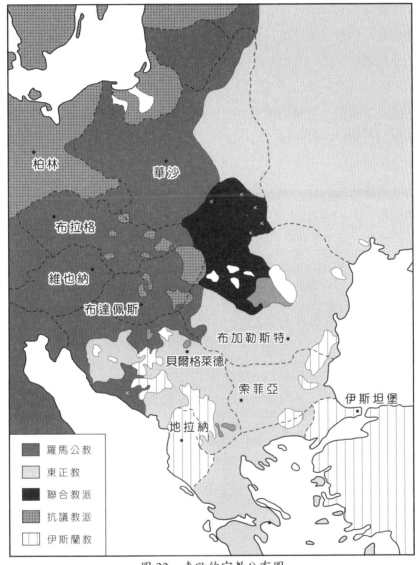

圖 22　東歐的宗教分布圖

日後的「大波蘭」。東面的一支稱為馬祖維安人 (Mazovians)，住在維斯杜拉河的中游一帶，亦即華沙附近的平原。

　　波蘭人最初僅有零星的部落，日後卻大量繁衍，成為東歐人數較多的民族，僅次於俄羅斯人，2000 年時約有三千八百六十六萬人。

　　⑵**捷克人** (Czechs)：現在捷克共和國的西部，也就是波希米亞和摩拉維亞兩區，合稱「捷克地方」(Czech Lands)。捷克人在五世紀間由喀爾巴阡山北麓遷移至此。在此以前，當地的原始土著是一支塞爾特人 (Celtic) 的部落，稱為波伊人 (Boii)，羅馬人乃稱其地為波希米亞 (Bohemia)。後來捷克人建立的國家，就稱為波希米亞王國 (Kingdom of Bohemia)。捷克的名稱，則源自傳說中有一個名叫「捷克」(Čech) 的酋長，是最初率領捷克人前來定居的領袖。

　　⑶**斯洛伐克人** (Slovaks)：住地稱為「斯洛伐琪亞」(Slovakia)，在捷克人的東方，語言和捷克人十分相近，差別極微，頗似同一語言的兩支方言。九世紀間建立的「大摩拉維亞帝國」，即以斯洛伐琪亞為中心。後因被匈牙利王國占領，於是在馬札耳人 (Magyars) 的統治之下歷時將近千年之久。在十九世紀期間，產生了斯洛伐克人的獨立民族意識，拉大了他們和捷克人的距離。第一次世界大戰之後，斯洛伐克人雖與捷克人合組「捷克斯洛伐克」(Czechoslavak) 共和國，但仍有歧見存在，雙方分立的頂點，便是在1939 年由希特勒扶植建立的「斯洛伐琪亞共和國」。

　　除了上述三支主要的西斯拉夫人以外，目前在德國東部的魯薩提亞 (Lusatia) 和柏林一帶，還有約六萬的斯拉夫人，稱為溫德人 (Wends)，不過他們早已日耳曼化了。

3. 南支的斯拉夫人

　　在斯拉夫世界中，原無所謂西斯拉夫與南斯拉夫之分，他們棲住的地區中間並未分隔。只是到了中古時期，來自東方的阿瓦人和馬札耳人先後侵入中歐，馬札耳人更在多瑙河中流平原建立了匈牙利王國，於是將斯拉夫人切為兩半，北面的一支便是上述的西支斯拉夫人，南面的一支便是南支斯拉夫人。

　　南支斯拉夫人主要又分為塞爾維亞人 (Serbs)、克洛特人 (Croats)、斯洛汶人 (Slovenes) 和保加利亞人 (Bulgarians) 等四支。前三支在第一次大戰以後合組為一個國家，它的名稱不斷改變，最初稱為「塞爾維亞‧克洛特‧

斯洛汶王國」，1929 年改稱「南斯拉夫王國」(Kingdom of Yugoslavia)，二次大戰以後，由共產黨建立「南斯拉夫人民共和國聯邦」(Federal People's Republic of Yugoslavia)，其後又改稱「南斯拉夫社會主義聯邦共和國」(Socialist Federal Republic of Yugoslavia)，由六個小共和國組成，面積二十五萬五千八百零四平方公里，人口約二千三百四十萬。自 1991 年 6 月，南斯拉夫一分為五，先後成立斯洛汶尼亞、克洛琪亞、馬其頓、波赫和南斯拉夫聯盟等五個共和國。

保加利亞人於六世紀間，已經定居在多瑙河下流南岸的巴爾幹山兩麓，並無國家組織。七世紀末，有一股屬於阿爾泰語系的游牧民族保爾加人，由黑海北岸的大草原帶南侵，進住巴爾幹山兩麓。681 年，保爾加酋長阿斯巴魯赫（Asparukh，或 Asperuch，或 Isperich）擊敗東羅馬帝國，受封建國。這些保爾加人人數甚少，經過了兩百年左右的融合，就被人數眾多的土著斯拉夫人同化。這個新建的國家，襲用了征服者的名稱，稱為「保加利亞」(Bulgaria)。所以有些史家說，保爾加民族雖已消失，卻出現了一個保加利亞國家。這種情形頗似中國南北朝時北人的漢化。保加利亞的國勢在九至十二世紀間極為強盛，先後建立第一及第二保加利亞帝國，稱霸巴爾幹區，成為東羅馬帝國的大患。

(二)馬札耳人

馬札耳人又稱匈牙利人 (Hungarians)，屬於「芬‧尤格利安」(Finno-Ugrian) 民族。「芬‧尤格利安」人的另外一支，是北歐的芬人 (Finns)。依照 1970 年的統計，世界上的「芬‧尤格利安」民族共有一千九百萬人，而馬札耳人占一千三百萬人以上。馬札耳人因為久與西突厥人混居，所以血統和語言含有很大的突厥人成分。馬札耳人在血統上和匈人、阿瓦人、保爾加人等阿爾泰語系民族比較接近。他們原住在烏拉山與窩瓦河之間，一至二世紀間，南遷至北高加索和黑海北岸的大草原帶，與斯拉夫人及西突厥人混居。但馬札耳人和保爾加人不同，並未被斯拉夫人同化，依舊保留

了自己的語言和傳統。八世紀間，他們遷到聶伯河下流，酋長奧勒姆（Olom，或 Almus）攻占基輔。九世紀中，北歐的瓦蘭人 (Varangians) 南來，建立俄羅斯人的「基輔公國」，馬札耳人在這批北歐人和來自東方的佩臣尼格人的雙重壓迫之下，乃再向西遷，進入現在的匈牙利平原。九世紀末，建立匈牙利王國。所以後來馬札耳人又稱匈牙利人。

馬札耳人在匈牙利平原建國後，派出一支前鋒部隊，駐防東疆的外息爾凡尼亞區，這一支馬札耳人又稱為「施克勒人」(Szeklers)，意即「邊地人」(Frontiersmen)。十三世紀蒙古入侵時，施克勒人遁入喀爾巴阡山區避難，與羅馬尼亞人混居。

十世紀末，馬札耳人接受來自西方的基督教，十六世紀起，匈牙利王國受哈布士堡王朝統治，與奧帝國結為一體，直到 1867 年「奧匈雙元帝國」成立，匈牙利才獲得獨立的自治權。由於上述宗教的和政治的兩重因緣，這一支具有東方血統的馬札耳人，早已變成歐洲社會的一員了。

(三)羅馬尼亞人

羅馬尼亞人（Rumanians，或 Romanians）是東歐唯一的一支拉丁語系民族，語文與法國人頗多相通之處。羅馬尼亞的原始土著居民是戴西亞人 (Dacians)，西元前二世紀時已由部落社會進而統一，常為羅馬邊患。西元 106 年被羅馬皇帝圖拉真 (Trajan) 征服，建「戴西亞」省。

羅馬尼亞人的來源，有兩種說法。一說他們是古羅馬人的後裔，因羅馬帝國曾在此建省移民並統治一百六十餘年之久。五至七世紀間，哥德人 (Goths)、阿瓦人、保爾加人先後侵入戴西亞，原住該地的羅馬人被迫西遷至外息爾凡尼亞，成為「弗拉克」人（Vlachs，或 Wallachs）。十一世紀及十三世紀間，外息爾凡尼亞先後被匈牙利王國和蒙古人攻占，弗拉克人又被迫由外息爾凡尼亞東遷，於十三世紀末在羅馬尼亞的東南部和東北部，分別建立了兩個小公國，東南稱為「瓦雷琪亞」(Wallachia) 公國，東北稱為「莫德維亞」(Moldavia) 公國，到了 1859 年兩公國才合組為「羅馬尼亞

王國」。第二種說法，則謂弗拉克人是一支原本住在多瑙河南方山地的部落，十三世紀北遷，越過多瑙河，在羅馬尼亞東南部及東北部，分建上述兩公國。現在的羅馬尼亞人大多堅信第一說，自認其先世為古羅馬人的後裔，而一般人類學者則比較相信第二說。

戰後羅馬尼亞的國名是「羅馬尼亞社會主義共和國」(Socialist Republic of Romania)，1989 年 12 月，羅國爆發革命之後，國號改稱「羅馬尼亞」(Romania)。面積二十三萬八千三百九十一平方公里，現時人口約二千一百三十萬。

㈣希臘人

希臘人 (Greeks) 是巴爾幹半島居民中人數僅次於斯拉夫人的民族，早在西元前 1600 年就已有進步的青銅文化，其後更於西元前五至四世紀間，在半島南部、小亞細亞半島西岸和愛琴海諸島上，建立許多城邦——如雅典、斯巴達、底比斯 (Thebes)、阿哥斯 (Argos)、科林斯 (Corinth) 等等，發展出高度的文明。希臘的建築、文學、哲學、體育以及民主代議制等，不僅輝煌一時，而且影響深遠及於今日。希臘於西元前 148 年至西元 300 年之間，曾受羅馬帝國統治，羅馬帝國分裂 (285) 後，希臘成為拜占廷帝國的核心，一直到 1453 年被土耳其帝國滅亡為止。

希臘人在土耳其帝國統治期間 (1453–1821)，在宗教、貿易、航海、外交及地方行政各方面，依然享受特殊地位。頗受寬容的希臘正教，一直由希臘人擔任教長。土耳其在地中海的國際貿易、商船、軍艦及其對外交涉，希臘人均曾扮演主要的助手角色。莫德維亞和瓦雷琪亞兩個公國的總督，也一向由希臘人擔任。由於以上種種，希臘人成為一個擁有特權的團體，在君士坦丁堡的碼頭港埠有其單獨的社區，這些希臘人被稱為「菲納瑞歐」(Phanariote)，意即住在「燈塔」(Phanar) 區的人。

希臘面積十三萬一千九百五十七平方公里，人口約一千零六十萬。

㈤日耳曼人

在東歐史中，斯拉夫民族的主要競爭對手是日耳曼人。這兩支民族爭奪的戰場，北起波羅的海，南至多瑙河谷，西起易北河，東至維斯杜拉河谷和東普魯士。所以有些學者強調，一部東歐史，尤其是東北歐史，便是日耳曼人與斯拉夫人的鬥爭史。

日耳曼人也和斯拉夫人一樣，分為三支，所不同者，即斯拉夫人有南支而無北支，日耳曼人有北支而無南支。

東支日耳曼人之中以哥德人最為活躍，東哥德 (Ostrogoths) 王艾曼納利克 (Ermanaric) 約在 350 年至 370 年間曾在東斯拉夫人領域內建立統治權，其後因受匈人壓迫，向南越過多瑙河下流，侵入東羅馬帝國境內，引起了民族大遷徙運動。

北支日耳曼人中的瓦蘭人，由斯堪地納維亞半島進入波羅的海東岸，再沿歐俄西部的「大水道」(The Great Waterway)❷，而由聶伯河進入黑海，建立「基輔公國」。他們的酋長盧瑞克 (Rurik) 創建了俄國史上的第一個王朝。

西支日耳曼人，亦即現在德國境內居民的祖先，他們的原始住地在現德東一帶，雖曾一度西遷，但不久即又折返，形成日耳曼民族由西而東的「東進運動」(Drang Nach Osten)。他們在立陶宛西岸的米美爾 (Memelland)、東普魯士、但澤、捷克西北部的蘇臺德區等地，建立了很多據點和殖民地。此一東進運動一直持續到二十世紀，納粹德國向東歐的侵略是其最後的高潮。希特勒常以上述東歐日耳曼殖民地受到迫害為藉口，發動攻勢。

---

❷ 「大水道」即溝通波羅的海與黑海的水系，北自芬蘭灣經涅瓦河 (Neva R.) 入拉多加湖 (Lake Ladoga) 南行，進入沃爾可夫河 (Volkhov R.)，再經伊爾門湖 (Lake Ilmen) 南行進入洛瓦特河 (Lovat R.)。洛瓦特河與聶伯河的源頭很近，經過一段步行，即可進入聶伯河，然後順聶伯河南航到達黑海北岸。

二次大戰以後，東歐發生了巨大的日耳曼人口徙置運動，規模之大，人數之多，史所罕見，只有 1947 年英屬印度分建巴基斯坦與印度兩國時的人口互換差可比擬。原來住在東歐各地的日耳曼人，依照波茨坦會議的決定，必須於戰後全數移往德國本土，其中包括米美爾區、東普魯士、但澤 (Danzig)、奧得河以東劃歸波蘭的條形地帶。此外還包括捷克蘇臺德區，以及匈牙利、南斯拉夫、羅馬尼亞三國境內的「日耳曼區」等等，總數約達八百萬人。這些日耳曼人遷走以後，新的人口即隨之大量遷入。其中遷入波蘭「收復區」（即奧得河以東的條形地帶）的波蘭人口約有四百萬人，遷入蘇臺德區的捷克人和斯洛伐克人約有一百三十萬人❸。

㈥其他少數民族

在東歐活動的民族，除上述外，還有下列幾支少數民族。

1. 伊利瑞安人 (Illyrians)

伊利瑞安人早已定居於巴爾幹西北沿海一帶。西元前三世紀間曾建獨立國家，領域包括今阿爾巴尼亞北部、前南斯拉夫所屬的黑山國 (Montenegro) 和赫塞哥維納 (Herzegovina) 等地，以斯庫塔里 (Scutari) 為中心。西元 9 年被羅馬征服，乃於其地建伊利瑞康省。有幾位著名的羅馬帝國皇帝，如戴克里先 (Diocletian)、君士坦丁 (Constantine) 和查士丁尼 (Justinian) 等，皆是伊利瑞安人❹。十九世紀初，拿破崙曾在此建立「伊利瑞安省」(Illyrian Province)。

在伊利瑞安人中有一支稱為達爾瑪什安人 (Dalmatians)，所以這一片濱海地區又稱為達爾瑪什亞 (Dalmatia)。

---

❸　參閱 Osborne, R. H. *East-Central Europe*. N.Y. Praeger Publisher, 1967, pp. 49–50，引用 Kosinski, L. *Migrations of Population in East-Central Europe, 1939–55.* Warsaw: Geographia Polonica, 1964, pp. 123–131.

❹　參閱 Wolff, R. L. *The Balkans in Our Time.* Cambridge: Harvard University Press, 1956, p. 26.

2. 阿爾巴尼亞人 (Albanians)

他們的先世可能也是伊利瑞安人的一支，住地在今之阿爾巴尼亞，自認是「鷹的子孫」（Shguiperia 或 Shqiptar 或 Sons of the Eagle）。土耳其人於十五世紀間征服阿爾巴尼亞後，阿人紛紛改信伊斯蘭教，並積極參軍，不少人因戰功而躋身於土耳其帝國政壇。十七世紀間，一個叫作古普瑞律 (Köprülü) 的家族，曾經四度擔任土耳其的首相 (Grand Vizer)。十九世紀土屬埃及的帕夏 (Pasha) 穆哈麥德‧阿里 (Muhammed Ali)，也是阿爾巴尼亞人。

阿爾巴尼亞約有人口二百七十四萬人，伊斯蘭教徒占 56.7%，仍然是巴爾幹諸國中伊斯蘭教徒最多的國家。

3. 猶太人 (Jews) 與土耳其人 (Turks)

二次大戰以前，東歐地區的猶太人約有六、七百萬人，半數以上住在波蘭。由於戰時遭受納粹的屠殺，人數銳減，戰後大部分遷往以色列，但目前仍有若干殘餘的猶太人住在東歐各國。

巴爾幹因為曾受土耳其帝國五百年的長期統治，有大量土耳其人移居，其中大部分住在毗鄰的保加利亞和希屬色雷斯一帶。第二次大戰前夕，保國約有六十萬人，在當時的南斯拉夫和羅馬尼亞各約二十萬人。戰後，共黨控制巴爾幹，原住東歐的土耳其人，尤其是保加利亞境內的土耳其人，被迫遷往土耳其，形成另一個大規模的人口移動。

第二章 波蘭——由建國到瓜分 (840–1795)

一、波雅斯特王朝的建立

棲息在波蘭平原上的西斯拉夫人，原有很多部落❶，在七至八世紀間開始定居，其中最強的一支是住在西部瓦塔河兩岸的「波蘭尼安人」(Polanians，或 Polanie)，意即「住在河洲平原的人」，所以後來建立的國家稱為波蘭 (Poland)。

波蘭史上第一個王朝，稱為「波雅斯特王朝」(Pyäst Dynasty，約 840–1370)，歷時約五百年。這個王朝的創建者是一位名叫波雅斯特 (Pyäst) 的農夫，他是一個傳說中的人物，將各部落統一，於 840 年左右始建國家的雛形。不過波蘭的信史則始於 966 年，1966 年波蘭曾舉行建國一千週年紀念，盛況熱烈。

波蘭建國時的歐洲，正當查理曼帝國一分為三之後，法國正受來自北歐的維京人 (Vikings) 的侵襲，英國的阿爾弗萊德 (Alfred) 正準備抵禦丹人 (Danes) 的來犯，捷克的摩拉維亞帝國 (Moravia Empire) 即將建立。在俄國境內，來自北歐的瓦蘭人正在沿著「大水道」南下，開始建立俄國的第一個王朝。近東的伊斯蘭教勢力正在侵犯拜占廷帝國。

波蘭古史的中心，最初是在西部地方，稱為「大波蘭」(Great Poland)，當時的首都是格涅茲諾 (Gniezno)，在 1320 年以前，國王均在此加冕。此後國家的中心轉移到南部的「小波蘭」，首都遷到克拉科。一直到 1609

---

❶ 早期的部落：波蘭尼安人、維斯杜拉尼安人、馬祖維安人、西里西安人、波摩蘭尼安人。

年，波蘭的首都才北遷到現在的華沙。

　　波蘭接受基督教義的年代是 966 年，俄國則是 988 年，二者幾乎是在同時。不過，波蘭信奉的是來自西方的羅馬公教——天主教 (Catholic Church)，而俄國信奉的則是來自東方的君士坦丁堡的東正教 (Orthodox Church)。由於宗教信仰的不同，使波蘭與俄國這兩個同屬斯拉夫民族的國家自此分道揚鑣，各自發展，後來甚至變成敵對的雙方，互相仇視。

　　波蘭接受基督教的君主是米耶什科一世　（Mieszko I，962–992 年在位），由波雅斯特建國起，四傳而至米耶什科。米耶什科娶捷克公主杜布拉芙卡 (Dubravka) 為后，后為基督徒，勸夫受洗。其所以接受基督教的原因，是因為當時波蘭常受西方的日耳曼諸侯和日耳曼天主教會的侵擾，他決定和羅馬教廷直接接觸，以期獲得教廷的支持，來抵制日耳曼的壓力。波蘭初設主教區，1000 年升格為大主教區，教座設於首都格涅茲諾附近的波茲南，波茲南由是成為波蘭的重鎮。1956 年發生的波蘭抗俄運動即由波茲南開始。

　　米耶什科一世死後，傳位其子「勇敢的」包列斯拉夫一世 （Boleslav I, The Brave，992–1025 年在位），波蘭的領域此時大幅擴張，北至波羅的海沿岸的波摩蘭尼亞，南至克拉科、西里西亞 (Silesia) 和摩拉維亞，且一

圖 23　波蘭國王——米耶什科一世與王后

度攻占東南方的基輔，立其婿為基輔公 (1018)。波蘭此時的版圖，大致和第二次大戰以後現在的版圖相似。包列斯拉夫於 1025 年晉見神聖羅馬帝國皇帝鄂圖三世 (Otto III)，受封為波蘭國王。他有一狂妄的構想，想把散處東北歐的各支斯拉夫人聯為一體，在拜占廷帝國與神聖羅馬帝國東、西兩大勢力之間，形成一個舉足輕重的第三勢力。此一構想，日後即成為波蘭不斷奮鬥的一貫目標。

二、來自西方和東方的外患

十三世紀間，波蘭受到兩支外來勢力的侵略，來自西方者是日耳曼人的十字軍，來自東方者是蒙古的西征部隊。

十字軍入侵的原因是波蘭諸侯的引狼入室。十三世紀初，有兩路波蘭諸侯爭奪王位，其中之一的馬祖維亞 (Mazovia) 公康拉德 (Conrad)，為了擴張自己的勢力，於 1226 年邀請甫自近東聖地遠征歸來的「條頓騎士團」(Teutonic Knights)❷前來協助，這一支騎士團著白披肩，上綴黑十字，故又稱為「黑騎士」。該團的領袖名叫郝爾曼 (Hermann von Salza)，在獲得羅馬教皇格瑞格里九世 (Gregory IX) 批准後率團東來，其所負任務之一是征服一批住在波羅的海東南岸的異端土著普魯士人 (Prus)❸。條頓騎士團經過了幾十年的戰鬥，將普魯士人征服，1288 年在維斯杜拉河與尼門河下游一帶，建立了一處日耳曼民族的殖民地，就是後來的「東普魯士」 (East Prussia)。1237 年條頓騎士團更與北方立瓦尼亞 (Livonia) 一帶的「佩劍騎士團」(Knights of Sword-bearers) 聯為一體，形成一支強大的日耳曼勢力，構成波蘭的長期邊患，一如匈奴、突厥之於我國的漢唐。

---

❷　這支騎士團的正式名稱是 The Order of the Hospital of the Blessed Virgin Mary of the German House of Jerusalem，成立於第三次十字軍 (1198) 之後，總部原設於阿卡，後來遷到威尼斯。

❸　普魯士人是一支波羅底民族 (Baltics)，和拉脫維亞人及立陶宛人相似。

圖 24　十三世紀條頓騎士團在波蘭建立的碉堡 (Shutterstock)

　　日耳曼騎士團盤據於東北歐歷時約有一百五十餘年，他們不僅是武力占領，大量移民，而且從事貿易活動，在里加 (Riga)、但澤建立根據地，與日耳曼的北方港口如呂北克 (Lübeck) 等商務頻繁，這些港口都是「漢撒同盟」(Hanseatic League) 的一員。條頓騎士團於 1308 年攻占但澤之後，該團的大公 (Grandmaster) 即將總部由威尼斯移駐馬利安堡 (Marienburg)，將原名格但斯克的港口改稱但澤。歷代波蘭君主屢與騎士團交戰，一直到 1410 年的坦能堡 (Tannenberg) 之戰，才將騎士團擊敗，將其降為波蘭王國的附庸。1525 年騎士團大公艾爾布瑞赫特‧霍亨索倫 (Albrecht Hohenzollern) 改變信仰，由天主教改信路德教，並將其領地改稱為「普魯士公國」(Duchy of Prussia)，仍然臣服於波蘭，雙方的主從關係未變。

　　來自東方的外患，則是蒙古的入侵。1241 年春，拔都率領的蒙古西征大軍於攻陷俄羅斯之基輔後，分兵三路攻入東歐，中路由拔都親率直趨匈牙利平原，南路由卡丹 (Kadan) 指揮攻擊羅馬尼亞，北路由凱都 (Kaidu) 指揮攻擊波蘭。北路軍自加里西亞出發，次第攻陷盧布林 (Lublin)、馬祖維亞、克拉科等地，指向西里西亞首府布列斯勞 (Breslau)，在布城西北方之雷格尼茲（Liegnitz，或 Legnica），與敵軍發生激戰，時在 1241 年 4 月 9

日。敵方為一東歐之基督教聯軍，由西里西亞公亨利 (Henry, The Pious) 統率，除西里西亞部隊外，尚包括波蘭、摩拉維亞各地諸侯的騎士、步兵、附近礦區的礦工，以及條頓騎士團的騎士。蒙古人先以馬隊衝擊，擊潰敵方四個陣團，當西方頭戴面盔身披重甲的騎士集合衝刺時，蒙古人一度被迫後退，西方騎士狂呼追擊，但不久即中蒙古誘敵之計。當騎士的密集隊形散為一列時，凱都預置之伏兵展開突襲，以箭射騎士之馬匹，馬倒人落，遂慘遭屠殺。是役，基督聯軍共死三至四萬人，亨利亦死於戰場，依蒙軍習慣，將陣亡敵人割下一耳，滿裝九大包，然後送呈統帥，以示戰功 ❹。

　　雷格尼茲之役以後，拔都並未在波蘭建立類似欽察汗國一樣的政權，大軍即越喀爾巴阡山南攻捷克與匈牙利，與拔都主力會師。

　　以上兩外患，為波蘭帶來嚴重的損失，影響到國家的發展。

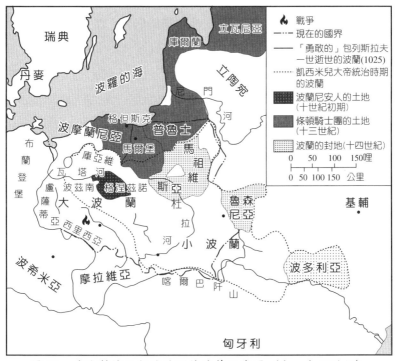

圖 25　波雅斯特王朝統治下的波蘭疆域圖（十～十四世紀）

❹　參閱 Prawdin, Michael. *The Mongol Empire*. London, 1961.

三、波雅斯特王朝的全盛時期

　　凱西米兒三世 (Casimir III, The Great) 在位時 (1333–1370)，波雅斯特王朝統治下的波蘭進入全盛時期，他的文治武功均有極高的成就，所以史稱「凱西米兒大帝」。

　　當其即位之初，波蘭王國的國勢並不穩固。它和南鄰波希米亞王國的長期衝突於 1334 年告一段落，兩國舉行維西格萊德 (Visegrad) 會議，言歸於好。1335 年又與匈牙利結盟。它與條頓騎士團之間的戰爭，也於 1343 年結束，雙方簽訂〈卡利施條約〉(Treaty of Kalisz)。此後，凱西米兒將波蘭發展的箭頭轉向東鄰俄國，這時俄國正在欽察汗國統治時期，諸侯分立，力量分散。位於俄國西部的兩個小公國，正處在欽察汗國勢力未能達到的邊區。凱西米兒於是透過姻親繼承關係和種種壓力，首先於 1352 年取得海利克 (Halich) 公國的王位，以洛夫 (Lwow) 城為首府。1366 年再取得瓦林尼亞 (Volhynia) 公國的王位，為波蘭增加了大幅的領域。1364 年凱西米兒更召開克拉科會議 (Congress of Krakow)，邀請神聖羅馬帝國新當選的皇帝查爾斯、匈牙利王路易、丹麥王瓦德瑪 (Waldemar)、波希米亞王瓦克拉夫 (Vaclav)、巴伐利亞公及塞普路斯國王等人參加，討論發動十字軍東征土耳其問題，儼然成為東北歐的國際領袖。

　　在內政方面，最值得稱道的是創立克拉科大學 (1364)，這是波蘭的第一所最高學府，與波希米亞的布拉格大學（創立於 1348 年）相互輝映。十

圖 26　波王凱西米兒大帝

五世紀初年首先提出「太陽為宇宙中心」及「地球自轉學說」的著名天文學家哥白尼 (N. Copernicus, 1473-1543)，就是這所大學訓練出來的學者。而日耳曼人的第一所大學──維也納大學，還比克拉科大學晚一年創立。克拉科大學的創立是西斯拉夫人常引為自傲的事。

　　凱西米兒大帝的其他貢獻是頒行了一部 《凱西米兒法典》 (Casimir Code, 1344)，除將原有不成文的習慣法整編為具體法條之外，並且引介了部分西方的條文，這部法典維持了四百多年。他對於少數民族的猶太人，採取寬容政策，是時西歐因發生黑死病，將責任歸咎於猶太人而加強迫害，波蘭適時大開方便之門，准其進入定居，於是猶太人大批湧入，日後波蘭遂成為猶太人最多的東歐國家。凱西米兒將中央政府的權力提高，將封建貴族的地方勢力削弱，有助於政治的安定。他也重視經濟資源的開發，墾闢森林，移民屯墾，發展黑海近東航線，加入「漢撒同盟」，與北歐各地貿易，以便商旅。更大量增建教堂與修院，加強宗教的力量，將首都克拉科的建築由木造改為磚石。在他三十七年的統治中，波蘭享受了一段繁榮和平的歲月。

　　凱西米兒大帝是波雅斯特王朝的最後一任君主，三娶無子，乃以其外甥原任匈牙利國王的路易一世 (Louis I) 繼位， 路易屬於法國安茹 (Anjou) 王朝的後裔，在其十二年 (1370-1382) 的短期統治中，對波蘭只是遙領性質，並不重視。因為他是外來君主，為了安撫波蘭的貴族，特於 1374 年頒布所謂〈科西契憲章〉(Košice Charter)，賜予免稅免役等特權，這是波蘭國王向貴族不斷讓步終致造成尾大不掉局面的開始。

　　路易於 1382 年逝世，也無男嗣，生有兩位公主。長女瑪莉 (Mary) 已與日耳曼盧森堡家族的西吉斯蒙 (Sigismund of Luxembourg) 訂婚，匈牙利國會已同意西吉斯蒙繼任匈王。 幼女雅薇佳 (Jadwiga) 已與哈布士堡 (Hapsburg) 家族的奧地利公威廉訂婚，波蘭雖同意雅薇佳公主以「國王」(King) 名義入主波蘭 (1384-1399)，但不願王夫為日耳曼的哈布士堡家族，於是商得雅薇佳同意，解除與威廉的婚約，另擇夫婿，立陶宛大公雅蓋洛

(Jageillo) 乃成為理想的人選，由是波蘭進入雅蓋隆王朝的統治時期。

四、雅蓋隆王朝 (1386–1572)

　　雅蓋隆王朝 (Jagiellon Dynasty) 是當年歐洲的重要王朝之一，其地位與西歐的哈布士堡王朝東西並峙。當其全盛時期，除了兼統波蘭與立陶宛以外，還曾兼領波希米亞與匈牙利兩國國王，領域幾乎包括全部東北歐與中歐，是當時歐洲領域最大的王朝。

㈠波立聯邦之形成

　　立陶宛是波蘭的東鄰，原是一個落後地區，立陶宛人也是最晚接受基督教的異教徒。閔多夫格（Mindovg，1251–1263 年在位）統一各部落開始建立「立陶宛大公國」，傳至吉迪敏（Gedimin，約 1275–1341）與奧爾格（Olgerd，1345–1377 年在位）父子時，國勢急速發展，乘欽察汗國國力已衰，而莫斯科公國尚未崛起之際，沿聶伯河南進，擴張疆域，先後攻陷基輔 (1363) 和斯摩連斯克 (Smolensk, 1403)，成為北起波羅的海南到黑海西北岸的龐大國家。現在俄羅斯西部的白俄羅斯、烏克蘭和羅馬尼亞東北部，均在其領域之內。

　　波蘭與立陶宛，因同受日耳曼騎士團的威脅，雙方關係友好。波蘭權貴亟想加強此種關係，乃有兩國王室締婚之議。1386 年 2 月，立陶宛大公雅蓋洛 (1351–1434) 與波蘭女王雅薇佳結為夫婦，雅蓋洛時年三十六歲，而雅薇佳只有十一歲，年齡懸殊，所以就個人來說，並不是美滿的婚姻，但對國家利益來說，兩國的聯合，卻形成一個龐大的勢力，對東歐極具影響。這種關係的演變，與十五世紀末卡斯提爾 (Castile) 女王伊莎貝拉 (Isabella) 與亞拉岡 (Aragon) 國王斐迪南 (Ferdinand) 聯婚因而形成西班牙王國，也與十七、八世紀英格蘭與蘇格蘭兩王國由王室的聯合進而形成政治聯合，產生大不列顛王國的情形，大致相似。雅蓋洛首先受洗為天主教

圖 27　雅蓋隆王朝的建立者──雅蓋洛與雅薇佳

徒，立陶宛也成為天主教國家。婚後，夫婦在克拉科聯合加冕，是為波王弗拉吉斯拉夫二世 (Wladislaw II)，在位四十八年 (1386–1434)，夫婦共理國政，女王美慧仁慈，極受臣民愛戴，曾解外衣覆蓋在一個溺死的銅匠身上，後來外衣就變成銅匠公會的榮譽標誌。又曾摘下鞋上金質馬刺賜予一個窮苦的石匠，至今這些遺物仍被波人保存。女王早逝 (1399)，年僅二十四歲，遺產全部捐贈克拉科的「雅蓋隆大學」。

　　但此次聯合只是兩個王室的聯合，而非憲政的聯合，兩個政府（包括議會）依然各自獨立，雅蓋洛仍以波蘭國王兼立陶宛大公。

　　波、立兩國關係的進一步發展，是「霍洛德祿的聯合」(Union of Horodlo, 1413)，時在波立聯軍大勝條頓騎士團於坦能堡 (1410) 以後。坦能堡戰役是日耳曼人與斯拉夫人之間的一次決戰，也是騎士團由盛而衰的轉捩點。雙方爭奪的焦點是立陶宛的屬地沙摩吉夏 (Samogitia)，該地位於波羅的海東南岸，剛好位於條頓騎士團與北方的立瓦尼亞佩劍騎士團之間。為了使領域聯為一體，迫使立陶宛割讓沙摩吉夏，這兩個日耳曼騎士團早已在 1237 年合而為一。騎士團得手之後，又得隴望蜀，更向南侵，於是引起波立的聯手反抗，發生坦能堡戰役。是役中，騎士團陣亡萬餘人，被俘一萬四千人，大公陣亡，騎士團首府由馬利安堡遷往科尼斯堡

(Königsburg)。戰後簽訂第一次〈索恩條約〉(*Treaty of Thorn*, 1411)，騎士團的聲威自此一蹶不振，雖仍保有東普魯士及但澤，但已不再構成波、立的邊患。

由於波、立兩國攜手合作獲得了輝煌的勝利，雙方乃有進一步加強關係之構想，於是於 1413 年集會於布格河岸的霍洛德祿 (Horodlo)，簽訂新的聯合條款。波蘭保證立陶宛仍然擁有自己的大公，大公的人選由波王提名並經兩國重要貴族之同意；反之，波蘭的王位亦須獲得立陶宛大公及立方貴族之同意。而真正使波立凝為一體者，是雙方貴族的融合，在霍城會議中，波蘭四十七家大貴族的代表，同意同額的立陶宛大貴族也一律穿戴代表權貴身分的紋章披肩 (Coat of Arms)。今後兩國代表並經常定期集會，共議國事。此外，立陶宛貴族也獲得了波蘭貴族類似的特權。兩國人口，今後不斷交流，立陶宛學生去波蘭大學受教；波蘭軍官去立陶宛參軍，雙方關係更趨密切。波蘭的貴族政制和天主教勢力也隨之傳入立陶宛大公國境內。

波、立兩國關係的第三步發展，則是十六世紀的「盧布林聯合」(Union of Lublin, 1569)。促成這次聯合的原因：一是波、立兩國同受俄國、瑞典、土耳其，尤其是俄國伊凡四世 (Ivan IV) 西進的威脅。二是立陶宛貴族希望享受更多的和波蘭貴族一樣的特權。三是立陶宛此時已經深受波蘭文化的影響，兩國文化水準逐漸拉平。四是立陶宛極需波蘭財力和軍力的支援，以抵制外力的侵犯。五是波蘭貴族盼於立陶宛境內獲得更多的田產。

雙方幾經會商，最後由兩國議會各派代表於 1569 年 7 月 1 日在盧布林簽署協定。協定的內容如下：

1.兩國合而為一，稱為「波立聯邦」(Rzeczposlita of Poland-Lithuania，或 Polish-Lithuanian Commonwealth)，同受波蘭王室的統治，惟波王在立陶宛之名義仍為大公。

2.兩國議會 (Sejm) 合而為一，聯席立法並選舉共同的君主，是為憲政之聯合。

3.立陶宛仍保留大公國名義和財政、法律乃至軍事的自治權。

4.兩國的民政和軍隊的經費，由兩國各自負擔。

　　波、立的聯合，使波蘭的領域擴大一倍以上。這種聯邦的型態，一直維持了二百餘年之久，直至十八世紀末年被三度瓜分時為止。

(二)雅蓋隆王朝的盛世

　　建立雅蓋隆王朝的弗拉吉斯拉夫二世於 1434 年逝世，統治時間長達四十八年。原配雅薇佳早逝，又三娶，繼承王位之弗拉吉斯拉夫三世（1434–1444 年在位）為第三位王后所生，即位時年方十歲，由奧列士尼斯基 (Z. Olesnicki) 輔政。奧氏時任克拉科主教，日後成為波蘭的第一位大主教，是當時極負盛名的人文學者兼政治家。其一生志業，在擴展雅蓋隆王朝的勢力範圍，北敗日耳曼騎士團 (1435)，南征土耳其。首先設法使幼主弗拉吉斯拉夫三世兼攝匈牙利王位 (1440)，然後在匈牙利的抗土名將郝尼歐迪 (J. Hunyadi) 協助下，攻擊土耳其，希望攻占君士坦丁堡後，促成拉丁教會與希臘教會的統合。波、匈聯軍攻入巴爾幹半島，土耳其失敗之餘，要求休戰，以十年為期，雙方原已達成協議，但弗拉吉斯拉夫三世聞悉威尼斯及教廷合組之艦隊東來助戰，並將攻入黑海海峽，阻止來自亞洲之伊斯蘭教援軍，形勢更為有利。於是忽然推翻休戰協議，再度發動攻勢，結果在保加利亞東部黑海沿岸的瓦爾納 (Varna)，為土軍所乘，全軍覆沒 (1444)，弗拉吉斯拉夫三世亦戰死，年僅二十歲。從此以後，巴爾幹仍屬土耳其帝國的天下，直至十九世紀始有變化。

　　弗拉吉斯拉夫三世逝世後，波蘭王位由其弟凱西米兒四世 （Casimir IV，1447–1492 年在位）繼承。新王之經營方向，由南轉北，希望擊敗日耳曼騎士團，打開通往波羅的海的通路。普克 (Puck) 一役，使騎士團遭受致命打擊，簽訂第二次〈索恩條約〉(1466)，波蘭取得維斯杜拉河口以西沿海一帶，包括但澤、波摩蘭尼亞、契木諾 (Chelmno)、馬利安堡等地，這一片地方，稱為「西普魯士」(West Prussia)，但澤成為「自由市」，宗主權屬

於波蘭。日耳曼騎士團的領地，縮小到維斯杜拉河與尼門河口之間的沿海地區，是為「東普魯士」，改以科尼斯堡（今稱加里寧格萊德，Kaliningrad）為首府。自此以後，普魯士乃分為東、西兩半。西普魯士已成為波蘭的領土，東普魯士則成為波蘭的附庸。這一段故事，在德國史中稱為「普魯士的瓜分」。三百年後，普魯士興起，於是效法故事，瓜分波蘭。

到了十六世紀初年宗教改革運動時期，東普魯士的騎士團多人改信路德教義，騎士團大公艾爾布瑞赫特·霍亨索倫乃於 1525 年自請將騎士團解散，將普魯士降格為波蘭的俗世附庸，普魯士公則由霍亨索倫家族世襲。

波蘭在擊敗騎士團的戰爭中，為了爭取貴族的支持，頒布〈聶沙瓦條款〉(Statute of Nieszawa)，保證今後一切立法，均須獲得貴族的同意。此一條款常被稱為波蘭的「大憲章」(Magna Charta)，削弱了波蘭的王權。

凱西米兒四世的另一重要活動，是運用外交和武力，使其長子弗拉吉斯拉夫 (Vladislav, 1456–1516) 先後取得波希米亞王國 (1471) 和匈牙利王國 (1490) 的王位。當凱西米兒四世逝世時 (1492)，雅蓋隆王朝的領域已達巔峰狀態，包括波蘭、立陶宛、白俄羅斯、烏克蘭、捷克與匈牙利，是當時歐洲最大的王朝。

凱西米兒四世逝世後，波立聯邦一度分裂 (1492–1506)，至西吉斯蒙一世（Sigismund I，1506–1548 年在位）時始再統一。西吉斯蒙在位四十二年，傳位其子西吉斯蒙二世（1548–1572 年在位），在其父子統治期間，是波蘭的「黃金時代」。

所謂「黃金時代」，是指波蘭文化的昌明鼎盛而言，這是西歐的「文藝復興」運動傳入波蘭的全盛時期。

促使文藝復興運動在波蘭發生深厚影響的關鍵性人物，是西吉斯蒙一世的王后包娜·史佛薩（Bona Sforza，1518–1548 年結婚），史佛薩家族是義大利米蘭 (Milan) 的世家，隨之北來者是一批義大利學者和藝術家，將建於克拉科瓦沃山 (Wawal Hill) 上的王宮，增飾成一座義大利式的宮闕，這是一座阿爾卑斯以北最具代表性的文藝復興式建築。克拉科城也成為東

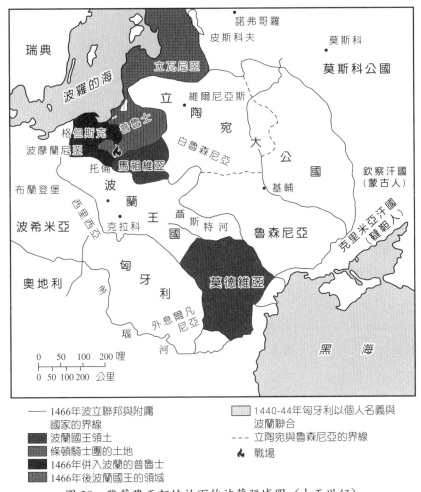

瑞典

波羅的海

立瓦尼亞

諾弗哥羅

皮斯科夫

莫斯科

莫斯科公國

格但斯克

普魯士

波摩蘭尼亞

托倫

馬祖維亞

維爾尼亞斯

立

陶

宛

大

公

國

白魯森尼亞

基輔

欽察汗國
（蒙古人）

布蘭登堡

波希米亞

波

蘭

克拉科

王

國

奧得河

聶

斯

特

河

魯森尼亞

克里米亞汗國
（韃靼人）

奧地利

匈

牙

利

多

瑙

外息爾凡
尼亞

河

莫德維亞

黑　海

0　50　100　200 哩

0　50 100 200 公里

── 1466年波立聯邦與附庸
　　國家的界線
■ 波蘭國王領土
▨ 條頓騎士團的土地
■ 1466年併入波蘭的普魯士
▨ 1466年後波蘭國王的領域

▨ 1440-44年匈牙利以個人名義與
　　波蘭聯合
--- 立陶宛與魯森尼亞的界線
♨ 戰場

圖28　雅蓋隆王朝統治下的波蘭疆域圖（十五世紀）

北歐的文化中心。設於該城的克拉科大學，著名的人文學者雲集，慕名而
來的學子接踵而至。文學、史學、政治思想和科學各方面的人才輩出，稱
一時之盛。波蘭也和義大利一樣，富庶的城市如克拉科、但澤、波茲南等，
有很多富商和權貴獎勵藝術活動，貴族多派子弟前往義大利及日耳曼留學。
以波蘭語文奠定波蘭文學基礎的芮伊 (N. Rey, 1505–1569)，寫作了不少散
文和詩歌，不僅反映當時的生活，而且極具文學價值。哥契安諾夫斯基 (J.
Kochanouski) 則是當代最佳斯拉夫詩人，以波蘭方言寫作，作品發揚人性，

傳誦至今。戴魯高施 (J. Dlugosz) 是著名史學家，留下不少有關波蘭、波希米亞和匈牙利歷史的紀錄。第一部以波蘭文印刷出版的書籍，始見於十六世紀初年，到了十六世紀末，書籍已極為普遍，克拉科也是當時歐洲出版業的中心之一。掀起近代天文學革命的哥白尼，是十六世紀初年在克拉科大學受教和工作的科學家，其《天體論》即發表於 1543 年，足以顯示當時波蘭在科學方面的成就。

除了文藝復興運動以外，另一重要歷史大事——宗教改革運動，亦於十六世紀上半期對波蘭產生極大影響。由於西吉斯蒙一世及二世父子二人最初採取比較寬容開明的作風，各派新教乃同時湧入波蘭，其中包括路德派、喀爾文派，乃至比較偏激的「再洗禮派」(Anabaptists)，均視波蘭為樂土。十六世紀正是西歐發生宗教迫害和宗教戰爭的時代，而波蘭政府獨採寬容，形成強烈對比。波蘭史家誇稱這是一個「沒有火刑柱的國度」(a state without stakes) 和「異端分子的天堂」。這些新的教派由於信徒日多，逐漸建立自己的教區。波蘭議會之中，新教徒轉居多數，足以選出新教徒為議長。不過由於支派過多，力量反而分散，這也是任一新教未能在波蘭建立全國性教會的原因之一。

稍後，由於被波希米亞逐出的「捷克兄弟會」(Czech Brethrens) 侵入波蘭，東部各省的東正教徒，在俄國支持下亦有伸張勢力之趨勢。波蘭政府為求自保，乃轉而加強支持天主教。西吉斯蒙二世於 1550 年頒布詔令，禁止異端。又於 1564 年在西姆議會中宣布接受「特倫特會議」(Council of Trent) 通過的教條。1565 年耶穌會出現於波蘭，創辦布隆士堡學院 (College of Braunsberg)，在能幹的郝西阿斯 (Hosius) 樞機主教領導之下，積極展開「反改革」(Counter-Reformation) 運動，乃將波蘭的新教勢力壓制，使波蘭又成為天主教會的領域，未步北歐諸國之後塵。不過，波蘭仍堅持不對異端迫害的原則，1573 年且將此項原則正式納入法典之中。

波蘭成為東北歐唯一倖存的天主教國家，它憑藉這種宗教信仰，乃能集中意志，應付即將到來的外患，分別抵抗來自東方的信奉東正教的俄國，

和來自西方的信奉路德教的普魯士。

　　西吉斯蒙二世是雅蓋隆王朝的最後一位君主。因無子嗣，又在強鄰俄國、瑞典、土耳其等環伺之下，對其死後國家前途，必須早謀長治久安之計。鑑於波蘭與立陶宛間的聯合，一直限於王室之間私人的關係，而非兩國政府憲政的合併，於是透過雙方議會的多次會商，達成了進一步的協議，1569 年 7 月 1 日簽訂「盧布林聯合」，已如前述。又三年，西吉斯蒙二世逝世 (1572)，雅蓋隆王朝長達一百八十六年的統治告終。

五、王政共和時代 (1569–1795)

　　「盧布林聯合」所產生的「波立聯邦」，事實上是一個國王徒具虛名的共和國，波蘭史家多稱其為「王政共和」(Royal Republic)。這也是波蘭史中的第一個共和，第一次世界大戰以後所建立的波蘭共和國，又稱「第二共和」(1918–1939)。

　　波蘭的「王政共和」有下面幾個特色：

㈠國王由選舉產生

　　理論上每一位波蘭貴族均有參加選舉的權利，參加者有時多達一萬人以上，任何信仰天主教的貴族，也不論是否波蘭公民（乃至外國人）均可自薦或被推為候選人。他們分別來自各省，騎在馬上群集於華沙近郊的瓦拉廣場 (Wola Field)，各省均有自己的帳篷。開始時先由幾位主要候選人的支持者宣布政見，然後騎馬遊走各個帳篷交換意見，稍後，大勢逐漸明朗，此時皇家使者 (Marshal of the Crown) 蒞場作最後的折衝，要求已居劣勢的候選人放棄競選，轉而一致支持某一最孚眾望的候選人。如果進行順利，則一天可以解決。傍晚時分，勝利者揭曉，然後接受各省代表團的逐一宣誓效忠，最後群劍並舉，同聲歡呼新王的誕生。不過，選舉過程絕非常常如此順利，彼此刀劍相向，乃至兩軍作戰的事例也屢見不鮮。此種情形，

和近世初期的神聖羅馬帝國帝位的選舉，頗多類似之處。

　　新王當選之後，即赴西姆議會聽取貴族代表們提出的意見或條件，如願接受，即可定期宣誓加冕。

　　波王西吉斯蒙二世逝世後，開始第一次的王位選舉，但當年並未立即選出，當中有一年的「空位期」(Interregnum)。在波蘭史中這種「空位期」常常出現，表示當時的政情極為複雜。在此「第一空位期」中，有五人競選，立陶宛貴族支持莫斯科的伊凡四世，波蘭的主教和大貴族支持奧地利大公。最後由於法國大使的重金活動，法國瓦洛瓦家族的亨利公爵 (Henry of Valois) 當選（1573 年 5 月當選，1574 年 6 月加冕）。波蘭貴族乘機提出多項要求，均由亨利接受，史稱〈亨利條款〉(*Henrician Articles*)。三年之後的另一次王位選舉時，貴族又迫當選的巴托利 (S. Bathory) 接受所謂〈協議條款〉(*Pacta Conventa*)。這兩個條款在波蘭史中互相通用，其性質就等於英國史中，威廉三世 (William III) 所簽署的〈權利法案〉(*Bill of Rights*, 1688)，全是限制君權的條件。今後波蘭國王必須絕對遵守，國王反而變成了貴族的公僕。

　　上述兩條款的內容，包括下列各點：

　　1.貴族有權選舉國王，國王無權指定繼承人，即使父傳其子，亦須經議會同意。國王選后亦同。

　　2.宣戰、締約、派任大使、徵稅必須獲得貴族的同意。

　　3.國王必須定期召開西姆。

　　4.國王如違背宣誓時同意之條款，貴族有反抗抵制權等等。

㈡西姆議會的「自由否決權」(Liberum Veto)

　　波蘭的西姆 (Sejm) 相當於英國的巴力門 (Parliament) 或俄國的杜馬 (Duma)，意即國會。在王政共和時期，西姆是國家的權力中心，超過國王。所謂西姆，最初只是地方性的議會（稱為 Dietines，或 Sejmiki），自十四世紀起，國王為了徵稅或徵兵，常須徵求地方議會的同意。全國性的西

姆第一次是在 1493 年召開，乃成為國會。這本是波蘭一國的體制，但在「盧布林聯合」成立波立聯邦之後，西姆就成為聯邦的國會。

西姆也和英國議會一樣，分為兩院：一為參議院 (Senate)，設參議員一百四十人，其中多由教會及政府高級人員兼任，休會期間則選出常駐議員 (Resident Senators) 十六人協助國王處理國事。另一為「代表院」(Chamber of Envoys)，由各省市推選代表組成。前者開會時由國王主席，後者由議長 (Marshal) 主席。

最令人不解者，是西姆的議案必須獲得全體的同意方能通過，是一致決而非多數決，譬如在一百人出席的西姆中，縱使九十九人支持某一議案，只要一人宣稱「我不贊成」(Nie Pozwalam) 或「反對」(Veto)，此案即被全盤否決。原則上雖則如此，但在共和初期只在 1580 年出現過一次。真正的創例則始自 1652 年，當時烏克蘭的叛離運動正達巔峰狀態，西姆討論增稅案，辯論已有六週，時屆週六下午，多人已感疲倦不堪，於是匆匆投票，準備各自回家，但在此時忽然聽到一聲「我不贊成」，議長宣布暫時休息片刻，轉眼間會場即空無一人。翌日為星期天，很多議員以為本屆西姆已經結束，只剩下閉幕儀式，於是紛紛離去。到了下星期一，議長發現在正式會議紀錄中明確載有「我不贊成」的字句，經查當時發言者是來自立陶宛的席辛斯基 (J. Sicinski) 代表，他是受了某一大貴族的指示，反對增稅，而席氏投票之後，也立即離開華沙回轉立陶宛去了。議長與法律顧問磋議多時，均無法解決此一難題，最後議長只能承認席氏的一票否決合法有效。既屬有效則整個增稅案即被宣布作廢。這位議長，名曰弗瑞多羅 (A. M. Fredro)，著述頗多，他一向認為「自由否決」制是保護貧苦人民抵制權貴濫用權利的法寶，所以十分推崇。不過就歷史影響而言，則這個惡例一開，便造成無窮災害。今後只要有一人，或出於自願，或被人脅迫收買，就可援此惡例推翻法案。1668 年甚至在西姆開幕式中，竟因有人反對召開，該屆西姆即告流會。此一惡果，到了十八世紀末年波蘭瓜分時，就充分顯示出來了。在奧格斯塔士二世在位期間 (1697–1733)，西姆召開二十次，其中

A.Sacra Regia Maiestas. B. Archiepis: Gnesnen.Primas Regni. C.Archiepis:Leopolien D.Episcopi Senatores:
E.Palatini. Castellani Senatores. F.Magistratus et Officiales Regni et Magni Ducatus Lithuaniae ; Senatores.
G.Officiales Curiae Aulici, et Secretarij RSM. H. Nobiles Regni et Mag.Duc.Lith.

圖 29　波蘭的西姆議會

十一次被中途推翻，自由否決權變成了俄國破壞波蘭政府的利器。

(三)同盟（Confederatio，或 Confederation）

同盟也是一套古老的波蘭制度，其目的在顯示公民的基本抵抗權利。任何一群人均可共誓組成，以保護本身的權益。1302 年維爾科包斯加 (Wielkopolska) 省的若干城鎮曾共組同盟來對抗侵擾的盜匪。1573 年全體西姆議員一致加入「華沙同盟」以維護宗教容忍的原則。1606 年，貴族為了推翻瓦薩 (Vasa) 王朝的西吉斯蒙三世 (Sigismund III)，曾組同盟。到了十八世紀末年，此種大規模的同盟不斷出現，內戰隨之爆發，最後竟成為外國（尤其是俄國）御用的工具。

六、巴托利 (1576–1586) 的「大計畫」

　　亨利擔任波蘭國王不到一年，即因其兄查理九世病逝而逃離波蘭，轉任法王，是為法王亨利三世，死於「三亨利之戰」中。此後亨利四世繼位，法國進入波旁王朝 (Bourbon Dynasty) 時期。

　　亨利逃國以後的空位期長達兩年，多人競選，最後當選的波王，是來自外息爾凡尼亞的巴托利公（1576–1586 年在位），王后為前王西吉斯蒙二世之妹。巴托利是波蘭史中的名王之一，曾在帕杜亞 (Padua) 大學受教，遊歷西歐，在位雖僅十一年，而功業彪炳，多所成就。在內政方面，他改良司法制度，創立上訴法院，創建維爾諾 (Wilno) 大學，整頓財政，增加庫存，籠絡南疆的哥薩克 (Cossacks)，引為對抗俄國的助力。在對外方面，他首先打通波羅的海的出口，擊潰由俄國和丹麥支持的但澤叛亂，使維斯杜拉河得以暢通。然後轉向東北，攻擊立瓦尼亞，再度與俄國發生戰爭。

　　立瓦尼亞即今之拉脫維亞一帶，十三世紀初年被日耳曼的「佩劍騎士團」征服，以里加為中心。1237 年與盤據東普魯士的「條頓騎士團」合併，構成立陶宛、俄國和波蘭的邊患。俄國的伊凡四世積極西進，企圖打通波羅的海，於是發生多年的「立瓦尼亞戰爭」(1558–1582)，波蘭、瑞典均捲入戰團。巴托利三度出兵，俄國大敗，傷亡三十萬人，伊凡被迫求和，簽訂〈亞木・沙波斯基條約〉(Treaty of Yam Zapolsky)，於是立瓦尼亞的南部併入波蘭，北部連同愛沙尼亞及芬蘭灣東岸併入瑞典。俄國的西進計畫因之受阻，一直到彼得大帝時方始擊敗瑞典，打開了西窗。

　　巴托利雄心勃勃，有一狂妄的「大計畫」(Grand Design)，他向教皇錫克士塔斯五世 (Sixtus V) 建議，擬以波蘭為核心，首將信奉東正教的俄國征服，然後再將土耳其逐出巴爾幹，使整個東南歐均納入天主教世界，建立一個包括波蘭、立陶宛、匈牙利和俄國的邦聯。此一計畫，惜因西姆反對及巴托利逝世（一說中毒而死）而未能進行。

七、瓦薩王朝 (1587–1668)

巴托利逝世後，王位虛懸，是為「第三個空位期」。兩派爭奪王位，一派支持哈布士堡王朝的麥西米倫大公，一派支持瑞典瓦薩 (Vasa) 王朝的西吉斯蒙三世 (Sigismund Augustus III)，後者之父為瑞典國王約翰三世 (John III)，母為波蘭前王西吉斯蒙一世之女凱薩琳，故得以外戚入主波蘭。

西吉斯蒙三世在位四十五年 (1587–1632)，國際環境對其極為有利，如能善加利用，可使波蘭成為雄霸整個東歐乃至部分北歐的大國，創造千秋偉業。因為此時正值俄國的「混亂時代」(Time of Troubles, 1598–1613)，西歐、北歐各國正捲入「三十年戰爭」(1618–1648)，正是波蘭擴展的機會。可惜一則由於國王的失策，二則由於波蘭貴族的短視自私，而坐失良機。良機一逝，波蘭即轉入衰亡的死谷。

西吉斯蒙三世的對外政策，犯了下列三項錯誤：

㈠爭奪瑞典王位，引起長期戰爭

西吉斯蒙於被選為波王後，改信天主教，而且變成一個狂熱的天主教徒。當其父瑞典國王約翰三世逝世 (1592) 後，他兼任瑞王 (1592–1599)，忽發奇想，想把瑞典變成一個天主教國家。他為了加強與瑞典聯繫，將政府由克拉科北遷到華沙 (1595)，1609 年再將華沙正式定為首都。瑞典的新教信徒乃將其推翻，改由其叔查理九世繼任 (1599–1611)，西吉斯蒙拒絕接受，於是引發波瑞戰爭。戰爭持續三十年，至 1629 年方始結束。其間查理九世之子古斯塔瓦二世‧阿道爾法斯 (Gustavas II, Adolphus，1611–1632 年在位)，曾大敗波軍，攻占立瓦尼亞及波蘭北部。使波蘭亦受「三十年戰爭」的影響。長期的戰爭，消耗了波蘭的無限國力。

㈡干預俄國內政，而又進退失據

莫斯科公國的盧瑞克王朝，至 1598 年終結，引發王位競爭。因伊凡四世幼子狄米特里 (Dimitry) 的猝然死亡，野心分子乃予利用，多人冒充狄米特里王子爭奪王位。第一個冒充者來自波蘭，且受波蘭貴族以及天主教會的幕後支持，一度進入克里姆林加冕為沙皇 (1605)，但旋即被人推翻。第二個冒充者也是由波蘭冒險分子所培植，率軍包圍莫斯科，在西郊圖石諾 (Tushino) 建立政府，與瑞典支持之莫斯科政府──舒斯基 (Shuisky) 為沙皇──對峙。圖石諾政府為了對抗瑞典的壓力，派代表團赴波蘭求助，同意邀請西吉斯蒙三世之子弗拉吉斯拉夫 (Wladislaw) 為俄國沙皇，但以新王改信東正教，並保證俄、波兩國不得合併為先決條件。協議已成，而西吉斯蒙三世忽又變卦，要求自兼俄皇，於是引發俄、波戰爭。波軍進入莫斯科 (1610)，俄國西疆全為波蘭占領。波王計畫將俄國亦納入「波立聯邦」之內，成為「波立俄聯邦」。此一野心，反而激起俄人的民族意識，同仇敵愾，義軍蠭起，卒將波軍逐出莫斯科。1613 年，俄國新王朝──羅曼諾夫 (Romanov) 王朝建立，向波求和。1634 年雙方休戰，簽訂〈波利安諾夫條約〉(Treaty of Polianov)，波蘭雖仍據有斯摩連斯克等地，但已失去控制俄國全局之機會。

㈢拉攏日耳曼，觸怒土耳其

西吉斯蒙三世篤信天主教，常以「反改革」運動之先鋒自命。王后安娜 (Anne)，為一奧屬哈布士堡家族之郡主，故對南鄰奧地利頗有好感，曾擬將波蘭王位轉讓給奧國大公，自己則轉往瑞典專任瑞王，使瑞典變成一個天主教國家。當「三十年戰爭」在波希米亞爆發 (1618) 後，他立即決定支持神聖羅馬帝國皇帝兼奧國大公斐迪南二世 (Ferdinad II)，對抗捷克的新教叛軍。當時支援波希米亞者，只有外息爾凡尼亞公白茨林 (Gabor Bethlen)，西吉斯蒙三世派兵攻入外息爾凡尼亞，同屬西斯拉夫人的波希米

亞遂被奧國擊潰，又淪入哈布士堡和天主教的領域，歷時三百年。

外息爾凡尼亞自十六世紀初年的莫哈契 (Mohács) 之役 (1526) 以後，即屬土耳其帝國的領域，土耳其認為波軍入侵，已犯轄境，於是興兵北犯，發生波蘭與土耳其間的戰爭，波蘭南境自此多事。

在波蘭與瑞典的衝突中，信仰新教的布蘭登堡 (Brandenburg) 選侯國極可能與瑞典聯手結盟，西吉斯蒙三世為了避免上述情況發生，同時也為了爭取布蘭登堡的補助以便對土用兵，決定對其讓步。是時 (1618)，東普魯士公國的統治者霍亨索倫家族的艾伯特一支正好中斷，同屬霍氏家族的布蘭登堡選侯喬治·威廉 (George William) 意欲兼統東普魯士，而東普魯士當時仍為波蘭的附庸，必須獲得波蘭的同意。西吉斯蒙三世同意布蘭登堡選侯兼領東普魯士公國以後，提高了霍亨索倫家族在日耳曼世界之中的地位。1657 年，波王更放棄對於東普魯士公國的宗主權，由布蘭登堡選侯兼任普魯士公。此一聯合對日後東北歐政局的發展具有決定性的影響。八十年後，兼領兩地的「普魯士王國」成立 (1701)，而普魯士王國正是將來瓜分波蘭的三強之一。

總之，西吉斯蒙三世的外交，為波蘭帶來北、南、西三方面的禍患，十七、十八世紀的波蘭即將飽嘗苦果。

八、洪禍時期

自十七世紀中葉起，進入所謂「洪禍時期」(The Era of Deluge)，烏克蘭哥薩克叛離，同時與俄國及瑞典發生戰爭，連遭敗績，波蘭國勢遂由盛而衰。

㈠烏克蘭哥薩克之叛離

哥薩克危機是「洪禍」的開始。所謂哥薩克 (Cossacks)，泛指十五世紀末年以後在南俄草原帶形成的一個特殊社會。大致分為三區：一為烏拉

河的哥薩克 (Ural River Cossacks)，在裏海東北岸一帶；二為頓河的哥薩克 (Don Cossacks)，在頓河中下游流域；三為聶伯河下游的哥薩克 (Zaporozhie Cossacks)，又稱烏克蘭哥薩克，「烏克蘭」(Ukraine) 原即「邊區」之意。當時的烏克蘭屬於波立聯邦。

哥薩克社會的組成分子，是一批不堪忍受俄國或波蘭地主貴族剝削或宗教迫害而南逃的農民，以游獵或劫掠為生，成群結隊，行動飄忽，對一切政治、經濟、社會、宗教性的權威，皆持反叛態度，嚮往自由，不受約束，財產公有，最初頗有原始共產社會的意味。他們攻擊劫掠的對象並不固定，時而騷擾南方克里米亞半島上的蒙古人或土耳其帝國的北疆，時而騷擾北方的莫斯科公國或波立聯邦。有時也聯此制彼，與任一政府合作，攻擊另一政府。立場游離不定，並無固定的效忠對象。反之，各方政府也常利用哥薩克的武力，協助邊防。

波蘭政府自十六世紀末年起，即常利用烏克蘭的哥薩克為邊防武力，協助抵禦土耳其。後來又進一步將其收編，成為「註冊的哥薩克」(Registered Cossacks)。「盧布林聯合」以後，波蘭的地主貴族和天主教會的勢力進入烏克蘭，他們一方面想把農奴制度推行，一方面想把信仰東正教的烏克蘭哥薩克轉變為天主教徒。在西吉斯蒙三世當政時期，曾在布勒斯特 (Brest) 召開會議 (1596)，天主教與東正教各派代表參加，史稱「布勒斯特聯合」(Union of Brest)，其所產生的教會，稱為「聯合教會」(Uniate Church)，准許烏克蘭人仍舊保留東正教的教義和教儀，仍然維持原有的教階制度，教士亦仍准結婚，但須承認羅馬教皇為教會的最高領袖。此一妥協方案如能忠實履行，尚可相安無事，但是狂熱而又高傲的波蘭天主教士，仍然鄙視東正教徒和聯合教派的信徒，雙方的仇視和衝突乃隨之滋長。

1648 年，西歐的「三十年戰爭」結束，而東歐的長期戰亂即於同年開始。是年，波王弗拉吉斯拉夫四世（1632–1648 年在位）逝世，其弟約翰二世・凱西米兒（John II, Casimir，1648–1668 年在位）繼位，波蘭的「洪禍」即於此時開始。

　　揭開「洪禍」序幕者是烏克蘭哥薩克的叛離運動。烏克蘭哥薩克位於
聶伯河下游，正處於波立聯邦與俄國及土耳其三國之間，情況向不穩定。
波王曾經召見當時的哥薩克領袖契米爾尼斯基 (B. Chimielnicki)，頗加籠
絡，原擬利用這支力量南征土耳其所屬的克里米亞韃靼汗國。但波王的南
征計畫被西姆否決，契米爾尼斯基以為波蘭毀約，憤而反叛，但又被波蘭
擊敗，於是向俄求助，進表效忠。莫斯科公國久欲報復波蘭入侵之仇，立
即接受哥薩克的求援，出兵對波作戰。

　　俄國和波蘭的戰局持續了十三年之久。波蘭此時正在忙於抵抗瑞典的
入侵，無法全力應付對俄作戰，最後被迫簽訂〈安德魯索夫和約〉(*Peace
of Andruszov*, 1667)。雙方約定：

　　1.烏克蘭分為東、西兩半，以聶伯河為界，東半部劃歸俄國，西半部
仍屬波蘭。基輔城雖在河西，但由俄國暫時管理兩年（事實上永未歸還）。

　　2.白俄羅斯之斯摩連斯克等地割予俄國。

　　3.波蘭收回被俄軍占領的立瓦尼亞南部和波洛茨克 (Polotsk)。

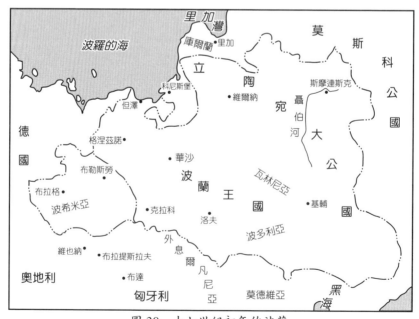

圖 30　十七世紀初年的波蘭

此後，波立聯邦就失去了烏克蘭的半壁河山。

㈡瑞典入侵，攻占北波蘭

當波蘭正在應付哥薩克叛亂和俄國入侵的同時，瑞典乘機南下 (1655)，瑞王查理十世（1654–1660 年在位）的海陸兩軍，攻占波蘭北部，華沙與克拉科均陷敵手，波王逃往南方的西里西亞。

在此危急之秋，忽現神蹟，波蘭的契斯托科瓦 (Czestochowa) 修院院長柯迪斯基 (A. Kordecki) 高舉聖母 (Black Modonna) 聖像，糾集義軍，奮勇抗敵，且曾一度擊退瑞軍的攻勢。這一神話一直膾炙人口，至今此一聖母像仍為波蘭人民信仰的中心。

其後，波蘭與奧國結盟，並勸誘俄軍牽制攻擊立瓦尼亞之瑞軍，方使波蘭獲得一線生機。

查理十世死後，透過法王路易十四的調停，波、瑞停戰，簽訂〈奧立瓦和約〉(*Treaty of Oliva*, 1660)，波將立瓦尼亞割予瑞典，並宣布放棄對於瑞典王位的要求。布蘭登堡選侯亦乘機迫使波蘭同意放棄它對東普魯士的宗主國地位。

㈢王位爭奪戰

瓦薩王朝於 1668 年告終，自此時起至 1772 年第一次瓜分為止，一百又四年間，王位七易。在這些國王中，除了蘇別斯基（John III, Sobieski，1674–1696 年在位）一人之外，其餘全是強權國家的傀儡。

蘇別斯基是波蘭史中少見的英明君主，允文允武，曾受良好教育，且具軍事經驗。他利用土耳其戰俘，建立華沙皇宮。他令人歌頌的事蹟，是率軍出征，解除了土耳其大軍對維也納的包圍，因而贏得基督教世界的救星的稱號。時在 1683 年，土耳其揮師西進，將奧帝國首都包圍，形勢危急，奧皇求救，並獻鉅金為軍費。蘇別斯基乃率波蘭勁旅馳援，9 月 12 日全線出擊，土軍潰敗，維也納之圍遂解。蘇別斯基此時犯了一項錯誤，不

應在解圍之後又投入「神聖聯盟」(Holy League) 的陣營之中，對土長期作戰。在後續的戰爭之中，波蘭付出了極大的代價，而獲益無多。真正獲益者一為奧國，一為俄國。奧國由是轉危為安，俄國又增加了一片領土，奧俄兩國的國勢由是更為強大，其後就成為侵凌波蘭的強敵。

蘇別斯基逝世後，波蘭更陷入黑暗時期，爭奪王位者多達十八人，各自傾囊競選，最後由俄國支持的日耳曼薩克遜尼 (Saxony) 選侯以重賄當選，是為波王奧格斯塔士二世。其後不久，鏖戰多年的反土戰爭勝利結束，簽訂〈卡洛維茲和約〉(*Peace of Karlowitz*, 1699)，土耳其將侵占多年的波多利亞 (Podolia) 和烏克蘭西北部歸還波蘭。

波蘭久經戰亂，原可暫獲和平休養生息，不料翌年 「大北方戰爭」(The Great Northern War, 1700–1721) 爆發，波蘭又捲入戰團之中，與俄國及丹麥結盟對瑞典作戰。這是一個對波蘭毫無意義的戰爭，自〈奧立瓦和約〉以後波瑞已無爭端，此時波蘭最大的敵人並非北方的瑞典，而是東方的俄國。大戰初起，瑞王查理十二 (Charles XII) 在輕易擊潰丹麥之後即移師波蘭，鐵騎縱橫，對波造成極大損害。在瑞典占領期間，扶立來自法國

圖 31　華沙皇宮（建於十七世紀末葉）(Shutterstock)

的列申斯基 (S. Leszczynski) 為波蘭國王 (1704–1709)。及至查理十二被俄
國擊敗後，列申斯基也隨之下臺逃往西歐。奧格斯塔士二世乃在俄國支持
下重登王位 (1710–1733)，波蘭政局全被俄國控制。1717 年 1 月，波蘭的
西姆議會在俄軍包圍下，宣誓通過議案，對本國的財政軍事自行設限，聽
任宰割。在此期間，從未聽到一聲反抗的怨言，史稱「沉默的西姆」
(Silent Sejm)。

　　奧格斯塔士二世死後另選波王，此時列申斯基之女已嫁予法王路易為
后，乃在法國大力支持下重登波蘭王位 (1733–1734)，由是引發「波蘭王位
繼承戰爭」(1733–1735)。列申斯基在位僅一年即被推翻，改由俄普支持的
奧格斯塔士三世（前王奧格斯塔士之子）即位 (1734–1763)。波蘭在這兩任
薩克遜尼王朝六十餘年 (1697–1763) 的統治之下，是它的低潮時期。不僅
一切改革無從談起，甚至它的兵力也在重重限制之下逐漸削減。在十八世
紀初年，波蘭正規軍有三萬六千人，超過瑞典與普魯士常備軍的總合，但
是到了 1720 年時，波蘭的兵力與強鄰已無法倫比（波、普的比率是 1：
11；波、奧為 1：17；波、俄為 1：28），瓜分的背景已經顯現。

　　波蘭瓜分以前末代君主是俄國支
持的波尼亞托夫斯基 （Stanislaw II,
Poniatowski，1764–1795 年在位），波
氏原為波蘭貴族，聰明俊秀，學養頗
豐，曾遍遊維也納、巴黎、倫敦，深
受當代啟蒙思想的薰陶。初以外交隨
員身分赴俄，旋即嶄露頭角，為俄國
女皇凱薩琳二世 (Catherire II) 所賞識，
成為入幕之賓。薩克遜尼王朝終了後，
經過了一年的「空位期」，波尼亞托夫
斯基即在俄、普推薦下當選為波王。
當選過程十分順利，事後波氏嘗自嘲

圖 32　波蘭的末代國王──波尼亞
托夫斯基

曰：「這是波蘭選舉史中麻煩最少的一次。」

　　波尼亞托夫斯基在位三十一年，是六十年來第一位波蘭籍的君主，也是一位著名的「開明專制」君主。他即位之後，立即施展抱負，實行改革。他的重要政績是：改善行政體制、限制「自由否決權」的使用、取消關卡、平衡收支、統一稅制、改革幣制、統一度量衡、修濬運河以溝通波羅的海與黑海、成立了歐洲的第一個「教育部」(1773)，甚至創立了一所軍事學校。如果環境許可，必將使波蘭變成一個媲美西歐的進步國家。不幸事與願違，他竟成為末代的亡國之君，三次瓜分即在他的任期之內完成。

九、三次瓜分

　　十八世紀末年的三次瓜分，固然是決定波蘭國運的最後打擊，但波蘭的衰亡，卻其來有自，是多項因素長期積累的必然結果。

㈠瓜分的原因和背景

　　在波蘭本身內在的缺點方面有：

　　1.波蘭是一個多民族和多宗教的國家。除波蘭人外，還有大量的白俄羅斯人、烏克蘭人（聚居於東部各省）和日耳曼人（聚居於西部各省及但澤等地）。波蘭的主要宗教是天主教，但白俄羅斯和烏克蘭人則多為東正教徒，日耳曼人則多為路德教徒。這些非天主教的少數民族被稱為「異教分子」(Dissidents)，正是俄普兩國鼓動或利用的對象。他們常以保護少數民族免受宗教迫害為藉口，干涉波蘭的內政。

　　2.波蘭王位自 1572 年雅蓋隆王朝終了以後，即改由選舉產生，強鄰各懷鬼胎，分提親信為候選人，一旦入選，即成傀儡，政權操於外國手中。

　　3.波蘭貴族，權勢過大，西姆議會對於法案之表決，採「一致同意」方式。「自由否決權」在十七世紀下半期以後更被不斷使用，依據統計，在

1650 至 1700 年間，使用六次；在奧格斯塔士二世期間，使用八次；在奧格斯塔士三世期間，使用十三次。如此漫無限制，濫用特權，乃使政局陷於混亂停滯狀態之中。波蘭人且常以此自傲，自視為最民主的國家，如此各自為政，一盤散沙，如何生存在十八世紀，有人說波蘭是一個「無政府共和國」。伏爾泰曾諷刺波蘭人曰：「一個波蘭人，令人喜歡；兩個波蘭人便打作一團；三個波蘭人——哎，那就是『波蘭問題』了。」

除上述內在因素外，外在環境亦不利於波蘭：

1.波蘭的四鄰，除北方之瑞典勢力已衰之外，東鄰俄國由彼得大帝及凱薩琳大帝先後執政，全力擴張領土，國勢如日中天，數十年間波蘭已是俄國的保護國。西鄰普魯士正當斐特烈大帝時代，在奧國王位繼承戰爭及七年戰爭之後，已取得西里西亞，他希望更進一步，將西疆的布蘭登堡與懸隔東方之東普魯士聯為一體，彼此東西呼應，形成對波蘭的包圍，斐特烈實為瓜分的倡議者。南鄰奧國，瑪莉亞·德瑞莎（Maria Theresa，1740–1780 年在位）與約瑟夫二世（Joseph II，1764–1790 年在位）母子勵精圖治，正圖向外擴張，以補償前述兩次戰爭之失地。三強環伺，勢均力敵，波蘭乃成慘被分割之魚肉。

2.此時因法國大革命爆發，西歐各國無暇東顧，正好給予三國侵略之良機。

3.十八世紀中，「瓜分」已成一時之風尚，西班牙王位繼承戰爭造成了西班牙屬地之瓜分，大北方戰爭之目的在瓜分瑞典屬地，奧國王位繼承戰爭及七年戰爭造成了奧國與法、西兩國領土的分割。至於瓜分波蘭的計畫，早自十四世紀起即已不斷提出，波王凱西米兒於 1661 年時更曾預言，將來瓜分波蘭者必是俄、普、奧三國，百餘年後，果然不幸而言中。尤其具有諷刺性的是：執行瓜分的三國君主，正是標榜啟蒙主義的開明專制者。

(二)第一次瓜分 (1772)

波尼亞托夫斯基的登基，出於俄、普兩國的聯袂推薦，原只希望他扮

演一個傀儡的角色，並不願見任何起死回生的改革。而新王上臺之後，卻出乎意外的發憤圖強，多所興革，自然引起強鄰的不滿。

俄、普早有默契，待機毀滅波蘭。不過毀滅的手段，最初頗有差異，有人主張快刀解體，有人主張細嚼慢嚥；有人主張鯨吞，有人主張蠶食。1766 年俄派芮浦寧 (N. Repnin) 為駐波大使，授命完成上述任務。芮某到任之後，即以暴厲陰險手段，挑撥離間，製造爭端。他最易找到的藉口，是指責波蘭歧視少數民族，迫害異教分子。1767 年，少數被其利用的分子組成「瑞達聯盟」(Confederation of Radom)，上書女皇，要求援手。芮浦寧乃以此為由，要求波蘭議會同意給予異教分子與貴族同樣的參政權。事實上那些住在波蘭東部信仰東正教的俄羅斯人，世代以農耕為業，多為無知的文盲，對政治毫無興趣，而俄國則指其遭受虐待，要求改善。波蘭議會及教會最初堅拒，但俄方憲兵竟包圍並闖入議會拘捕反對派領袖解往東境。議會終告屈服，但也激起了愛國分子的具體行動，他們於 1768 年在烏克蘭境內的巴爾 (Bar)，組成「巴爾聯盟」(Confederation of Bar)，既反俄，也對波蘭的妥協分子不滿，幕後頗受法國的支持。俄軍於是展開行動，巴爾聯盟瓦解，部分代表逃往土耳其。土耳其對於北鄰俄、波情勢，早已不安，又見入波俄軍未能依約撤退，乃在法國鼓動下，逮捕俄駐土大使，對俄宣戰，十八世紀末年的「第一次俄土戰爭」(1768–1774) 爆發。

俄軍摧毀巴爾聯盟後，長驅直入，攻占華沙，依照女皇原意，擬一舉鯨吞波蘭。普、奧兩國對於俄國勢力的猛進，同感不安，咸認為免破壞歐洲均勢，最好瓜分波蘭。於是首由普、俄獲致協議（1772 年 2 月），奧國繼之加入（同年 8 月），然後將協議結果迫使波蘭議會接受。

在第一次瓜分中，俄國獲得西杜維納河 (W. Dvina R.) 及聶伯河以東之地；奧國獲得「小波蘭」（克拉科城不在其內）及洛夫等地，維也納政府稱其為「加里西亞」；普魯士獲得「西普魯士」及「大波蘭」北部（惟但澤及索恩兩城因俄國堅不同意未被瓜分）。至此，普魯士乃將分懸東西的兩處領土聯為一體，由柏林直達東普魯士。在第一次瓜分中，波蘭共喪失土地三

分之一，人口二分之一，資源二分之一以上。

　　依照三個瓜分國家擬訂的波蘭新憲法，除國王仍由選舉產生、貴族仍保留「自由否決權」以外，並置「常設委員會」(Permanent Council)，由議會選出三十六人組成，由國王主持，其目的原在限制王權，但波蘭自瓜分以後，反露生機，各派相忍為國，支持國王，在教育、文化、社會、經濟各方面，從事溫和漸進之改革。波王在其「週四餐會」(Thursday Dinners) 中，網羅了一批傑出的知識分子，包括詩人和文史學家，參與國事，當時有「詩人王國」(Kingdom of Parnassus) 之稱。

　　在歷時四年未曾解散的「四年西姆」(1788–1792) 中，除將各項改革付之實施以外，並且通過了一部新的憲法，史稱《五三憲法》，通過的日期——1791 年 5 月 3 日，至今仍為波蘭的重要慶典之一。是時，法國大革命業已爆發，自由平等以及天賦人權等思潮已湧入波蘭，在此影響下，新憲極富「傑可賓色彩」，廢除了貴族的特權，容納向被排斥的城市中產階級參政。雖然尚未做到解放農奴的程度，但農民亦受較大之保護與關懷。「自由否決權」全予廢止，國王雖仍由選舉產生，但外國推薦的候選人已受限制，政府更宣布，將建立一支為數八萬人的常備軍。新憲明訂，在現任國王逝世以後，王位即由薩克遜王朝世襲。

㈢第二次 (1793) 與第三次 (1795) 瓜分

　　由第一次至第二次瓜分，為期二十一年；而第二與第三次瓜分則僅隔二年，故可視之為連續的行動。

　　1786 年普王斐特烈二世死，姪斐特烈·威廉二世 (Frederick William II) 繼位，改採反俄政策。1788 年俄普同盟之限期屆滿，未再續約。波蘭愛國分子認為有機可乘，乃向普遊說，雙方簽訂同盟 (1790)，約定締約國之一方如受外敵攻擊時，他方應即馳援。波蘭希望以夷制夷，免受俄國之全盤控制。

　　初，俄國正以全力南進，與土耳其發生十八世紀末年的「第二次俄土

戰爭」(1787–1792)，無暇他顧。及至戰爭結束，俄國又將侵略箭頭轉向波蘭。是時波蘭正有一批自私貴族，抱怨新憲法使其特權受損，組成「塔高維卡聯盟」(Confederation of Targowica)，向俄求助，凱薩琳乃以此為藉口，派軍入波。在此緊急關頭，普魯士盡食前言，不僅未予波蘭援助，反而與俄密議，合手瓜分，1793 年 1 月 4 日瓜分協定簽字。奧國此時正捲入法國革命糾紛，故未參與，但亦未表反對，以爭取普國之聯合抗法。

在第二次瓜分中，俄國所獲之領土遠遠超過第一次，北起白俄羅斯（包括明斯克，Minsk），南至聶斯特河，亦即過去立陶宛大公國之東部與西烏克蘭。普魯士則獲得「大波蘭」之全部（包括波茲南）及但澤與索恩。經過第二次瓜分，波蘭所餘領土已不到原有的三分之一。

瓜分帶來的恥辱，激起了愛國人士的熱情，抗敵火焰遍地燃起。其中最突出的領導人物，是來自美國的波蘭志士柯修士科 (T. Kościuszko) 將軍 (1746–1817)，他和法國的拉發耶 (Lafayette) 一樣，均曾參加美國獨立戰爭（官至准將），同受民主革命思想的感染，有「波蘭的拉發耶」之稱。柯氏一度去巴黎，原擬尋求法國激進黨人之支持，但無具體結果。1794 年 3 月應「四年西姆」之召，遄赴克拉科，獲得教會的支持和全民的擁戴。24 日在市政廣場上莊嚴宣誓，誓死為波蘭之自由獨立而戰。5 月 7 日再發表〈波蘭人民宣言〉(Manifesto of Polaniec)，解放農奴，色彩日趨激烈。首先成立「最高國家委員會」(Supreme National Council)，大印中刻有「自由、統一、獨立」字樣。最初義軍僅有四萬人，但經其號召，舉國響應，大批農民持鐮刀參軍，義軍不僅收復華沙及維爾諾兩京，且曾數度擊敗俄軍，收復大半國土。但此烏

圖 33　波蘭的民族英雄——柯修士科

合之眾，終不敵大量湧入之俄普敵軍，俄國名將蘇瓦洛夫 (A. Suvorov) 挾
新近擊敗土耳其之餘威，不久即將波蘭擊潰，屠殺極慘，柯修士科受傷落
馬被俘，華沙於堅守二月之後，重落敵手。

　　1795 年，三國協議最後之瓜分：奧國首先行動，以補償上次未曾參與
瓜分之損失，占有南區即維斯杜拉河上游等地（包括克拉科及盧布林兩名
城在內），改稱「新加里西亞」；普魯士獲得中區（包括首都華沙在內），改
稱為「新南普魯士」(New South Prussia)；俄國所得，則超過奧、普之合，
北起波羅的海，南至散河 (San R.) 東岸（包括維爾諾及布勒斯特）。

　　以上三次瓜分，其實是連續性的，彼此互為因果。在當代人的心目中，
波蘭已病入膏肓，無可救藥。到了最後階段，如果它維持無政府狀態，反
而可以苟延生存。反之，如果它意圖改革，反而會加速它的滅亡。

　　波蘭在 1772 年第一次瓜分的前夕，領域約為七十二萬平方公里，人口
一千二百萬。總計三次瓜分，俄國所得的土地約占五分之三，人口約占二
分之一；普、奧兩國所得的土地，約各占五分之一，普得人口約二百四十
萬，奧得人口約三百七十萬。

　　波蘭遂自地圖之上消失。1795 年冬，波王波尼亞托夫斯基被迫退位，
放逐出國，最後死於俄境。1797 年 1 月，俄、普、奧三國又再集議於俄
京，決定今後永遠不准「波蘭」二字重見於歐洲地圖之上。

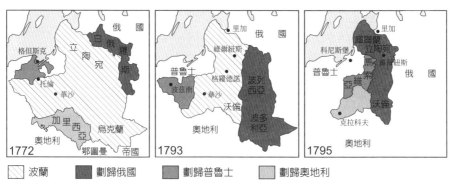

圖 34　波蘭的第一、二、三次瓜分

第三章　十八世紀以前的捷克斯洛伐克

1918 年建立的捷克斯洛伐克共和國（Republic of Czechoslovak，簡稱捷克），由捷克 (Czech) 與斯洛伐克 (Slovak) 兩支斯拉夫民族合組而成，是第一次世界大戰以後建立的新國家。在二十世紀以前，並沒有「捷克斯洛伐克」這個名稱，捷克和斯洛伐克這兩支民族在中古時期建立的國家，一稱「大摩拉維亞帝國」(Great Moravian Empire)，一稱「波希米亞王國」(Kingdom of Bohemia)。

一、大摩拉維亞帝國 (830–905)

捷克人和斯洛伐克人約在西元一世紀至二世紀間，由波蘭南部越過喀爾巴阡山南遷，移居於捷克境內。六世紀下半期，有一支來自東方的阿瓦人侵入東歐，成為羅馬帝國的邊患，捷克境內的斯拉夫土著部落也被其征服，歷時約一百年。七世紀初，這些土著部落擊敗阿瓦人，開始建立國家組織。傳說中的建國英雄名叫薩冒 (Samo)，可能是來自西方的一位法蘭克 (Frank) 商人，他過去常與捷克部落貿易，現因商務受阻，乃領導土著群起反抗，建立「薩冒帝國」，時在 623 年（一作 636）左右。惟自薩冒逝世 (658) 後，又再分裂為部落社會，此後百餘年間即少見捷克人活動的記載。到了九世紀初年，查理曼大帝於 805 年擊潰阿瓦人，其後不久，即有大摩拉維亞帝國的建立。

㈠摩拉維亞帝國的建立

摩拉維亞帝國的建國者為莫米兒一世 (Mojmir I)，830 年左右為了抵制

西方日耳曼人的壓力而建立國家組織，所建王朝稱為莫米兒王朝 (Mojmir Dynasty)。莫米兒死 (846) 後，拉士提斯拉夫（Rastislav，846–869 年在位）與斯瓦托普拉克（Svatopluk，870–894 年在位）相繼統治，逐漸建起一個相當強大的國家，不過在名義上仍然臣屬於西方的「東法蘭克王國」。當時的拜占廷帝國稱其為「大摩拉維亞帝國」。它的領域北至波蘭及德國的東南部，南至匈牙利西部，西起波希米亞，東至斯洛伐琪亞，以尼特拉 (Nitra) 為首都。後代的斯洛伐克人，常以摩拉維亞帝國這一段輝煌史績自傲，也是十九世紀以後斯洛伐克民族主義者最愛標榜的盛世。

　　摩拉維亞的外來威脅，源自查理曼所建的「法蘭克王國」。除了政治方面的壓力之外，還有更為嚴重的宗教侵略。法蘭克國王「虔誠的路易」(Louis, The Pious) 於 860 年與巴爾幹強國保加利亞國王包利斯 (Boris) 結盟，意欲包圍摩拉維亞，使之就範，盼仍與其維持原有的臣服關係。同時，來自日耳曼境內的天主教勢力，以薩爾斯堡 (Salzburg) 及雷根斯堡 (Regensburg) 為根據地，亦向摩拉維亞施壓。拉士提斯拉夫為了打破這種腹背受敵的情勢，乃於 862 年派使前往君士坦丁堡，與東羅馬帝國之麥克三世 (Michael III) 洽議合作。此時東羅馬亦深受保加利亞與法蘭克王國的威脅，乃與摩拉維亞結盟。此一盟約為時雖暫，但締約雙方均蒙其利。

　　拉士提斯拉夫晚年發生政變，被其姪斯瓦托普拉克推翻。後者在位二十四年，國勢強盛，領域擴張，迫使路易承認其獨立 (874)。路易之孫阿爾諾夫 (Arnulf) 為了夾攻摩拉維亞，與東方之馬札耳結盟 (892)，引其西進，但未得逞。斯瓦托普拉克死後，莫米兒二世繼位，諸弟奪權，發生內戰，國勢漸衰。不久，馬札耳人侵入中歐，摩拉維亞為其所滅，國祚不及百年。帝國瓦解後，西部併入波希米亞王國，東部（即斯洛伐琪亞一帶）併入匈牙利王國，斯洛伐琪亞在匈牙利統治之下歷時一千年。

(二)東正教會伸入中歐

　　拉士提斯拉夫於 862 年派遣特使團前往君士坦丁堡時，除政治任務

外，尚有宗教使命，後者為東歐歷史帶來極為重要而又深遠的影響。

拉士提斯拉夫要求拜占廷派遣一個通曉土著斯拉夫語言的教士團，前往摩拉維亞帝國傳揚基督教義。因為原在帝國境內傳教的日耳曼籍天主教士，多為法蘭克王國的潛伏間諜，必須防範。如能改由拜占廷教會派來一批操斯拉夫語的教士，必將有助於帝國本身文化的提升。

拜占廷皇帝麥克三世選派的報聘代表，是兩位希臘籍的東正教會修士，且為兄弟二人，兄名米索底阿斯 (Methodius, 826–885)，弟名君士坦丁 (Constantine, 827–869)，兄弟死後皆被封為聖者，君士坦丁教名錫瑞 (Cyril)，其所創造之斯拉夫文字母稱為「錫瑞字母」(Cyrillic Alphabets)，日後為俄文、保加利亞文及其他斯拉夫文所普遍採用，通稱「古教會斯拉夫字母」(Old Church Slavonic Alphabets)❶。

米氏兄弟原籍希臘之薩羅尼加，不僅曾受良好教育，且曾擔任重要官職，一度出使南俄之哈薩爾 (Khazar) 帝國，故亦富有外交經驗。薩羅尼加為一重要海港，有很多斯拉夫人居住，是一個雙語文地區，所以兄弟自幼即兼通希臘語與斯拉夫語，具有良好的語文基礎，在未奉使出發以前，即曾將《聖經》中部分章節譯為斯拉夫文。

拜占廷代表團於 863 年抵達摩拉維亞，受到熱烈歡迎，立即展開兩項活動。

1.宗教文化方面：建方言教會，訓練土著教士，翻譯經文，均極成功。

2.政治外交方面：首先與已在當地傳教五十餘年的法蘭克教士接洽，並與羅馬教會進行談判，此項活動則遭遇重重困難。

西方教士認為彌撒如以斯拉夫語文代替拉丁語文是一件不可思議的事，且摩拉維亞一向屬於天主教區，他們兄弟此行已屬越界。幸而當時羅

---

❶ 流傳至今最古老的斯拉夫文稿有兩種字體：一為格拉哥利提克 (Glagolitic)，一為錫瑞字母。學者認為君士坦丁所發明的字體是格拉哥利提克字體，而錫瑞字母則是米索底阿斯的生徒所創。參閱 Obolensky, D. *The Byzantine Commonwealth: Eastern Europe, 500–1453*. N.Y.: Praeger Publishers, 1971, p. 139.

馬教皇不願見到日耳曼教會的過度膨脹，乃予干涉，867 年邀請兄弟二人
訪問羅馬，並頒敕令，准用斯拉夫語傳教。869 年錫瑞病死於羅馬，米索
底阿斯則被任為潘諾尼亞 (Pannonia) 大主教，轄區包括摩拉維亞及匈牙利
等地。翌年，摩拉維亞帝國發生政變，拉士提斯拉夫被其姪斯瓦托普拉克
推翻，仍舊臣服於「虔誠的路易」，當米氏前往就任大主教新職時，即被當
地教會指為侵奪而加以囚禁，873 年始被釋放恢復教務。摩拉維亞帝國為
匈牙利所滅後，中歐教會又被羅馬教會控制。米氏則應拜占廷之邀，重返
巴爾幹。保加利亞於 893 年首先採用錫瑞字母，並成為兩位聖者生徒的傳
教中心。保加利亞教會日後常常以此自豪，自視為東正教會之重鎮。

　　捷克民族的教會，仍屬羅馬天主教會，還是日耳曼教區的轄地。到了
973 年才有自己的主教區，1344 年才升為大主教區。

二、波希米亞王國

　　波希米亞王國的領域，在捷克共和國的西部，原來稱為「捷克地方」
(Czech Lands)，包括波希米亞及摩拉維亞兩地。波希米亞是捷克人所建的
國家，它的歷史遠比摩拉維亞帝國長久，大致分為前後兩期，以 1526 年為
分水嶺。前期自九世紀建國起，至 1526 年為止，約六百五十年，有三個主
要的王朝：

　　1.霍什米索王朝 (Premyslid Dynasty)。

　　2.盧森堡王朝 (Luxemburg Dynasty)。

　　3.雅蓋隆王朝 (Jageillon Dynasty)。

　　後期自 1526 年起，至 1918 年止，約四百年，是哈布士堡王朝統治的
時代。

㈠霍什米索王朝 (873–1306)

　　波希米亞王國的古史，充滿了美麗的傳奇故事。除了前面談到的薩冒

之外，另一傳奇人物就是霍什米索 (Premysl)。他原為一普通農民，儀容俊美。有一名叫「捷克」（Cech，或 Czech）的貴族，生有三女，最小的公主對霍什米索獨垂青睞，下嫁為其妻，其後霍什米索統一各部落，於九世紀間建立王朝。波希米亞早期的歷史，記載不詳。在勢力尚未茁壯之前，時而臣服於東鄰的摩拉維亞帝國，時而臣服於西鄰的查理曼帝國，搖擺於二者之間。宗教方面亦復如此，而在 845 年間，已有十四位捷克貴族前往雷根斯堡晉見路易二世接受基督教義。863 年拜占廷修士米索底阿斯與錫瑞兄弟前來傳教時，東正教亦獲多人信仰。

　　十世紀初摩拉維亞帝國瓦解後，波希米亞開始獨立發展，疆域亦漸擴大，當其全盛時，領域包括捷克斯洛伐克及西里西亞等地。是時最著名的國王是文塞斯勞斯（Wenceslaus，或 Vaclav，920–929 年在位），因生前致力宏揚基督教義，死後封聖，捷人稱之為「聖‧文塞斯勞斯」，是捷克民族的保護神。捷克的領域稱為「聖‧文塞斯勞斯王冠的領地」(Land of the Crown of St. Wenceslaus)。任何人出任波希米亞王國的國王，必須前來布拉格使用「聖‧文塞斯勞斯的王冠」加冕。929 年嘗被捷克人視為「建國」的年代，1929 年曾舉行建國一千年紀念會。

　　950 年神聖羅馬帝國皇帝鄂圖一世 (Otto I) 擊敗波希米亞王國，將其變為帝國的附庸。973 年建立布拉格主教區，受曼因茲 (Mainz) 大主教區管轄。

　　十一至十二世紀間，波希米亞成為神聖羅馬帝國與波蘭王國相互爭奪的地區。波蘭王包列斯拉夫 (Boleslav Chrobry) 一度兼任波希米亞王 (1003–1004)，但旋即又被日耳曼征服。十一世紀下半期，日耳曼皇帝亨利四世 (Henry IV) 與教皇格瑞格里七世 (Gregory VII) 發生爭執，互爭授職權 (Investiture)，在此緊要關頭，波希米亞公弗拉基斯拉夫 (Vratislav) 支持亨利，亨利為了酬庸，除將奧地利邊防區 (March of Austria) 賜予外，並加封其為波希米亞國王及波蘭國王，但僅及一身，而非世襲。十二世紀下半期，日耳曼皇帝斐特烈‧巴巴羅薩 (Frederick Barbarossa) 發起第二次十字軍，

波希米亞公弗拉基斯拉夫二世 (1140–1173) 出兵助戰，遂被封為世襲國王 (1158)，並將波希米亞王提升為神聖羅馬帝國的「選侯」之一 (1159)。

十三世紀是霍什米索王朝的全盛時代，其間蒙古西征部隊曾由波蘭穿越捷克進入匈牙利平原，但僅摩拉維亞走廊一帶受害較重，偏西的波希米亞則損失輕微。在歐太喀二世 (Otakar II, The Great) 統治期間 (1253–1278)，波希米亞的領域還包括奧地利、斯提利亞 (Styria)、加林西亞 (Carinthia)、加尼歐拉 (Carniola) 及伊斯特里亞半島等地，南至亞得里亞海，為東中歐的強國之一。在神聖羅馬帝國皇帝的一次選舉中，歐太喀二世勢力最大，本可當選，但其他選侯不願見波希米亞過度擴張，乃改選聲勢較小的日耳曼諸侯魯道夫（Rudolf I，1273–1291 年在位）為皇帝，魯道夫就是哈布士堡王朝的創立者。

魯道夫的獲選，立即引起日耳曼人與斯拉夫人之間的一場關鍵性的戰爭，在馬克菲德戰役 (Battle of Marchfeld, 1278) 中，日耳曼獲勝，歐太喀二世被殺，文塞斯勞斯二世（Wenceslaus II，1278–1305 年在位）繼任波希米亞國王，攻占北面的德欽 (Teschen) 和克拉科，乃兼任波蘭國王 (1300)。子文塞斯勞斯三世 (Wenceslaus III) 繼又被選為匈牙利王 (1301)，波、捷、匈三國於是統一在一個王朝之下。1306 年文塞斯勞斯三世被刺身死，霍什米索王朝告終。

在霍什米索王朝統治期間，另有兩項大事：

1.神聖羅馬帝國皇帝斐特烈二世 (Frederick II) 於 1212 年頒布〈西西里金皮詔令〉(Golden Bull of Sicily)，承認波希米亞王位由貴族選舉產生，帝國不加干涉；波希米亞王國可在帝國範圍之外，享有獨立地位，自鑄貨幣，有權任命主教。在組成帝國的三百多個單位之中，波希米亞居於首席地位。

2.在早期東歐諸國中，波希米亞的經濟開發比較進步，是當代最富的國家。農業如此，手工業亦然，這頗得力於日耳曼人的移入。霍什米索諸君主，常邀西鄰的日耳曼人入境，或則開墾山林銀礦，或則集居城鎮從事工商，因此市鎮大量興起，其繁榮程度約可媲美義大利或法蘭德斯

(Flanders) 等地。不過，日耳曼移民的激增和他們積聚日多的財富，也引起土著斯拉夫人對於這批「外來人」(aliengenae) 的反感，這種反日耳曼人和反日耳曼教會的意識，實為日後胡斯戰爭的淵源。

由於市鎮增多，城市居民也隨之增加，因此形成了一支中產階級，介乎貴族與農民之間，後來國王也時加利用，以抵制封建貴族。

日耳曼移民的集居地區，除首都布拉格外，大多集中於西北面的蘇臺德山區，也就是在 1938 年〈慕尼黑協定〉中被希特勒兼併的「蘇臺德區」(Sudetenland)。

(二)盧森堡王朝 (1310–1437)

霍什米索王朝於 1306 年因前王被刺而終了，王位虛懸，多人競爭。神聖羅馬帝國皇帝亨利七世 (Henry VII) 勸服波希米亞貴族，於 1310 年選舉其子約翰（John，波希米亞王文塞斯勞斯二世之妹婿）為新王，由是進入盧森堡王朝，統治波希米亞一百二十餘年之久。

約翰王時期 (1310–1346) 波希米亞王國的領土逐漸擴大，包括下列五區：波希米亞、摩拉維亞、西里西亞、上魯薩提亞 (Upper Lusatia) 與下魯薩提亞。亦即波蘭的西南部及德國東南部。

約翰以日耳曼人而入主波希米亞，為了爭取波人的支持，頒布特許狀，授予貴族種種特權，國會經常召開，王權多受限制。

約翰死，子查理四世（Charles IV，1346–1378 年在位）繼位，進入波希米亞的黃金時代，查理嘗被尊為「國父」(Otec vlasti)，建樹頗多。他創立了布拉格大學 (1348)，成為與克拉科大學媲美的東歐文化重鎮。他把布拉格的市區擴建，改建拉德山尼堡 (Hradčany Castle)，建查理橋橫跨易北河兩岸，邀集建築家與雕刻家將市區美化。當他被選為神聖羅馬帝國皇帝 (1347) 以後，即將布拉格定為帝國的首都，經常駐節於此城。

布拉格主教區於 1344 年升格為大主教區，宗教地位也隨之提高，不再受日耳曼教區的管轄。

圖 35　查理四世所建的布拉格王宮
(Shutterstock)

1356 年，查理四世頒布〈金皮詔令〉，將神聖羅馬帝國變成一個由諸侯合組的邦聯，以免內爭。皇帝由七位選侯 (Electors) 選舉產生，七選侯為曼因茲、特里爾 (Trier)、科隆 (Cologne) 等三個大主教，萊茵巴拉提納特的伯爵 (Count of Palatinate of the Rhine)、薩克遜尼 (Saxony) 公、布蘭登堡侯及波希米亞王，波希米亞王且為首席選侯，波希米亞王國的地位隨之提高。

查理四世有三子，他擬利用諸子繼承各國王位。以長子文塞斯勞斯四世為波希米亞王位繼承人，次子西吉斯蒙 (Sigismund) 與匈牙利王路易的公主瑪莉締婚，匈王無子，故西吉斯蒙日後可繼承匈牙利王位 (1387–1437)。

查理四世逝世後，長子文塞斯勞斯四世（1378–1419 年在位）及次子西吉斯蒙（1419–1437 年在位）相繼為波希米亞王，西吉斯蒙且曾兼任神聖羅馬帝國皇帝 (1411–1437)。是時基督教會連續發生分裂運動及改革運動：

1.教皇克里蒙七世 (Clement VII) 將教廷由羅馬遷至法國南部的亞維農 (Avignon)，造成「大分裂」(Great Schism, 1387–1417)。

2.波希米亞境內，發生胡斯的改革運動。

西吉斯蒙死，盧森堡王朝告終。

㈢胡斯宗教改革運動

胡斯 (J. Hus, 1369–1415) 所掀起的宗教改革運動，以及隨之引起的「胡斯戰爭」(Hussite War, 1419–1434)，不僅是百年之後馬丁‧路德等宗教大改革運動的先驅，對於捷克歷史的發展，也有決定性的影響。因為胡斯運動兼具三重性質：在宗教上，是反羅馬教會 (Antiecclesiasticism)；在社會上，是城市的中下級民眾反對富商，農民反對地主；在政治上，是反抗神聖羅馬帝國，具有斯拉夫民族反抗日耳曼民族的民族主義色彩。此一民族意識，自此深植捷克人心。

在胡斯以前，波希米亞已有改革的呼聲。早在查理四世為波王時，曾邀瓦德郝索 (K. Waldhauser) 自奧地利前來傳教，捷籍大臣米里施 (J. Milič) 則助其傳播，主張淨化教會的豪奢腐化作風。另一曾在布拉格大學受教的史丁尼 (T. Stitny) 更主張教會用語除拉丁文與日耳曼文外，也應使用捷克方言。

胡斯是布拉格大學的神學教授，1403 年兼任校長，為校內捷克領袖。大學分為巴伐利亞、薩克遜尼、波蘭和捷克等四院，其中三院為外族，捷克人只占一院，遇有選舉，常發生三對一的局面，捷克師生認為校務由外人把持，深表不滿。波希米亞王支持捷方，欲將大學的投票制度改變，又引起日耳曼學生的不滿，憤而離校，另創萊比錫 (Leipzig) 大學 (1409)。在神學方面，胡斯與捷克師生均為唯實論者 (Realists)，他十分崇拜英國牛津大學的韋克里夫 (J. Wycliffe)，常向學生讚譽韋氏為「改革的晨星」；日耳曼師生則大多為唯名論者 (Nominalists)，崇拜日耳曼籍奧克漢的威廉 (William of Ockham)，雙方屢起爭執。胡斯因為深受韋克里夫的影響，所以反對教廷的權威，反對教會聚累財富、買賣聖職、銷售贖罪券等腐化行為，主張教士的生活應該安貧淨化，遂被指為異端。

胡斯派揭示之新教義，稱為〈布拉格四條款〉 (*Four Articles of Prague*)：

1.自由傳布福音。

2.聖餐中麵包與酒所代表的聖體與聖血，神職人員及一般信徒均可領受。

3.教士應該放棄財富與權勢，重過使徒般的清苦簡樸生活。

4.教士如有不道德之行為，尤其是公然觸犯者，應受懲處。

1414 年，神聖羅馬皇帝召開康士坦斯宗教會議 (Council of Constance)，召令胡斯出席答辯，並允保障其安全，但事後竟然食言，判胡斯為異端，並將其火焚而死 (1415)。此舉激起捷人的普遍反叛，引發胡斯戰爭。

與捷克為敵者，是一支日耳曼人的聯軍。捷軍在英勇的齊斯卡 (J. Ziska, 1360–1424) 率領下，屢敗入境敵軍。其後，捷人自己分裂，兩派內爭。溫和派稱為「雙形派」(Utraquists)❷，主張聖餐可同時兼領聖體與聖血，參加者以貴族及中產階級為主；激進派稱為「塔勃兒派」(Taborites)，以塔勃兒為中心❸，主張脫離教廷，自選主教，單獨成立捷克教會，參加者以下層之農民為主。

胡斯戰爭持續十五年，1434 年「里班尼之役」(Battle of Lipany) 捷軍始被擊敗，最後雙方妥協，召開巴索 (Basel) 會議 (1436)，簽立〈巴索公約〉(*Basel Compactata*)，敵方接受〈布拉格四條款〉，捷人則承認西吉斯蒙為波希米亞國王。

1437 年，西吉斯蒙逝世，無子，傳位於其婿哈布士堡家族之奧地利公亞伯特 (Albert)，盧森堡王朝

圖 36　胡斯受火刑而死

---

❷　源自拉丁文 "Sub Utraque Specie"，意即 "under each kind"。

❸　源自《聖經》中的 Tabor，原來以布拉格南郊之 Usti 小鎮為中心，後將 Usti 改名為 Tabor(1420)。

圖 37　現仍豎立在布拉格市區的胡斯銅像 (Shutterstock)

告終。

㈣自「莫哈契之役」(1526) 到「白山之役」(1620)

　　自盧森堡王朝終了至 1526 年約八十年間，波希米亞政局混亂，王位數易。捷克貴族喬治 (George of Podebrady, 1458–1471)、匈牙利王馬修斯 (Matthias Hunyadi) 和波蘭雅蓋隆王朝的弗拉吉斯拉夫二世（Vladislav II，1471–1516 年在位）等先後當選為波王。弗拉吉斯拉夫二世後來又當選為匈牙利王 (1490)，形成雅蓋隆王朝同時統治波蘭、匈牙利和波希米亞三個王國的極盛時期。弗拉吉斯拉夫二世死後，其子路易二世 (Louis II) 仍同時兼任匈牙利及波希米亞兩國國王。匈牙利境內的斯洛伐克人和波希米亞的捷克人，透過這一段同戴一君的關係，重又恢復了斯拉夫民族的感情，對於日後兩支民族合建「捷克斯洛伐克共和國」的發展，極有助益。

　　路易二世自不量力，以反土耳其十字軍之先鋒自命，是時鄂圖曼帝國

的蘇利曼大帝 (Suleiman, The Magnificent, 1520–1566) 正率大軍由巴爾幹西征，與路易的基督教聯軍發生著名的「莫哈契之役」(Battle of Mohács，1526 年 8 月 29 日)，因眾寡懸殊，西方聯軍大敗，路易二世亦隨之而死。

路易二世無子，依照早先於 1515 年簽訂的〈王位繼承條款〉(由弗拉吉斯拉夫二世與哈布士堡的麥西米倫簽訂，稱為〈維也納協定〉)，由其姊夫奧地利大公哈布士堡家族的斐迪南 (Ferdinand) 繼承波希米亞及匈牙利兩國王位。波希米亞史因而重寫，自 1526 年起進入第二階段——哈布士堡王朝統治時代。

波希米亞王國自 1526 年落入哈布士堡王朝的統治以後，開始步入低潮時期。捷克民族的命運，和奧國及神聖羅馬帝國糾結在一起，不僅政治發展受其影響，宗教方面影響尤深。

在 1526 年以前，依照 1446 年的約定，波希米亞王位並非世襲，而是由教會選舉產生。教會中分為三個階級 (Estates)：一為貴族，二為騎士，三為城市中產階級，三級先行分別討論，最後並開聯席會議，這是波希米亞貴族傳統的特權。

斐迪南一世為了取得波希米亞的王位，必須獲得議會的支持，因此百般遷就，接受了議會所提的部分要求，給予若干特權地位。

就哈布士堡王朝而言，自 1526 年取得捷克與匈牙利這兩個多瑙河谷的富庶地區以後，使其實力倍增，一方面可以抵擋來自東方的土耳其帝國的壓力，一方面也有助於應付它在西歐所面臨的難題。是時，法國的瓦洛瓦 (Valois) 王朝正與查理五世展開生死之爭，西班牙的屬地尼德蘭 (Netherlands) 也開始爭取獨立，哈布士堡已感心餘力絀，亟需財力人力的支援。

斐迪南一世在位期間 (1526–1564)，最初尚能與波希米亞貴族及教會維持相當和諧的關係，但徐瑪加爾迪克戰爭 (Schmalkaldic War, 1546–1547) 爆發後，關係即告破裂。1517 年馬丁‧路德的宗教改革運動興起，信仰路德新教的日耳曼諸邦在 1531 年於徐瑪加爾登 (Schmalkalden) 組成聯盟，至

此乃聯合出兵對抗查理五世的舊教部隊。斐迪南一世為查理之弟，要求波希米亞出兵助戰，但遭拒絕。斐迪南為懲戒波希米亞，出兵討伐，占領布拉格，將抗命者四人於皇宮前廣場上當眾處決，並將此事歸罪於「捷克兄弟會」，數百人被放逐國外。「捷克兄弟會」是一批信仰胡斯和喀爾文教義的比較激烈的分子，代表捷克的反抗勢力。斐迪南決心加以壓制，並引進耶穌會士，創辦布拉格的天主教大學 (1555)，與捷克兄弟會展開思想戰。

　　斐迪南在世時，即已商獲捷克議會之同意，將來由其長子──麥西米倫二世（Maximilian II，1564–1576 年在位）繼承王位，由是決定了前王得於生前預先指定繼承人的法則，麥西米倫二世的兩位兒子和一位姪孫，日後均依上述程序陸續兼任波希米亞王，是即魯道夫二世（Rudolph II，1576–1611 年在位）、馬修斯（Matthias，1612–1617 年在位）及斐迪南二世（Ferdinand II，1617–1637 年在位）。魯道夫二世性情多變而又無能，引起波匈兩地貴族的反叛，轉而支持其弟馬修斯，於是引發內戰。波希米亞議會乘機迫使魯道夫讓步，簽署所謂〈聖詔〉（Majestat，或 Letter of Majesty, 1609），放寬信仰自由，提高議會權力。最後魯道夫眾叛親離，終於被迫退位 (1611)，由馬修斯繼任，並將哈布士堡帝國的首都，由布拉格遷往維也納。馬修斯無子，其姪斐迪南勢將成為王位繼承人，而波希米亞議會明知他是一個強烈的天主教信徒，竟然愚昧的予以同意 (1617)，於是引起了一場長達三十年的宗教戰爭。

　　自十六世紀中葉起，波希米亞境內的新教勢力即已漸占優勢，十七世紀初，新教徒約占全國人口的三分之二，其中尤以富於喀爾文色彩的「捷克兄弟會」最為活躍，歷任國王雖予鎮壓，但無顯著效果。斐迪南二世原為斯提利亞大公，曾以強硬手段打擊該地的新教勢力；如其將來接掌波希米亞王位，必又展開一場慘酷的宗教迫害。同時，馬修斯亦已開始行動，派遣一批狂熱的舊教分子充任政務會議的委員，接掌波希米亞政府的職位。其中二人，尤為惡名昭彰：一名雅羅斯拉夫 (Jaroslav of Martinic)，一名威廉 (William of Slavata)。

圖 38　拋出窗外的一幕

　　波希米亞議會中信仰新教的代表約百餘人，在曹恩 (Thurn) 伯爵領導下，展開一幕戲劇性的活動，指上述兩名委員和一位秘書為叛國者，將其從下榻的拉德山尼 (Hradčany) 堡窗口拋出，窗外是一條環繞堡壘的護城壕溝，三人墜落在一堆糞便垃圾之上，倖得不死，史稱「拋出窗外事件」（Defenestration，1618 年 5 月 23 日），是為「三十年戰爭」(Thirty Years War, 1618–1648) 的導火線。

　　波希米亞議會由三個階級各選十人為「督政」(Directors)，共組三十人督政的臨時政府，公開反叛。翌年 (1619) 馬修斯死。應由斐迪南二世繼位，但波希米亞議會決定另選新王，獲選者為萊茵巴拉提納特選侯 (Elector of Palatinate) 弗萊德列克五世 (Frederick V)，弗萊德列克年二十許，信仰喀爾文教義，時正擔任日耳曼新教聯盟盟主，夫人伊莉莎伯為英王詹姆士一世 (James I) 之女。捷人認為如啟戰端，當可獲得日耳曼新教諸侯乃至英國的支援。弗萊德列克接受了邀請，前來布拉格就任。斐迪南於是邀同西班牙與巴伐利亞等天主教國家，興兵三路，向波希米亞攻擊，三十年戰爭的第一階段——「波希米亞戰爭」爆發。

　　捷軍初占上風，一度攻入奧地利，但一則原所期望的外援並未來到，二則捷軍多由傭兵組成，並未按期發餉，三則波希米亞內部並不團結，貴族只圖保持特權，下層民眾不願平白犧牲而毫無所獲，因此戰局不久即告逆轉，名將提利 (Tilly) 伯爵統率之優勢聯軍，在布拉格西郊擊潰波希米亞軍，是為「白山之役」（Battle of the White Mountain，1620 年 11 月 8 日）。波希米亞全境均被敵軍占領，弗萊德列克五世逃往北歐，在位僅有一冬，故有「一冬之王」之稱。

　　就波希米亞而言，這是一場新教反抗舊教之爭，自治權反中央集權之爭，也是斯拉夫民族反抗日耳曼民族之爭。具此三重意義。

三、奧國統治之下的捷克

　　「白山之役」是捷克民族史的一個轉捩點，從此以後即轉入低潮時期，波希米亞王國亡，日後即成為奧國的一省，由維也納派一總督治理，歷時三百年，直至 1918 年奧匈帝國在第一次世界大戰中失敗之後，方始重建民族國家——捷克斯洛伐克共和國。

　　斐迪南對於捷克的懲罰極其嚴酷，波希米亞的自治地位被取消，貴族的特權被停止，新教被視為非法，參與反叛的領袖二十七人被公開處死於市政廳前，並將首級懸掛於橋塔之上一年之久，以昭炯戒。其中有耶森尼亞斯 (T. Jessenius) 者，為查理大學 (Charles University) 校長，是當代著名的科學家兼外科醫學教授。涉案的捷克貴族與城市中產階級之財產（約占全國土地的四分之三）均被沒收，轉而配給日耳曼籍的新貴，數約二十萬人的新教信徒大批移往國外。在十六世紀期間日漸形成的燦爛捷克文化，也隨之毀滅，其中包括頗為珍貴的捷克語文與文學作品。斐迪南實行「日耳曼化」，規定以德文為官方語文，耶穌會士更執行嚴格的出版檢查，約六萬卷捷克書籍被焚。在此期間遇害或逃亡國外的思想家或學者當中，以柯門斯基 (J. A. Komensky, 1592–1670) 最為著名，柯氏是捷克兄弟會的末任

主教，是當代國際知名的神學家、詩人和教育哲學家，既不容於祖國，乃受邀遍訪波蘭、日耳曼、匈牙利、英國、瑞典與尼德蘭等地，建校不久的北美哈佛學院 (Harvard College) 亦曾邀其前往任教，但被謝絕。後來的哥德 (Goethe)、赫德 (Herder)、馬薩里克 (Masaryk) 乃至杜威 (J. Dewey) 的學說，全都受到柯門斯基思想的若干影響。

「三十年戰爭」仍繼續進行，新舊兩教的戰場和參戰的國家也不斷擴大，信仰路德教義的丹麥、瑞典和薩克遜尼等日耳曼邦國繼波希米亞之後加入戰團，1631 年新教部隊一度占領布拉格城，但並未帶來波希米亞的解放。翌年，華倫斯坦 (Wallenstein) 又將布拉格城收復，華氏一度想自任波希米亞國王，但不久即被謀殺。華倫斯坦原名艾伯特 (Albert)，本是一個信仰兄弟會的捷克貴族，但後又改信天主教，受僱於斐迪南為傭兵。1648 年三十年戰爭結束，簽訂〈西伐利亞條約〉(Treaty of Westphalia)，波希米亞仍為奧國治下的一省，地位並無改善。因戰鬥多在境內進行，所以遭受嚴重的破壞，和中歐的日耳曼地方一樣，淪為一片廢墟。戰前原有人口三百萬，戰後減少了三分之二，僅有一百萬人。

十八世紀中葉，連續發生「奧國王位繼承戰爭」(1740–1748) 及「七年戰爭」(1756–1763)，奧國連續被普魯士擊敗。當戰爭初起時，捷人頗想利用普魯士的協助促成波希米亞的解放。但普王斐特烈大帝的目的，只在奪取富庶的奧屬西里西亞，無意其他，捷克的復國幻夢乃隨之落空。奧女皇瑪莉亞·德瑞莎於 1749 年將波希米亞總理府撤銷，政務由維也納直接管轄，波希米亞事實上成為奧國的一省，不再享有從前的半自治地位。

第四章　十八世紀以前的匈牙利

一、匈牙利王國之初建與阿爾帕德王朝
(895–1301)

匈牙利 (Hungary) 的居民是馬札耳人，又稱為匈牙利人 (Hungarians)，屬於阿爾泰語系的芬·尤格利安民族，因曾長期居留於中亞一帶，所以血統中含有濃厚的西突厥人成分。五世紀間，匈人阿提拉 (Attila) 所建的短暫帝國，領域雖包括今之匈牙利地方在內，但九世紀末所建的匈牙利王國卻與匈人並無直接關係。依近人考證，所謂「匈牙利來自匈人」的說法，只是一種假想和傳說，並無實據。

馬札耳人於九世紀末自南俄大草原西遷，進住今日的匈牙利地方，此地在古羅馬時代稱為「潘諾尼亞」，是多瑙河流域的最大平原，北有高山屏障，境內河道縱橫，土壤肥沃，是一處理想的建國樂園。在馬札耳人未來以前，此地先後有日耳曼人、匈人、哥德人、倫巴人 (Lombards) 及阿瓦人活動，最後被查理曼征服 (791–797)，建立第一個「邊防區」(Ostmark)，這個邊防區就是日後的奧地利 (Austria)。

最初遷入匈牙利地方的民族，共約二至三萬人，有七個部落❶，其中以馬札耳部落最大，故以馬札耳為其共同的名稱。馬札耳原作 " Magyeri"，來自 "Män'si-eri"，意即「人」。馬札耳人原是一支游牧民族，最初以匈牙利平原為基地，不斷四出劫掠，侵擾日耳曼、義大利及巴爾幹等地，形同一批逃荒的饑民，所以日耳曼人稱之為「饑民」(hungrig，或 hungarian)，音譯為「匈牙利」人。

---

❶ Kosáry, D. *A History of Hungary*. N. Y.: Arno Press, 1971, Chap. I.

始建匈牙利王國者是阿爾帕德
(Árpád)，建國年代為 895 年，他首先統
一各部落，繼又擊潰西方的「大摩拉維
亞帝國」(906) 及日耳曼聯軍 (907)。由
於匈牙利王國的建立，乃使斯拉夫民族
的蕃衍地區被中間隔斷，形成了日後的
西支斯拉夫人（波蘭、捷克、斯洛伐
克）和南支斯拉夫人（巴爾幹區）兩支
民族。955 年，匈牙利首遭挫敗，被日
耳曼的鄂圖一世 (Otto I) 擊敗於奧格斯
堡 (Augsburg) 近郊之 「勒克菲德」
(Lechfeld)，乃由攻勢而轉採守勢，由
游牧而定居。

圖 39　阿爾帕德

　　匈牙利鑑於四鄰皆為基督教國家，最好也接受基督教義，但須在東正
教與羅馬公教二者之間作一選擇。因前者距匈牙利較遠，不致受其直接威
脅，乃決定接受羅馬公教。阿爾帕德之曾孫吉沙 (Géza, 972–997) 於 973 年
受洗。匈牙利信東羅馬公教，決定了它以後的發展路線，成為西方世界之
一員。

　　吉沙死後，傳位其子史蒂芬（Stephen，997–1038 年在位），教皇席爾
維斯特二世 (Sylvester II) 賜頒一頂華麗的王冠 ， 於 1000 年加冕史蒂芬為
「使徒之王」(Apostolic King)，死後封聖 (1073)，故又稱「聖·史蒂芬」。
這一頂王冠日後就成為匈牙利王國的象徵，匈牙利在全盛時期的領域稱為
「聖·史蒂芬王冠的領地」 (Lands of the Crown of St. Stephen) 和捷克的
「聖·文塞斯勞斯王冠」的地位相似。歷任匈牙利國王就位時，必須親往
布達佩斯佩戴這頂王冠加冕。第二次世界大戰末期，蘇聯紅軍攻入匈京之
前，匈牙利政府惟恐王冠落入共黨之手，秘密交託美國大使運存於美國，
其後幾經交涉，美國始將王冠交還。

圖 40　聖‧史蒂芬王冠

匈牙利最初仍然維持傳統的部落社會型態，征服者的後裔屬於貴族階級，享有特權。史蒂芬時仿照神聖羅馬帝國的方式，將全國劃分為四十六郡（County，其後隨著領域的擴大一度增至七十二郡），各置郡守 (Count) 一人，負責收稅、徵兵，並兼掌司法。在宗教方面，則劃分為十個教區，其中有兩個是大主教區，由王室賜予土地，准其徵收「什一稅」。

十一至十二世紀末，匈牙利在阿爾帕德王朝統治下，國勢強盛，疆域持續擴張：除了匈牙利和外息爾凡尼亞以外，更包括巴爾幹西北部的克洛琪亞 (Croatia, 1102)、達爾瑪什亞、波士尼亞 (Bosnia, 1137)、塞爾維亞 (1201)、巴爾幹東北部的瓦雷琪亞 (1128) 和波蘭南部的加里西亞 (1187) 等地，或稱臣納貢，或納入版圖，所以在十三世紀初年，匈牙利王國已是歐洲的大國之一。

在上述領域中，外息爾凡尼亞面積較大，後來成為匈牙利與羅馬尼亞兩國互相爭奪的焦點。羅國認為該地是古代羅馬帝國所屬戴西亞省的一部分，所以應是羅國的領域。而匈牙利則認為該地自 1003 年已為匈人占有，且曾移殖人民前往開墾，其中除了馬札耳人本身以外，還包括匈牙利王室邀集前往的施克勒人和薩克遜人 (Saxons)，羅馬尼亞進入該區，為時較晚，所以該區應屬匈牙利的領域。第一次大戰以後，巴黎和會將外息爾凡尼亞劃歸羅國，1940 年希特勒將其劃歸匈牙利，第二次大戰以後又劃歸羅國，如此往返轉移，爭執不斷。

十三世紀初，安德魯二世 (Andrew II) 在位時 (1205–1235)，因能力較弱，貴族乃乘機奪權，1222 年迫使匈王頒布〈金皮詔令〉（類似英國的〈大憲章〉），賜予大貴族 (Magnates) 以免稅權，彼等擁有極為廣大的田產，但

不負擔任何稅賦。國家如有對外戰爭，貴族可拒絕參戰，出國作戰的軍費全由王室負責，大貴族並有權推翻一個他們認定的「暴君」。自此時起，大貴族成為匈牙利的特權階級。

當蒙古大軍攻入匈牙利時（1241–1242 年在位），匈王貝拉四世（Bela IV, The Rebuilder，1235–1270 年在位）為避其鋒逃往亞得里亞海中一小島，蒙古東退後，乃致力於重建，由於蒙古入侵的前車之鑑，特別加強邊區如外息爾凡尼亞等地之防禦，建築城堡，召請日耳曼人──當時稱為薩克遜人屯戍邊

圖 41　布達佩斯的聖·史蒂芬像（Shutterstock）

區，頗為優遇，准其享有相當的自治權。安德魯三世（1290–1301 年在位）逝世後，因無子嗣，阿爾帕德王朝告終。此後王位改世襲為選舉，大貴族為選舉人，入選者多為外國人，和北鄰波蘭 1572 年以後的情況極其類似。

二、歷朝王位之爭奪 (1301–1526)

由 1301 年阿爾帕德王朝終了起，至 1526 年以後受哈布士堡王朝統治為止，三百年間，匈牙利王位多由選舉產生，除少數例外以外，君主多由外人充任。

安德魯三世死後，爭奪王位者包括波希米亞王之子文塞斯勞斯三世、巴伐利亞公鄂圖三世及教廷支持之查理·勞伯特 (Charles Robert of Anjou)，結果後者當選，是為安茹王朝 (Angevin Dynasty) 的查理一世

（1308–1342 年在位），查理一世死，其子路易大帝 （Louis I, The Great，1342–1382 年在位）繼又當選，父子統治連續八十年，是為匈牙利國勢的全盛時代。路易之后為波蘭名王凱西米兒三世 (Casimir III, The Great) 的公主，凱西米兒死而無子，路易乃兼任波蘭國王 (1370–1382)。

路易亦無男嗣，死後其女瑪莉 (Mary) 加冕為女王，瑪莉下嫁盧森堡王朝之西吉斯蒙 (Sigismund of Luxembourg, 1387)，於是夫婦聯合統治，瑪莉早逝 (1395)，西吉斯蒙繼續統治至 1437 年逝世為止。是時，土耳其帝國正在巴爾幹向西擴張，擊敗塞爾維亞於科索沃 (Kosovo, 1389)，西吉斯蒙乃率軍南下，又被土耳其擊敗於尼科波里 (Nicopoli, 1396)，匈牙利原在巴爾幹各地之藩屬（波士尼亞、瓦雷琪亞、莫德維亞等）均停止對匈之臣服關係，西吉斯蒙日後當選為神聖羅馬帝國皇帝 (1411) 並兼任波希米亞國王（1419 起），是盧森堡王朝的全盛時代。

西吉斯蒙死，盧森堡王朝終。

因西吉斯蒙亦無子嗣，王位由其婿亞伯特（奧公，哈布士堡族人）繼承 (1437–1439)，但為時僅有兩年即去世，死時遺孀伊莉莎伯雖已懷孕，但匈牙利議會為免王位虛懸，選由波蘭國王弗拉吉斯拉夫三世（雅蓋隆王朝）繼任，五年之後死於瓦爾納戰役 (1444)，匈人再選其遺腹子為匈王，是為拉吉斯勞斯五世 (Ladislaus V)，並指派匈籍英雄郝尼歐迪 (J. Hunyadi) 為幼王之攝政。約翰‧郝尼歐迪為抗土名將，曾在貝爾格萊德戰役 (1456) 中擊敗土軍，暫時延緩了對方的攻勢。郝尼歐迪死 (1456)，議會另選其子馬修斯一世‧柯維納斯 (Matthias I, Corvinus) 為匈王 (1458–1490)，這是自從 1301 年以來的第一位匈牙利籍的國王。新王是一位極為開明的君主，勵精圖治，獎勵學術藝術，並曾擊敗波希米亞 (1478) 及奧國 (1486)，將兩國併入匈牙利版圖，文治武功盛極一時，極受人民愛戴。

馬修斯一世死後，王位落入波蘭的雅蓋隆王朝手中。初，爭奪王位者有二，一為波希米亞王弗拉吉斯拉夫（雅蓋隆族人），一為麥西米倫（哈布士堡族人），匈牙利之大貴族擁立前者，後者除獲得已失之奧地利等地

外，並簽約〈布萊斯堡協定〉(Pressburg Treaty) 取得未來的王位繼承權——約定如弗拉吉斯拉夫死而無子，則匈牙利王位由麥西米倫或其子嗣繼承。弗拉吉斯拉夫娶后後先生一女——安娜 (Anne)，繼生一子——路易 (Louis)，匈、奧雙方另訂〈維也納協定〉(1515)：路易娶麥西米倫之孫女——安 (Anne)；而路易之姐安娜則嫁予麥西米倫之孫斐迪南 (Ferdinand)，由是埋下了哈布士堡族人將來繼承匈牙利王位的種子。弗拉吉斯拉夫（1490–1516 年在位）死，子繼位，是為路易二世 (Louis II，1516–1526 年在位)，兼任匈牙利及波希米亞兩國國王。

　　1526 年，土耳其大軍在蘇利曼大帝率領下由巴爾幹西進，匈牙利成為西方基督教世界抵禦異族與異教的第一道防線。路易二世不自量力，率軍迎戰，一則兵員不及兩萬且組織散漫，二則援兵未能及時趕到，乃被敵軍大敗於莫哈契（1526 年 8 月 29 日），全軍覆沒，路易為少數倖存者之一，但於逃遁時溺死河中，雅蓋隆王朝在匈牙利之統治終止。土耳其隨即攻占布達佩斯，屠殺極慘。戰後，蘇利曼獲悉他在莫哈契所敗之敵軍竟是匈牙利的全部國家部隊時，幾乎不敢置信！

　　莫哈契之役為匈牙利帶來雙重噩運：一為土耳其的一百五十年統治，二為日耳曼人的三百四十年統治。

三、瓜分與重建

㈠國土三分

　　土耳其大軍撤走之後，匈牙利議會初步選任外息爾凡尼亞的總督沙波利亞 (Zápolya) 為國王；翌年 (1527) 另屆議會又選前王路易二世之姐夫奧國大公斐迪南為國王，自此時起，匈牙利成為哈布士堡帝國之領地。

　　1547 年，奧土雙方獲得最後協議，將匈牙利瓜分為三部分：

　　1. 斐迪南為匈王，控制西部各郡（稱為「皇家屬地匈牙利」，Royal

Hungary）及克洛琪亞與斯洛汶尼亞，約占三分之一。

2.土耳其兼併中部與南部，約占三分之二。

3.外息爾凡尼亞另立為自治公國，由匈牙利王公統治，但受土耳其之保護。此一狀態，一直維持了一百五十年左右。

十六世紀宗教改革運動發生後，匈牙利人的宗教信仰極為複雜。以地區分：西部仍信羅馬公教；中部為公教、新教及伊斯蘭教的混合信仰；外息爾凡尼亞則四教並存，除了公教、路德教、喀爾文教之外，尚有介乎公教與東正教之間的「聯合教派」(Uniate Church)。和日耳曼地方一樣，各郡可以決定自己的宗教信仰，此種宗教自由，當時並不多見。

匈牙利之人口，在十六、七世紀間約為四百萬人，分為三級：最上層為大貴族 (Magnates)，多為大地主；中為普通貴族 （Servientes，或 Common Nobles），多為城市資產階級或因功勳晉升之軍公人員；下層為農民。惟匈牙利農民所享之地位，則介乎西歐與俄國、羅馬尼亞、波蘭或普魯士兩者之間，並非毫無自由之農奴。貴族中頗多在波隆納 (Bolongna) 或帕杜亞大學接受高級拉丁教育之人士，且有遠赴英、法留學者，因此人文主義以及以後十八世紀之西方思想，亦由此傳入匈牙利，為將來之民族運動預伏根基。

在土耳其直接統治之中部地方，匈牙利人所受之壓迫最重，占領當局以布達 (Buda) 為中心，實行嚴酷之統治。賦稅苛重，大批土地配與土耳其將領為封地，但因土軍將領流動性大，對其封地並無妥善照顧，聽其荒蕪。劃歸土耳其政府之國有田地 (Khas)，因須以其產物供應軍需，反能維持正常的生產。成群的匈牙利人多被集體移民送往巴爾幹及小亞半島，依據時人記載，在小亞一帶旅行者，匈牙利語也是通用的語言之一。

十七世紀期間，匈牙利不斷展開反抗土耳其和奧帝國的鬥爭。 1664 年，愛國詩人尼古拉‧茲瑞尼伊 (Nicholas Zrinyi) 組織義軍，擊敗土軍於森特‧高沙德 (Szent-Gotthárd) 地方，但因後援不繼而失敗遇害。其弟彼得‧茲瑞尼伊又糾合同志，欲借助於法國，發動反奧戰爭 (1671)，但亦事敗。

奧政府即以此為藉口，加強對於匈牙利之迫害，取消憲政，大肆屠殺，將信仰新教的貴族送往艦上充任櫓手。大批匈牙利志士逃往外息爾凡尼亞，以游擊戰方式繼續抗奧。此輩義軍自稱「十字軍」(Kurucok)，1679 年利用奧、法作戰的機會助法敗奧，迫使維也納重又恢復匈牙利的憲政權利 (1681)。所謂「憲政權利」，即尊重議會，特別是貴族階級的特權，必須透過議會統治，議會定期召開等。

1683 年，土耳其帝國二度西侵，奧京維也納再度被圍，形勢危殆，幸賴波蘭國王蘇別斯基及時馳援方得解圍。奧軍乘機反攻，次第將匈牙利中南部、外息爾凡尼亞以及塞爾維亞等地一一占領，最後迫使土耳其簽訂〈卡洛維茲條約〉(*Treaty of Karlowitz*, 1699)，土耳其退出中歐，僅保留巴爾幹半島。就匈牙利而言，土耳其的枷鎖已除，卻又淪入哈布士堡帝國統治之下。

十八世紀初年，匈牙利再度發動反奧鬥爭，是時「西班牙王位繼承戰爭」(1701–1714) 正在西歐展開，匈牙利人在外息爾凡尼亞王拉科西 (F. Rákóczi) 領導下與法國結盟，盼能藉法王路易十四之助擊敗奧國，獲得獨立。但法軍並未全勝，戰後奧軍東調，將拉科西之叛亂敉平。雙方簽訂〈沙特瑪條約〉(*Treaty of Szatmar*, 1711)，匈人承認奧皇為匈牙利的世襲國王。

1713 年奧大公兼神聖羅馬帝國皇帝查理六世（1711–1740 年在位）頒布〈國事詔書〉(*Pragmatic Sanction*)，宣稱哈布士堡帝國之領域不容分割，死後如無男嗣則由其女瑪莉亞·德瑞莎繼承王位。匈牙利亦為其領域之一，於 1723 年經匈議會通過接受上述詔令，但新王必須前往布達佩斯宣誓加冕，並保證遵守匈牙利的憲政。查理六世死，女王即位，普魯士立即發動「奧國王位繼承戰爭」(1740–1748)；其後，列強又再發生「七年戰爭」(1756–1763)。在這兩次戰爭中，奧國數度形勢危殆。瑪莉亞·德瑞莎為了爭取匈牙利的支持，親往布達佩斯，手抱嬰兒，泣求援助。匈牙利貴族此時發揮了騎士精神，慨然出兵助戰。戰後，女王為示感謝，在其四十年的統治中一直與匈牙利維持和諧友好的關係，且將濱臨亞得里亞海的阜姆

(Fiume)，賜予匈牙利，使其獲得一處良港。

(二)經濟社會的重建

　　十八世紀是匈牙利的重建時期，經過了土耳其長期的統治，廬舍為墟，田園荒蕪，人口銳減，十八世紀初年的人口，已由原來的四百萬減至二百五十萬。

　　土耳其退出匈牙利以後，一切亟待重建，荒蕪無人的土地尤待重耕，奧政府於是向國外引進大量的移民，並於 1766 年設立「移民局」主持其事。到了十八世紀末年，匈境人口增加了三倍，約達七百五十萬人，但其中半數以上均非馬札耳人。在約占 60% 的非馬札耳人當中，以日耳曼人居最多數，斯洛伐克人、羅馬尼亞人及塞爾維亞人次之。

　　匈牙利的經濟活動，仍以農業為主，在荒地逐漸復耕後，城市手工業與商業也漸次發展。

　　十八世紀中葉以後，匈牙利的思想界也開始發生劇烈的變化。十八世紀是西方世界的變革時代，「知識革命」帶來了新的觀念，英、法思想家提出反教條、反迷信、反迫害、反專制的學說，開始了理性和民主革命的浪潮。在瑪莉亞・德瑞莎女王的末年，美國革命爆發；女王逝世後九年，法國大革命爆發。此二風暴，不僅震動西歐，匈牙利亦同受影響。

　　匈牙利與西歐的思想橋梁，一為留學生，一為新教派人士。早在十七世紀間，英國清教徒革命的觀念和笛卡兒 (Descartes) 的理性思想即已透過上述途徑傳入匈牙利。法國盛行的「沙龍」和英國式的「共濟會」(Masonry) 也透過維也納傳入布達佩斯，伏爾泰和盧梭的作品大量湧入，變成討論的主題。

　　匈牙利的青年接受了上述思想的感染，也積極投入於祖國之改革。代表此輩新青年者，以白山尼 (G. Bessenyei, 1747–1811) 為先驅，白氏為著名詩人及劇作家，於 1765 年由匈赴奧，在維也納學習法文，由是接受了法國思想，在匈牙利糾合同志，組成所謂「1765 年的一代」(Generation of

1765)。他們認為第一步工作應自創造發展本國語文及文藝作品開始。其後又建立「科學院」(Academy of Sciences)，崇拜之偶像為孟德斯鳩(Montesquieu)。孟氏曾訪問匈牙利，並在其名著《法意》(*Esprit des Lois*)中，以匈牙利反對奧國專制為例，藉以支持其論點。這一批匈牙利青年日後當選為匈牙利議會的議員，他們深受美國〈獨立宣言〉和法國〈人權法案〉的影響，主張建立英國式的君主立憲國家。更有一批激進的傑可賓派分子，於 1795 年發動叛亂，主張取消封建特權，農民與地主地位平等，其後為政府壓制，多人遇害。

第五章　土耳其帝國統治下的東南歐

一、鄂圖曼帝國征服東南歐 (1354–1529)

鄂圖曼土耳其帝國 (The Ottoman Turkish Empire) 建立於 1301 年，始建國者為鄂斯曼（Osman，1281–1326 年在位）。這一支土耳其人原住在中亞的土耳其斯坦 (Turkistan)，因受蒙古擴張之影響，被迫西遷至小亞一帶，以布魯薩 (Brussa) 為首都 (1326)，勢力已達黑海海峽之南岸。是時東羅馬帝國發生內戰，互爭王位，其中一派求助於土耳其，蘇丹鄂爾漢（Orhan，1326–1359 年在位）乃於 1354 年渡越海峽進入東南歐，展開土耳其的第一波攻勢 (1354–1402)。

土耳其初以加里波利 (Gallipoli) 半島為根據地，及至穆拉德一世（Murad I，1359–1389 年在位）時，又繼續向巴爾幹半島方面擴張，攻占亞德里亞諾堡 (1361) 後即定為新都。以塞爾維亞為首的基督教國家聯軍，與土軍決戰於科索沃 （1389 年 6 月 28 日），聯軍瓦解，塞公拉薩兒 (Lazar) 陣亡，穆拉德一世亦於當晚被一塞人刺死，塞爾維亞的史詩中，對此役有極富傳奇性的描述。不久，保加利亞被其兼併 (1393)，瓦雷琪亞被其征服 (1417)，勢力到達多瑙河河谷。惟帝國之東境，則遭受帖木耳帝國之威脅，安卡拉 (Ankara) 之役 (1402)，土耳其蘇丹貝耶濟德一世（Bayezid I，1389–1402 年在位）兵敗被俘，被囚於樊籠之中，展示於蒙古王公之前，備受凌辱，其後即羞憤而死。土耳其帝國的第一波攻勢至此暫時停息，截至 1400 年為止，巴爾幹地區大部均已征服，塞爾維亞、波士尼亞、瓦雷琪亞成為附庸，其餘各地均被兼併為行省。東羅馬帝國僅餘首都近畿一處而已。

　　第二波攻勢 (1413–1481) 發生於十五世紀 ，時在蘇丹穆罕默德一世
（Mohammed I，1413–1421 年在位）、穆拉德二世 （1421–1451 年在位）
及「征服者」穆罕默德二世（Mohammed II, The Conqueror，1451–1513 年
在位）統治期間，土軍首先攻陷威尼斯人據守之大港薩羅尼加 (1430)，繼
即轉而南下，攻占希臘半島。此時，匈牙利是東南歐的最強國家，對巴爾
幹也有野心，乃在教皇號召之下，由匈牙利王兼波蘭王弗拉吉斯拉夫三世
組成聯軍，在名將郝尼歐迪率領下，展開反攻。最初聯軍獲勝，土方要求
休戰，雙方原已達成協議，但教皇特使堅稱威尼斯之支援艦隊即將攻擊土
京，全盤勝利可期，遂又推翻休戰協議，恢復攻擊。兩軍在黑海西岸之瓦
爾納又起激戰 (1444)，聯軍反被敵方擊潰，弗拉吉斯拉夫三世陣亡。四年
之後，土軍再敗匈軍於第二次科索沃之役 (1448)。

　　穆罕默德二世繼位後，決心攻占君士坦丁堡。君士坦丁堡因城堡環繞，
海防鞏固，雖歷經戰亂，仍能屹立不屈。但自東羅馬帝國國勢衰退以來，
城中人口銳減，由最盛時之五十萬已降至五萬人，而守軍尚不足一萬。土
耳其動員之兵力則高達十五萬人，艦隊四百艘，另在君士坦丁堡之西方築
一碉堡，與海峽對岸亞洲方面已建立碉堡遙遙相對，將海峽封鎖。攻城之
役，歷時七週 (1453 年 4 月 5 日起至 5 月 29 日止)，攻擊重點在城西之金
角 (Golden Horn) 港面，守軍用鐵鍊跨越兩岸將港埠封鎖，土軍之工程師將
事先秘密製成之巨形斜板鋪於鐵鍊之上，板上遍塗油膏，然後用牛及滑車
將七十艘小船拖上斜板，越過守軍封鎖線，攻入金角之西城。土軍使用火
炮六十門轟擊 ， 卒將固若金湯之各城攻破 。 東羅馬皇帝君士坦丁十一世
(Constantine XI, Paleologus) 於城頭自焚而死，東羅馬帝國亡。穆罕默德二
世乘馬入城，越過重重屍體，前往聖‧索菲亞 (St. Sophia) 大教堂禮拜，感
謝「阿拉」(Allah)，並將教堂改為伊斯蘭教寺院，君士坦丁堡亦改稱伊斯
坦堡 (Istanbul)，定為帝國之首都。

　　此後，土耳其勢力再次擴張，首先將塞爾維亞正式兼併 (1459)，繼又
征服波士尼亞 (1462) 及阿爾巴尼亞 (1467)。僅有黑山國 （Crna Gora，或

Montenegro）因地屬荒山峻嶺，不易行軍，遂得保持獨立，成為塞爾維亞人之避難所。

除巴爾幹外，土耳其更向亞非兩洲擴張，在席里姆一世 (Selim I) 為蘇丹時 (1512–1520)，分別擊敗波斯與埃及。埃及原是一個信仰素尼派 (Sunnites) 的伊斯蘭教帝國，勢力已伸入敘利亞，土軍先將埃軍擊敗於敘利亞，然後越過西奈半島，攻占開羅，埃及全境乃被兼併。埃及以西的北非，稱為巴巴里海岸 (Barbary Coast)，是土著游牧部落和地中海海盜活動的地區，也成為土耳其的貢國。至此，土耳其已成為地跨歐、亞、非三洲的龐大帝國。

土耳其在東南歐的第三波攻勢，發生於十六世紀上半期，時當蘇利曼大帝時代 (1520–1566)，也是土耳其帝國的巔峰時期。蘇利曼鑑於匈牙利雄據多瑙河中流，對土耳其構成威脅，而且阻礙了伊斯蘭教世界的西進，於是決定加以痛擊。1521 年，首先攻占匈方之前哨據點貝爾格萊德，繼即攻入匈牙利東部，發生「莫哈契之役」(1526)，匈牙利王兼波希米亞王路易死，此戰之重要性，相當於百餘年前的科索沃戰役，中歐門戶為之打開。土軍繼續西進，將奧京維也納包圍 (1529)，但未攻下，是為土耳其勢力西進之頂點。百餘年後，土軍雖曾再度攻抵維也納城下 (1683)，但已成強弩之末，又被阻遏，而未能得逞。蘇利曼東去後，匈牙利東半部仍被土耳其占領，勢力範圍遠達匈京布達佩斯一線。

截至蘇利曼大帝時止，土耳其帝國在東南歐的領域，包括下列地區：巴爾幹半島、匈牙利東半部、外息爾凡尼亞、俄國南部克里米亞半島及烏克蘭之西南部等地。

二、土耳其帝國統治東南歐的制度

土耳其帝國統治東南歐，歷時五百年之久，對巴爾幹地區的基督教人民而言，這是一段漫長的異族和異教的統治，自有深厚之影響。

(一)政府組織

土耳其帝國的政府是一個以伊斯蘭教教義為基礎的封建組織，帝國全境均屬 「鄂斯曼家族的領地」 (Domain of the House of Osman)。國家的元首，原稱「艾米兒」(Emir)，至穆罕默德二世時改稱「蘇丹」(Sultan)，蘇丹同時也是伊斯蘭教教會的教長，稱為「哈里發」(Caliph)，蘇丹集政教大權於一身，負有執行國家法律，維持伊斯蘭教律法，組訓軍隊保衛國土，分配戰利品和解決紛爭的權責。土耳其帝國之得以迅速擴張，是因為它的最初的十位領袖均為雄才大略的人物。蘇丹之下設「內閣」(Porte) 及「國務會議」(Divan)，由「首相」(Grand Vizier) 主持。地方政府則分置「行省」(Vilayet)，省設「總督」(Beglerbeg)，通常稱為「帕夏」(Pasha)。當其盛世時 ， 全國共設二十四省 ， 其中四省在東南歐 。 省下再分置 「州」(Sanjak)、「縣」(Kaza)。

除上述二十四省以外，尚有居於附庸地位的自治區，包括匈牙利、外息爾凡尼亞、莫德維亞、瓦雷琪亞、克里米亞汗國以及北非沿岸之的黎波里 (Tripoli)、突尼西亞、阿爾及爾 (Algiers) 等地。

土耳其政府對於東南歐的人民， 實行所謂 「米列制度」 (Millet System)，義即教區自治制，米列原不限於基督徒，除了 「東正教米列」(Orthodox Millet) 以外，尚有 「亞美尼亞米列」 (Millet of Armenians) 和日後增加的「猶太米列」，但以「東正教米列」為主，因其人數最多。米列的首長，稱為「米列長」(Millet Bashi)。此制的來源，是穆罕默德二世基於事實的需要於 1453 年建立。當其攻陷君士坦丁堡時，原來的政府官員均已逃亡星散，已成無政府狀態，只有東正教會依然存在。蘇丹自認他是東羅馬皇帝的繼任者，原有臣民亦即他的臣民。土耳其政府對於它所征服的異教徒，最初頗為寬大，是否改信伊斯蘭教，聽其自由，反而不像天主教會對於異端採取強迫改信的手段。當時的東正教徒，絕大多數對西方的羅馬天主教會極為敵視，視為頭號敵人。十餘年前，東羅馬皇帝約翰七世 (John

VII) 接受教廷建議，由東正教和羅馬天主教兩個教會的代表舉行佛羅倫斯會議 (Council of Florence, 1439)，試圖重新合而為一，但遭多數東正教徒反對，其中反抗態度最為堅決者為金納迪阿斯 (Gennadius) 修士，金氏極負時譽，正好是土耳其利用的工具，蘇丹遂派他為「東正教米列」的「米列長」，並以隆重儀式將其晉升為教長。東正教米列長在土耳其官職中的地位極為崇高，可配三「馬尾」（tug，義即 horsetail），而各省總督不過二「馬尾」而已。米列長除了具有掌管宗教事務的權力以外，並兼享若干行政權與司法權，包括婚姻、繼承、收稅、商務，乃至警察權（伊斯坦堡有一教長管轄之監獄）。民間訴訟，如雙方當事人均為東正教徒而且自願將訟案提交宗教法庭者，教會法庭亦可受理。

　　1453 年時，東南歐的東正教會原有四個教長區 (Patriarchate)，除君士坦丁堡教長外，尚有歐克瑞德 (Ohrid)、伊匹克 (Ipek) 和圖諾沃 (Turnovo) 等三處，惟後三者之教長地位常有變動，有時並不為君士坦丁堡教長所承認。這三個教長區，歐克瑞德及圖諾沃均在保加利亞，伊匹克則在塞爾維亞。由於這層關係，所以在「東正教米列」之內還有不同民族的區分（如保加利亞、塞爾維亞等）。

　　君士坦丁堡的東正教教長受蘇丹之命，管理教民，其行政管道即透過教會本身的教階組織，按大主教區、主教區的層次層層節制。教民既有種族之分，教區亦隨之分立。土耳其政府對於臣民的管制，除徵兵徵稅之外，對於語言文字和風俗習慣等等並不干涉，因此巴爾幹各個不同民族的文化傳統乃得以繼續保持。及至十九世紀民族主義興起以後，巴爾幹的民族獨立運動，並不是建立一個統一的「巴爾幹國」，而是分別建立了四、五個民族國家，形成所謂「巴爾幹化」的小國林立局面。

(二)軍事組織

　　土耳其人是一支游牧民族，所以它的作戰部隊以騎兵為主，稱為「斯巴希」（Spahi，或 Sipahi）。政府常將征服占領的土地封贈與騎兵將帥為采

邑，大幅土地稱為「齊阿麥特」(Ziamet)，小塊土地稱為「提瑪」(Timar)，形似封建制度，該地即交將帥管理，除維持地方秩序外，並負責徵稅，所收田賦（多為實物）就是政府給予的俸給。因田賦均有定額，反而比以前的拜占廷政府和地主的需索為低，故頗受農民的支持。不過這些土耳其將帥受封之後，即附著於封地之上，遇有戰爭，始調派馬隊參加作戰。

除了封建性的騎兵之外，還有一支常備軍，稱為「新軍」(Janissary)，是作戰的主力。新軍始創於 1330 年，在蘇利曼大帝的全盛時代約有一萬四千人，軍紀嚴明，戰鬥力強，且具宗教狂熱。新軍的成員，自十四世紀起，是由「徵集」(Devshirme) 而來。大約每五年徵集一次，由政府派員下鄉，就基督徒家中的青年未婚男子（一說其徵集對象為五至七歲，一說為十四歲至十八歲），擇其聰明俊秀身體健壯者，徵為兵員，先送往首都或小亞接受嚴格軍事訓練，並灌輸伊斯蘭教信仰，禁止結婚。訓練完成之後，或警衛首都，或出征作戰。如積有戰功，並可升任政府文武官職，不少人有位至首相者。在十七世紀以前的二百五十年間，由巴爾幹徵集的新軍總數約有二十萬人。

㈢社會組織

土耳其帝國的社會結構，建築在伊斯蘭教和土耳其民族的傳統基礎之上。全體人民除了伊斯蘭教徒和非伊斯蘭教徒的區分之外，並依其地位之高低區分為若干階層。整個結構，有如金字塔。金字塔的頂端為蘇丹，蘇丹之下是一批輔佐他的文武和宗教臣僚，包括王族、軍人、政府官員、伊斯蘭教高級教士以及東正教會的教長和大主教等。再下層便是廣大的群眾，統稱為「瑞亞」(Reaya，或 Rayah)，義即蘇丹的「牧群」(Flock of Sheep)或牲畜 (Herd)，約占全部人口的 90%，其中大部為農民，較農民地位略高者是一批工商業者或專門職業分子。各個社會階層之間，限制極嚴，永遠無法變動，形同「種姓制度」。

被土耳其征服的東南歐人民，均屬「瑞亞」，他們是上層社會的供養

者，除了提供兵源以外，並須納稅和從事各種生產工作。社會地位低賤，生活多所限制。例如，他們不准持有武器，教堂高度不得超過當地的伊斯蘭教寺院，且不准建築頂塔，不准鳴鐘（改以敲打木板代替），民房高度亦有限制，牆壁禁塗白石灰色等等。

　　土耳其的稅制主要是取自農民的「什一稅」(Âsar)，稅額之多少於每年收穫季之前視收成情況而定，所有農作物包括穀類、蔬果、牧草等均須繳納。名為「什一稅」，實際上不止十分之一，有時高達二分之一，均以繳納實物為原則。次一主要稅收為「人頭稅」，伊斯蘭教徒與非伊斯蘭教徒的差異極大，並非按人頭計收，而是以「戶」為單位。此外並有「結婚稅」，新娘如為伊斯蘭教徒，稅額為六十銀幣 (akçe)，如為孀婦或離婚者再婚，減為四十銀幣，如為非伊斯蘭教徒則照額減半。城市居民除人頭稅及結婚稅外，按其行業徵收營業稅，但大致維持其獲利率為 10%。除以上經常性的賦稅之外，尚有臨時性的特別稅，如伊斯蘭教節日、蘇丹登基，或遭遇緊急事故（如長期戰爭或天災巨變）等。降至十六世紀末年，人民之稅負劇增，農民不堪負荷，動亂時起。

　　被土耳其統治的東南歐人民，均屬卑賤的「瑞亞」階級，除須負擔重稅及被徵集幼童參軍之外，一般生活尚稱安定，他們在「米列制度」的管理下，宗教信仰仍可自由，政府並不迫使改信伊斯蘭教，原有的社區和風俗習慣語言文字也可照舊維持，已如前述。不過，另有一批特殊分子，卻可享受優惠的待遇，這一批特殊分子就是希臘人。

　　希臘人自古以來就有一特性，即四出活動，在若干濱海城市建立移民區，北至黑海北岸，西至西地中海，其中以黑海北岸之敖德薩 (Odessa) 和亞得里亞海北岸的威尼斯兩處最為重要。及至十六世紀歐洲貿易擴大之後，倫敦、維也納及馬賽等大城也有希臘人的移民區。他們大多聚居在東正教堂或碼頭區附近，依然保持自己的語文和民族性。他們從事的行業以經商為主，有時更透過各地希臘區發展國際貿易，不少人漸成巨富，更形成一股國際的勢力，一如今日的猶太人。有些住在君士坦丁堡的希臘商人，由

於有財有勢，乃得與土耳其政府官員接近，建立友好關係，土耳其政府也願利用這些希臘人的特長——國際貿易、國際知識、航海技術等等，協辦國家政務。

　　其中最為重要者是一批所謂「菲納瑞歐」(Phanariote)，此字的來源是燈塔 (Phanar)。在君士坦丁堡西面的碼頭區，建有燈塔以利停泊，東正教會教長的教座 (See) 也在碼頭區附近，這裡有很多希臘人聚居，其中不少的大紳巨富。到了十七世紀，土耳其帝國的國勢漸衰，漸受列強之壓力，既無強大軍力對抗，只得仿效東羅馬帝國晚年的辦法，利用外交折衝以求自保。而土耳其官員不善外語，必須仰仗希臘人為「德拉古曼」(Dragoman)，義即傳譯者，後來又漸由純粹的傳譯者演變為兼具「代理人」的角色，地位乃更為提升。

　　希臘人以其上述特殊條件，逐漸在土耳其政府中控制了下列三個重要職位：

　　1.「大德拉古曼」(Grand Dragoman)，相當於掌管外交事務的常任秘書。

　　2.海軍的聯絡人 (Dragoman of the Navy)，負責海軍部與東地中海各島間的聯繫工作。

　　3.瓦雷琪亞和莫德維亞兩個自治公國 (Principality) 的總督 (Hospodar)❶。

　　第一位出任要職的「菲納瑞歐」希臘人為尼科錫歐斯 (P. Nikousios)，1669 年由首相古普瑞律 (Ahmed Köprülü) 任命為「大德拉古曼」，由是可以享受和土耳其人同樣的待遇——蓄鬚、騎馬、有僕從隨扈。另一更具影響力者為馬弗羅科達托斯 (A. Mavrokordatos)，於 1673 至 1709 年間出任「大德拉古曼」，曾參與關係重要的〈卡洛維茲條約〉之簽訂。除以上三個官職以外，菲納瑞歐對於東正教教長的影響力也極為重要。因為到了十七、八

---

❶　關於希臘人出任瓦雷琪亞與莫德維亞兩個公國總督的詳情，參閱本書第六章「二、瓦雷琪亞與莫德維亞兩公國」至「四、羅馬尼亞民族主義的興起」。

世紀，教長必須透過金錢賄買方能獲得，籌款的途徑只有向富有的菲納瑞歐舉債，當選之後即須受債主的操縱。此外，菲納瑞歐更以豐厚之財力當選為宗教會議 (Synod) 中俗世方面之代表，更有權力操縱教務。

㈣宗　教

土耳其帝國是一個信奉伊斯蘭教的國家，伊斯蘭教教會具有極大的勢力。伊斯蘭教的教長——哈里發由蘇丹兼任，但蘇丹亦須絕對服從伊斯蘭教的教義和律法（Sharia，或 Sheri）。土耳其人信奉的伊斯蘭教是「素尼派」(Sunnites)，和伊朗及部分伊拉克人信奉的「什葉派」(Shiites) 不同。所謂律法，包括《可蘭經》(Koran)、穆罕默德先知的訓諭 (Sunnas)，和過去歷代蘇丹頒布的詔令 (Kanuns)。例如關於王位繼承法，原為父死子繼，但至穆罕默德二世時忽頒詔令，規定繼位者雖為故王諸子之一，但以能力特強奪得王位者為優先，為了免去內戰，新任蘇丹有權殺死其同胞諸兄弟。

在伊斯蘭教的教會中，有一批「優里瑪」(Ulema)，義即有學問的智者，掌理教育、法律、精神生活以及科學文化等事務，這是土耳其帝國中除了政治統治體系之外的宗教統治體系的主幹，與各級政府的平行官員，分掌政教權力。

土耳其將全國人民分為兩大類，一為信仰伊斯蘭教 (Islam) 的伊斯蘭教徒 (Muslim)，一為信仰其他宗教的非伊斯蘭教徒 (Zimme)，二者的社會地位有極大的差異，賦稅的負擔也多寡懸殊。雖則如此，而異教徒之信仰則仍可維持，並未嚴加迫害。土耳其政府只是希望異教徒能改信伊斯蘭教，但不勉強。到了帝國晚期才有迫害虐待的行動。

三、土耳其帝國的衰微

土耳其帝國的興起和疆域的擴張，主要集中於前半期，亦即自十四世紀中葉至十六世紀的 60 年代，約二百餘年，蘇利曼大帝當政時 (1520–

1566) 為其勢力發展的最高峰。蘇利曼逝世後，國勢即日漸衰退，一直到十九世紀為止。其間曾有過一段重振雄風的中興時期，但為時只有短短的二十餘年，終不能扭轉頹勢。

　　土耳其帝國國勢衰退的原因，錯綜複雜。概括說來，一是本身制度的缺失與腐化（內在因素）；二是敵對勢力的增強，導致連續的戰爭失敗（外在因素）。在內憂外患交相壓迫下，造成帝國的瓦解。這一段由盛而衰的過程，部分情形與滿清帝國的下半期歷史頗為近似。

　　本節先就其衰退的內在原因加以分析，至於對外戰爭連遭挫敗之經過，則於下節再加說明。

㈠最高統治者──蘇丹之「品質」的低落

　　土耳其帝國共有二十五任蘇丹，其國勢之崛起，主要得力於開國創業的十位蘇丹，這十位蘇丹很幸運的全是雄才大略的英主。此種情形，頗似十五至十六世紀之間的莫斯科公國，和順、康、雍、乾時代的清帝國。但土耳其並無一套健全的王位繼承制度，一旦幸運之神不再眷顧，立即出現危機。依照伊斯蘭教教義，王位由上帝選定，所以凡是鄂斯曼王族之中的親王，尤其是現任蘇丹的子姪，均有入選之資格。土耳其帝國是一個極端君主專制的國家，而且君主一身兼任政教雙重領袖，出征時應親自督師上陣，所以更需文武兼資，因為蘇丹所肩負的責任，遠比其他國家元首繁重。當其初創時，因國土較小，政務較簡，一人之力尚可承擔。等到疆域擴大為地跨三洲，統馭的人口日漸增加以後，即感分身乏術，力不從心。前文所說的「國務會議」，原應由蘇丹親自主持，但至穆罕默德二世時蘇丹即不再親自參加，而交由首相代理。有些蘇丹如蘇利曼大帝等，經常遠征異域，不在首都，一般政務也必須交由臣屬代理。這些情況，均予野心分子以可乘之機。

　　初，蘇丹的子、姪親王，均受良好的教育，包括軍政業務的實習，鄂爾漢蘇丹等常分派子姪先行出任各省總督，或領兵作戰，在僚屬輔佐下增

加歷練和經驗，日後一旦繼承大統，即可駕輕就熟。此種方式雖常引起彼此之間的內爭，甚至常見兄弟自相殘殺的局面，但最後的優勝者也必是最佳的王位繼承人。自蘇利曼起，制度突變，決定由現存之最長男嗣繼承王位，此制固為一般國家之通例，但因另一制度的同時實施，卻又產生了意想不到的惡果，蘇丹的品質變得日趨庸弱，再無過去的雄風。新制規定，王子出生後即終身眷養於內宮，不得與外界接觸，稱為「金籠」制（Kabes，或 Golden Cage System），最後只有繼位的蘇丹，才能飛出「金籠」，面對外邊的世界。王儲久居深宮內苑，日與宮女太監為伍。在這種環境培育之下，自然意志消沉，只知嬉戲，毫無經邦治國的教育基礎，日後一旦身為一國之君，如何能夠擔負艱鉅！因此十六世紀末年以後的歷任蘇丹，多屬平庸無能之輩。

㈡政治的腐化

王位繼承制度變更的另一惡果為政治的腐化。土耳其的權力中樞，由內宮 (Enderun) 與廷臣 (Birun) 把持。對外界事務毫無所知的皇太后 (Valide) 常能左右朝政，內宮與廷臣之間，透過宦官，互通聲息，狼狽為奸。官位的取得，不憑勳績，而來自賄賂與陰謀。一朝得勢，又恐日後丟官，為了保障將來的生活，乃在任內以各種方式貪瀆財物，多方聚斂，其中數額最大者是偽造「慈善基金」(Vakib)。依照土耳其伊斯蘭教徒的古老習俗，政府可以劃撥一塊田地或其他具有謀利價值的財產，作為養老濟貧的基金，這種田產可以免稅，特權分子由此可以獲得有利財源，而政府則相對的喪失了大批的財稅收入。

㈢財政的破產

土耳其是一個軍事國家，它的主要財富來自戰利品，其中尤以土地為主。在帝國初期，領域不斷擴張，所獲土地不可勝計，政府常將這些土地分封將帥為采邑，由騎兵就地駐防並求供養。及至十六世紀下半期以後，

軍力衰退，新的征服地不再增加。再則，以前的戰爭大多速戰速決，即可取得勝利，而後期的對外戰爭如對奧之戰 (1593–1609) 及對波斯之戰 (1602–1618) 則曠日持久，延續多年，軍費支出十分浩大，國庫不堪負荷。

　　十六世紀以後的國際形勢，也對土耳其經濟發生不利的影響。一則是新航路不斷發現，歐洲市場所需的物資改由新航線供輸，不再通過土耳其控制的近東孔道，東地中海區的貿易，轉移到大西洋岸的里斯本、卡迪茲 (Cadiz)、法蘭德斯、安特衛普 (Antwerp) 等地，土耳其的貿易收入銳減。二則是新航路和美洲殖民地的經營，帶來了大量的白銀和「物價革命」(Price revolution)，土耳其也同時受到它的衝擊，時在穆拉德三世 (Murad III) 統治時期 (1574–1595)，土耳其的貨幣是以銀製造的銀幣，銀幣貶值的結果，使官俸與兵餉的開支加重，變成政府沉重的負擔。

(四)軍隊制度的解體

　　土耳其的作戰主力，原有兩支，一是封建騎兵「斯巴希」，一是徵集而來的「新軍」，尤以後者為主力。新軍來自東南歐的基督教世界，自幼童時起即永離家庭，在近東接受嚴格的思想和戰技訓練，並保持獨身不娶。其社會地位雖是低賤的奴隸，但如有戰功亦可躍升要職，而土耳其人則被排除於新軍之外，不得參與。後因新軍多數常駐京師，乃得與內宮或權臣勾結，形成一支可以推翻首相乃至蘇丹的可怕勢力，類似古羅馬時代的禁衛軍 (Praetorians)。由於軍餉欠發和陰謀分子的挑撥，常起兵變。後來土耳其人也紛紛加入新軍行列，並准棄獨身而娶妻，甚至所生之子嗣亦得列名於兵籍，於是新軍原有的特性乃為之一變，人數也隨之驟增，1638 年政府被迫廢止「徵集制」，但徵集制廢除之後，反使原有的新軍變成世襲的職位，降至十八世紀末年，掛名於新軍兵籍者竟達四十萬人。

　　十七世紀起，上述兩支作戰武力均已退居次要地位，代之而起者是一批傭兵 (Maash)，但是土耳其的傭兵與西歐的傭兵不同，西歐的傭兵與君主或政府之間是純僱傭關係，戰爭停止即可遣散。而土耳其的傭兵則變成

永久的負擔，平時亦須支付軍餉。形成一種奇異現象：西歐的君主是軍隊的主人，而土耳其的軍隊則是蘇丹和政府的主宰。

㈤保守落伍的觀念與作風

此點可能是土耳其帝國由盛而衰的主要原因。土耳其的立國基礎和重要制度，一成不變，始終維持古老的傳統。十六世紀起，歐洲進入轉變時期，新航路發現後，世界範圍擴大，民族國家分別形成，宗教信仰漸趨自由，新思潮百花怒放，經濟社會均有激變。西方國家面對上述新局面，紛紛採取應變措施，以求適應。而土耳其則仍墨守成規，僵化不變。他們依然堅信：鄂斯曼王朝帝國的唯一使命在於傳播伊斯蘭教的福音，擴大伊斯蘭教的領域；伊斯蘭教徒與非伊斯蘭教徒以及上層社會與下層社會之間的界限，永遠維持不變，伊斯蘭教徒與上層社會的特權也不容更改。總之，土耳其帝國的一切，在十六世紀中葉時均已定型，均已「骨骼化」(ossification)。

如果把土耳其帝國的情況和西方國家作一對比，不難發現在十六世紀下半期以後，西方國家無論就政治制度、經濟結構、文化思想任何一方面來說，均已處處領先，多方超越。所以就今後的發展來加以預測，則誰勝誰敗，已經十分顯著了。

四、對外戰爭連遭挫敗 (1571–1792)

前節分析土耳其帝國衰微的原因時，曾指出由於敵對勢力的增強，以致在對外戰爭中連連挫敗。此一情勢的序幕，發生於蘇利曼大帝逝世之後，是即「雷班圖戰役」(1571)。進入十七及十八世紀以後，情況更加惡化，初敗於西方的奧國，失去了東匈牙利和外息爾凡尼亞；繼又連續敗於北方的俄國，失去了黑海北岸，巴爾幹幾乎被俄、奧瓜分。

㈠奧、土戰爭

　　在哈布士堡王朝統治之下的奧帝國，十六世紀時是西歐國家抵禦土耳其帝國的第一線重鎮。蘇利曼大帝圍攻維也納 (1529) 未能得逞之後，土耳其的西陲疆界即退到匈牙利中部的多瑙河一線。蘇利曼死，子「醉漢」席里姆二世（Silem II, The Drunkard，1566–1574 年在位）繼位，土耳其國勢自此走向下坡。席里姆鑑於中歐方面不易發展，乃將侵略箭頭指向東地中海，攻占原由威尼斯占有之塞普路斯島 (1571)。歐洲的基督教國家於是在教皇號召下組成「第二神聖聯盟」(Second Holy League)，西班牙與威尼斯派艦二百艘，由西王腓力二世的異母弟奧地利公約翰 (Don John) 統率，與土耳其艦隊約二百艘會戰於希臘科林斯灣內的雷班圖，土敗，毀艦一百六十艘。此役雖是土耳其首嚐敗績，但西方國家並未能乘機爭取更大之收穫，一年之後，土耳其實力迅即恢復，迫使威尼斯求和，並承認放棄塞普路斯 (1573)。

　　此後，西歐的宗教革命引發了宗教戰爭，奧國一時無暇東顧，土耳其同時也在亞洲方面又捲入和波斯之間的長期戰爭，土、奧雙方之衝突並未繼續擴大。1606 年土、奧簽訂〈齊特瓦托洛克和約〉(Peace of Zsitvatorok)，土雖略有斬獲，但此後奧國即停止對於土耳其的貢禮，土耳其仍是得不償失。

　　十七世紀下半期，奧、土續又發生多次戰役。此時，土耳其大權操於首相麥哈邁德·古普瑞律（Mehmed Köprülü，1656–1661 年在位）及其繼任首相之子孫手中。他們大刀闊斧，重振綱紀，國勢一度中興。但軍隊之作戰能力則欲振乏力，首被奧軍擊敗於匈牙利西南部之聖·高特哈德 (St. Gotthard, 1664)，損失慘重。此役之重要性約當於百年以前的雷班圖之役，前者為海上之挫敗，後者為陸軍之挫敗。惟奧國正在西歐應付法國路易十四的威脅，無力乘勝追擊，雙方簽約休戰。1683 年卡拉·穆斯塔法 (Kara Mustafa) 首相率土軍二十萬眾再度西征，又將維也納二度包圍，奧皇李奧

波德一世（Leopold I，1657–1705 年在位）逃出城外，向各方求救，幸得波蘭國王蘇別斯基馳援，始將土軍擊退，奧京被圍前後二月之久。

奧軍此次不再放棄機會，聯合波蘭及威尼斯等組成「第三次神聖聯盟」，全力反攻，奧軍在名將羅蘭的查理斯 (Charles of Lorraine) 和薩伏衣的尤金 (Eugene of Savoy) 等率領下，戰果輝煌，次第收復布達 (1686)、外息爾凡尼亞與雅典 (1687) 以及貝爾格萊德 (1688)。當威尼斯攻擊雅典時，土耳其守軍以衛城之內的帕德嫩 (Parthenon) 雅典娜 (Athena) 神殿為彈藥庫，神殿中彈爆燬，造成對此一古希臘建築的嚴重損害。波王原擬攻占羅馬尼亞北方的莫德維亞，將波蘭疆域推至多瑙河下流，但波蘭議會不予支持，蘇別斯基飲恨而止。1687 年的「第二次莫哈契之戰」和 1697 年的辛塔 (Zenta) 之戰，奧連獲決定性勝利。1699 年雙方簽訂〈卡洛維茲條約〉，除威尼斯取得希臘之莫瑞亞 (Morea)、波蘭取得波多利亞 (Podolia) 以外，奧國的收穫最多，包括匈牙利東半部、外息爾凡尼亞、克洛琪亞、斯洛汶尼亞等地。〈卡洛維茲條約〉是土耳其帝國全盛時代的休止符，從今以後帝國的西疆已退到貝爾格萊德以南一線了。

㈡俄、土戰爭

土耳其帝國在〈卡洛維茲條約〉以後，也就是十八世紀以後所受的威脅，來自北方，俄國成為它的大患。是時俄國正是彼得大帝 (1682–1725) 和凱薩琳二世 (1762–1796) 先後執政的強盛時期，勢力向各方擴張，土耳其遂成犧牲品。

俄、土戰爭自十七世紀末以迄十九世紀止接連不斷。第一次戰爭 (1677–1681) 的起因為波蘭與土耳其的邊界衝突，雙方爭奪西烏克蘭，雖連遭波王蘇別斯基擊敗，但最後仍取得波多利亞及波屬西烏克蘭之一部，因而和俄國交壤，發生糾紛。土耳其失敗後將西烏克蘭割予俄國。

第二次俄、土戰爭 (1710–1711) 是「大北方戰爭」(Great Northern War, 1700–1721) 中的一股「支流」，當瑞典國王查理十二世於波塔瓦

(Poltava) 之役被彼得大帝擊敗後，即逃往土耳其，彼得乘機南進，攻入土屬莫德維亞，但在普茹特河被土軍重重包圍，形勢危殆，幸賴以重賄買通土方將領簽立〈普茹特條約〉(1711)，方得逃出重圍，但將已被占領之亞速 (Azov) 退還土方。其後，俄、奧亦曾聯合對土作戰 (1736–1739)，但無重要收穫。

　　凱薩琳大帝時代，俄國全力南進，連續發生兩次俄土戰爭。第一次 (1768–1774) 導因於波蘭問題，俄軍以干涉波蘭內亂為藉口出兵入波，法國為牽制俄軍，慫恿其友邦土耳其對俄宣戰，俄軍攻入羅馬尼亞兩公國並進占克里米亞半島，更於柴斯美 (Chesme) 海戰中擊潰土耳其艦隊，旋因俄國發生普加契夫之亂 (Pugachev Revolt, 1773)，凱薩琳停戰議和，俄、土簽訂〈庫恰克·凱納琪條約〉(*Treaty of Khuchak Kainarji*, 1774)，俄國獲得下列廣泛權益：

　　1.取得刻赤 (Kertch) 海峽，控制了亞速海邊往黑海的灣道。

　　2.土耳其承認原為其附庸的「克里米亞韃靼汗國」 (Crimean Tatar Khanate) 的獨立，為俄國併吞黑海北岸鋪路（1783 年俄即將其兼併）。

　　3.俄將占領之羅馬尼亞兩公國交還土耳其，但土須保證今後將妥善治理，俄國並保留干預權。

　　4.准俄在君士坦丁堡建立東正教教堂，俄國對土境東正教徒有保護權，使俄獲得干涉土耳其內政的藉口。

　　凱薩琳二世得隴望蜀，擬將土耳其勢力逐出東南歐，於是提出一項所謂「希臘計畫」(Greek Project)，由俄、奧瓜分巴爾幹。女皇與奧皇約瑟夫二世會商 (1780)，由奧國取得巴爾幹西部的塞爾維亞、波士尼亞、赫塞哥維納 (Herzegovina) 等地，東部之色雷斯、馬其頓、希臘等地則另建「希臘帝國」，以女皇之孫君士坦丁 (Constantine) 為國王，成為俄之保護國。上項協議達成後，俄即展開行動，並向外高加索之喬治亞區滲透，終於導致另一次俄、土戰爭 (1787–1792)，奧國加入俄方對土作戰，攻占貝爾格萊德，俄軍則進至多瑙河 (1789)。是年，法國革命爆發，西歐多事，奧在普魯士

壓力下首先退出戰團 (1791)，俄國鑑於波蘭局勢緊張也不願繼續作戰，乃與土方簽訂〈雅賽條約〉(*Treaty of Yassy*, 1792)，確定了俄土邊界——西以聶斯特河為界，此河以南的羅馬尼亞交還土耳其；東以庫班河 (Kuban R.) 為界。換言之，土耳其承認了俄國對於克里米亞汗國的兼併，使俄國南界濱臨黑海。

　　十七及十八兩世紀，是土耳其由盛而衰的關鍵，在此兩百年間，不僅國土大批喪失（西方失去匈牙利東半部與外息爾凡尼亞，北方失去黑海北岸的藩屬——克里米亞汗國），內政與外交也漸受到列強之干預。十九世紀起，俄、奧兩國構成土耳其的兩大威脅，英、法為了分一杯羹，也捲入鬥爭的漩渦，造成所謂「近東問題」的外交危局。

　　對外戰爭的連番挫敗，也削弱了土耳其政府的統治能力，在民族主義思潮的激盪下，土屬巴爾幹的民族運動隨之興起，初步的要求是自治，後來就紛紛獨立了。

第六章　十九世紀以前的羅馬尼亞

一、羅馬帝國建立戴西亞省與蠻族的入侵

　　羅馬尼亞這個國家是十九世紀中葉才建立的，它的前身是兩個小公國 (Principality)，一為北方的莫德維亞公國，一為南方的瓦雷琪亞公國。由於受到地理環境的影響，這兩個公國構成一個向西開口的馬蹄形，馬蹄的「腹部」則是另一個古老的小公國，稱為外息爾凡尼亞。「羅馬尼亞社會主義共和國」(Socialist Republic of Romania) 便是由上述三個小公國合組而成的。

　　外息爾凡尼亞是一片多山的高原，面積約占羅馬尼亞的四分之一，略呈三角形，西鄰便是匈牙利。因此，外息爾凡尼亞的歸屬問題，歷經多次變化。最初，它和莫德維亞與瓦雷琪亞完全屬於羅馬帝國的戴西亞省，羅馬撤離後就變成多支民族的棲息地，其中包括屬於日耳曼民族的「施克勒人」和「薩克遜人」以及弗拉克人。匈牙利建國後將外息爾凡尼亞併入版圖 (1003)。外息爾凡尼亞在 1540 年變成一個半獨立的自治公國，和匈牙利一樣同受以維也納為中心的哈布士堡帝國統治。在鄂圖曼土耳其帝國全盛時代，一度成為土耳其的附庸。一直到第一次世界大戰以後，由於奧匈帝國瓦解，外息爾凡尼亞才又回到羅馬尼亞的懷抱。本章討論的範圍，僅及羅馬尼亞的早期歷史，所以只限於莫德維亞與瓦雷琪亞兩地，外息爾凡尼亞則並不在內。

　　羅馬尼亞的最早居民，依照古希臘及羅馬史家希羅多德 (Herodotus)、塔西狄迪斯 (Thucydides) 以及塔西圖斯 (Tacitus) 等人的記載，是一種屬於色雷斯人 (Thracians) 的戴西亞人 (Dacians)，又叫蓋提人 (Getae)。西元前四世紀時馬其頓王腓力 (Philip) 曾出兵攻擊，娶其公主米達 (Meda) 為妃，結

為盟邦。西元前 340 年戴西亞人越過多瑙河，人數漸多。羅馬帝國建立初期，常越河騷擾莫西亞（Moesia，今保加利亞），成為帝國之邊患。西元 86 年，戴西亞王狄塞巴拉斯 (Decebalus) 率兵南下，竟擊敗羅馬兵團。羅馬反攻，陷其首都，雙方議和。羅馬皇帝圖拉真時 (98–117)，再率大軍兩度北征，五年之後始將其完全征服，狄塞巴拉斯最後自殺而死，羅馬遂將其地置戴西亞省，時為 106 年。圖拉真因而獲得「戴西亞的征服者」的稱號，並在首都建一雄偉之紀念碑 (Trajan's Column)，上刻浮雕，詳紀戰功，今仍聳立於羅馬市區。

羅馬統治戴西亞歷時一百六十八年 (106–274)，以阿普拉姆 (Apulum，今稱 Alba Iulia) 為首府，其地在外息爾凡尼亞境內，至今仍為羅馬尼亞的民族聖城。羅馬帝國經常派遣兩個軍團的兵力駐守，此外並徵調所屬之西班牙人、高盧人 (Gauls)、義大利人大量移殖，經過長期混居和通婚，產生了日後的羅馬尼亞人。這些駐軍和移民，均屬拉丁民族，所以戴西亞也逐漸「拉丁化」，現在的羅馬尼亞語文也是拉丁語系。羅馬尼亞人常常強調他們是古羅馬人 (Romans) 的後裔，並以此自傲，「羅馬尼亞」的國名和民族名稱，均源於羅馬。他們也經常誇稱：羅馬尼亞是「斯拉夫海中的一個拉丁島」(A Latin island in a sea of Slavs)。

戴西亞省是羅馬最後建立的行省，也是最先撤銷的行省。因其地處東北邊區，經常受到北方蠻族的侵襲。在 247 到 268 年之間，哥德人 (Goths) 六次進犯。至歐瑞利安 (Aurelian) 時，羅馬決定將駐軍撤出，放棄戴西亞省 (274)。原住該省之羅馬移民，部分留住，部分隨軍撤退。

自羅馬人撤離以後的一千年間（274–1250 左右），戴西亞連續遭受不同蠻族的入侵，他們或則只是臨時穿越過境，或則留住定居，均未留下具體可記的史事。哥德人盤據約一百年，君士坦丁大帝於 330 年一度渡過多瑙河北伐，並在河上建一石橋（今仍留存殘跡），但並未長期據有，惟透過這次第二度的征服，戴西亞接受了基督教義 (360)。繼之而來的蠻族是匈人 (375)，歷時約八十年，阿提拉死 (453) 後匈帝國瓦解。繼之而來者為蓋比

狄人（Gepidae，哥德人的一支）、倫巴人和阿瓦人，阿瓦人至 626 年始被羅馬皇帝赫瑞克里阿斯 (Heraclius) 擊潰。保加利亞第一帝國 (893–1018) 期間，戴西亞亦為其屬地。同時出現於戴西亞的另一蠻族——馬札耳人，構成保加利亞帝國的邊患，但馬札耳人並未多作停留，即西去多瑙河中流平原，建立匈牙利王國。保加利亞第一帝國瓦解後，戴西亞一度受到另一蠻族——古曼人 (Kumani) 的統治，改稱「古曼尼亞」(Kumania)，時在十二至十三世紀。十三世紀中葉，蒙古入侵，雖為期甚暫，但破壞極重，所有文獻均被毀滅，不過在蒙古人離去以後的十三世紀期間，戴西亞享受了一段和平安定的歲月。此時「弗拉克人」分別由西方的外息爾凡尼亞山區和南方的巴爾幹山北麓進入戴西亞，這些弗拉克人，事實上就是在過去一千年間蠻族侵擾時期逃往山區避難的戴西亞人的後裔，他們在十三世紀末年分別建立了瓦雷琪亞和莫德維亞兩個小小的公國，是為羅馬尼亞建立國家組織的開端。

二、瓦雷琪亞與莫德維亞兩公國

關於羅馬尼亞早期的建國經過，缺乏信史可徵。依據古老的傳說，瓦雷琪亞和莫德維亞兩個公國的建立年代，均在十三世紀末年。1290 年有一名叫「黑拉都」（Radu Negru，或 Rudolph the Black）的酋長，率領著一批弗拉克人，由外息爾凡尼亞山區進入古戴西亞的南部，在多瑙河北岸與南喀爾巴阡山之間的平原上，建立了瓦雷琪亞公國，「瓦雷琪亞」意即「弗拉克人的地方」。約在稍晚的同時，另一名叫德拉古施 (Dragoche) 的酋長，也自外息爾凡尼亞山區率領一批弗拉克人到了古戴西亞的北部，在東喀爾巴阡山與聶斯特河之間的平原上，建立莫德維亞公國，「莫德維亞」一詞的由來，據說是來自酋長的一頭名叫「莫爾達」(Molda) 的獵犬。

這兩個小公國因勢力較弱，所以一向受到強鄰的威脅，成為它們保護的附庸。這些強鄰包括西面的匈牙利和塞爾維亞、北面的波蘭和南面的土

耳其，土耳其為其最後的征服者。在著名的科索沃之戰 (1389) 中，巴爾幹各基督教邦國的聯軍被土耳其擊敗，瓦雷琪亞公米爾西亞 （Mircea, The Old，1386–1418 年在位）雖力圖抵抗，終於屈服 (1417)。莫德維亞因稍稍偏北，尚可苟安一時，但在名王史蒂芬大帝 （Stephen, The Great， 1457–1504 年在位）逝世後，也成為土耳其的貢國。

在土耳其的早期統治下，兩公國的政治地位與保加利亞及塞爾維亞不同，保、塞為土耳其所屬的省區，而兩公國則除呈繳約定的貢賦和定額的男童之外，尚能享受相當的自治權。惟兩公國並無固定的王位繼承制度，由大貴族 (Boyar) 選舉產生，不僅內戰連綿，兩公國之間也時起衝突。大貴族享有多種特權，可以推選或推翻國君，免繳稅賦，國家大政也由其操縱，重要官職有首相 （Logothete，或 Lord High Chancellor）、內大臣 (Groom of the Bedchamber)、財政大臣等等。在封建制度下，農民飽受壓榨，而農耕為國家的主要經濟基礎。

兩公國的首都，最初並不固定，瓦雷琪亞先後有四個首都，最後始定都於布加勒斯特 (Bucharest)；莫德維亞首都凡二易，最後定都於雅賽 (Yassy)。

土耳其對於兩公國的統治權並不穩定，時有叛亂發生。十六世紀末年，兩公國同時出現了兩位英主，一為莫德維亞公 「恐怖的約翰」（John, The Terrible，1572–1574 年在位），一為瓦雷琪亞公 「勇敢的麥可」（Michael, The Brave，1593–1601 年在位），後者更曾將莫德維亞及外息爾凡尼亞兩地征服，這是羅馬尼亞所屬三個邦國的首次統一，時在 1600 年。其後，麥可被奧國派人暗殺，羅馬尼亞又再分裂，仍受土耳其的統治。

這兩個公國的統治者，均由土耳其中央政府選派任命。在十七世紀以前，兩個公國的君主——公 (Prince) 均由羅馬尼亞人擔任，但是到了十八世紀以後，兩個公國的統治者，就變成由希臘人擔任總督 (Hospodar)，進入所謂 「菲納瑞歐」時期。

菲納瑞歐的統治時間，歷時一百餘年 (1711–1822)。「菲納」意即燈塔，

圖 42　首次統一羅馬尼亞三邦國的「勇敢的麥可」

「菲納瑞歐」意即住在燈塔區的人。在土京君士坦丁堡的西區，有一處樹立燈塔的碼頭商業區，為希臘人聚居之地。希臘人因經商致富，逐漸形成一個地位特殊的富商階級，在土耳其帝國腐化之後，富商與官僚勾結，關係日趨密切。瓦雷琪亞與莫德維亞兩地的總督，十八世紀以後多由非羅馬尼亞人擔任，第一位菲納瑞歐總督是 1716 年派任的馬弗羅可戴托 (N. Mavrocordato)，帝國政府通常以投標拍賣的方式來決定總督的人選，希臘富商財力雄厚，常能以高價獲選。政府食髓知味，時時更換總督，每更換一次，即可增加一次的賄款，在此百餘年間，瓦雷琪亞更換了三十五任總督，莫德維亞更換了三十三任，平均三年更換一次。這些獲選的希臘籍總督，因曾投下鉅資賄選，就任之後更需年年向君士坦丁堡奉獻，所以在任期之內，自必橫徵暴斂，賣官鬻爵，百般榨取，以期收回成本。在菲納瑞歐時期的吏治，極端腐化，稅賦苛重，名目繁多，甚至法律訴訟案件之勝負，也以行賄之多寡來判定。

這些總督的宮廷生活，窮奢極侈，腐化不堪。依據時人的記載，每當

總督午睡時，首都即一片靜止，嚴禁喧譁，麵包由侍者代為撕碎，酒杯由宮臣捧在肘邊，甚至食畢就寢時也由侍臣攙扶，以便節省步行的體力。

所以羅馬尼亞人在菲納瑞歐統治期間，是受希臘人和土耳其人的雙重剝削，過著十分悲慘痛苦的歲月。不僅下層的農民飽受煎熬，上層的貴族也同遭迫害。因此，反希臘和反土耳其的叛亂不斷發生，喊出「羅馬尼亞是羅馬尼亞人的羅馬尼亞」的呼聲。

不過，在這一段低潮時期，也偶而出現少數比較開明和有所建樹的統治者。較為著名的事例發生於十七世紀的中葉，一為瓦雷琪亞公巴薩拉伯（M. Bassarab，1633–1654 年在位），一為同時的莫德維亞公白錫爾（Basil, The Wolf，1634–1654 年在位）。他們改革的重點，一為司法，一為語文。巴薩拉伯編訂了一部法典，內容雖採以眼還眼、以牙還牙的「報復主義」，比較野蠻殘忍，但比過去僅憑習慣隨意判刑的司法傳統進步多多。例如：縱火焚燒他人之房舍者即將其活活燒死；娶二妻者即罰其裸身騎在驢背上遊街示眾並隨途鞭打；花言巧語矇騙他人者則以沸鉛灌入其喉嚨。惟立法精神並不平等，貴族與農奴犯罪時常受不同的待遇。在語文方面，1640 年以前，人民使用之口語皆用羅馬尼亞語，而文學作品或文書則須使用斯拉夫文。自 1640 年起，一律改用羅馬尼亞語文。

另一 「開明專制」 的統治者為十七世紀末年瓦雷琪亞的坎塔古西尼（S. Cantacuzene），他重建被燬之大教堂、減輕農民的負擔、促進教育的發展，並印行了一部用羅馬尼亞文譯出的《聖經》。

瓦雷琪亞與莫德維亞二者雖屬同文同種，但雙方時起衝突，並常發生自相殘殺的宮廷陰謀。二者之間的共同媒介體，除了語文和血統相同之外，另一團結力量為宗教信仰——均屬東正教信徒。

三、俄國入侵巴爾幹的跳板

羅馬尼亞兩公國在土耳其暴政的統治下，因本身實力微薄，無法自救，

於是轉而尋求外國的援助。其求救之對象，則是北鄰的俄國。

俄國的勢力，在十七世紀下半期伸入南俄草原帶，〈安德魯索夫和約〉(1667) 簽訂後，俄國擊敗波蘭，取得東烏克蘭，已迫近羅馬尼亞。1674 年間，瓦雷琪亞與莫德維亞兩公國透過一位東正教修士向俄皇阿力克西斯 (Alexis) 要求保護，雖獲同意，但無具體結果。彼得大帝即位後，積極向外擴張。擴張方向有二：一為向西，希望到達波羅的海東岸；一為向南，希望到達黑海北岸，乃至併吞整個巴爾幹半島，所以羅馬尼亞首當其衝，成為俄國南進的跳板。

1711 年，彼得大帝與瓦雷琪亞公布蘭科瓦諾 (C. Brancovano) 及莫德維亞公坎提米兒 (D. Cantemir) 結盟，對兩公國提供保護，並興兵南下，進入莫德維亞。因俄、瓦、莫均屬東正教國家，故俄軍以十字軍之姿態出現，意圖將伊斯蘭教勢力逐出東南歐。如此役成功，則巴爾幹已是俄國的天下。但俄軍在普茹特河為土軍擊敗包圍，幸賴隨彼得作戰之情婦凱薩琳（日後成為彼得之后，是為凱薩琳一世）以重金珠寶賄賂土軍統帥而解圍，此次戰役，為俄國首次進入巴爾幹半島。

莫德維亞公坎提米兒及大批貴族隨俄軍撤走，瓦雷琪亞公布蘭科瓦諾則被帶回土京處斬。土耳其蘇丹經過此次教訓，不再對羅馬尼亞人寄以信任，自 1716 年起，改由希臘籍的「菲納瑞歐」擔任兩公國的總督。此制維持了一百零六年，至 1822 年始止，已於上節詳述。

彼得大帝入侵巴爾幹的企圖雖遭挫折，但為後代沙皇奉為國策。安娜女王（Anna，1730–1740 年在位）要求土耳其承認兩公國之獨立並受俄國之保護被拒，俄、土戰爭 (1736–1739) 再度爆發，俄軍攻入莫京雅賽，並自當地教會的主教手中接受市鑰，受到熱烈歡迎，被視為「解放者」。但因俄軍統帥米尼克 (Burkhard von Münnich) 態度傲慢，處置失當，以征服者自居，使羅馬尼亞人幡然覺悟，俄國的統治不一定優於土耳其，反俄意識自此滋生。此次俄、土戰爭，俄國原與奧國聯手，及至俄軍深入巴爾幹之後，維也納又生疑懼，乃在法國出面調停下，退出戰局。俄國亦因法國之

干預，被迫與土簽訂〈貝爾格萊德條約〉(1739)，俄軍退出莫德維亞，但獲保留攻占之亞速，惟該港要塞必須夷平，並保證不在黑海建立艦隊。故此次戰役俄國亦無重大收穫。

俄國南進的重大成就，完成於凱薩琳大帝時期。女王先後發動兩次俄、土戰爭。第一次戰役 (1768–1774) 中，俄軍攻占莫、瓦兩公國，兩公國同表臣服，瓦公吉卡 (G. Ghika) 親赴俄京覲見，甚至要求由俄兼併，莫德維亞則要求推選貴族十二人攝政。俄國兼併兩公國的擬議，事實上無法實現，因俄國的擴張引起奧國的強烈反對，雙方幾乎已到作戰邊緣，乃經普王斐特烈大帝之調停，一方面由三國瓜分波蘭 (1772)，同時俄國與土簽訂〈庫恰克‧凱納琪條約〉(1774)。俄國雖將占領的莫、瓦兩公國交還土耳其，但卻取得對於兩個公國的非正式保護權。因為條約中有一措詞含蓄而意味深長的條款：「俄國駐土大使在情況必要時，得代表兩公國發言。」此外，土耳其更須保證，今後將善待兩公國之人民，必要時俄國得出面干預。1782 年俄再獲准在兩公國首都各設領事館。

奧國則乘機迫使土耳其將其占領的莫德維亞西北部之布庫維納 (Bucovina) 地區割予奧國 (1777)，此地於第一次大戰後由奧匈帝國割予羅馬尼亞 (1918)。二次大戰初期 (1940)，北布庫維納被蘇聯奪占，並將其與比薩拉比亞合併組成「莫德維亞共和國」，成為蘇聯十五個「加盟共和國」(Union-Republic) 中之一員。

1780 年，凱薩琳二世與奧皇約瑟夫二世會晤，決定結盟共同瓜分土耳其在巴爾幹的領土，實現女皇的所謂「希臘計畫」(Greek Project)。第二次俄、土戰爭 (1787–1792) 中，奧軍攻占塞爾維亞的貝爾格萊德，俄軍則又重入羅馬尼亞，攻抵多瑙河一線。但此次戰役俄國並無重大收穫，因一則準備不足，二則同時與瑞典衝突 (1788–1790)，兩線作戰，力有不逮，更因奧國由於法國大革命爆發而中途退出，乃與土方簽訂〈雅賽條約〉(1792)，確定了雙方的邊界，俄國南界此時已到聶斯特河一線，聶斯特河以西的羅馬尼亞仍屬土耳其。

在第二次俄、土戰爭期間，瓦雷琪亞曾發生一齣鬧劇，時任瓦雷琪亞總督之馬弗洛根尼 (N. Mavrogheni) 奉蘇丹詔令興兵抗俄，總督忠於蘇丹，召集所屬貴族臣僚於宮廷，當面以希臘語下達命令，但群僚不懂希臘語，拒不受命。總督氣憤之餘，囑廷臣將戰馬牽出，再令登騎，而群僚仍無反應，馬弗洛根尼於是對馬群高聲傳呼，分別賜以各種高官之封號。群僚中僅有少數羞憤上馬，餘則鳥獸散。及等兵敗之後，馬氏被俘處死。

拿破崙率法軍東征埃及及近東 (1798–1799) 以後，土耳其感受威脅，轉而與俄和好。1802 年，俄國迫使土耳其同意，今後瓦雷琪亞與莫德維亞兩地之總督，不得時常更換，任期至少七年，新任人選並須獲得俄國駐土大使之同意。最初次更換的兩位總督，均為俄國提名的傀儡。1806 年，土耳其因受法國特使之勸說，終止與俄盟約，將兩個傀儡總督更換，俄乃向土宣戰，發生又一次的俄、土戰爭 (1806–1812)，土敗，簽訂〈布加勒斯特條約〉(1812)，土將莫德維亞東部之比薩拉比亞割予俄國，俄國國界乃由聶斯特河向西南延伸到普茹特河一線。

比薩拉比亞是介於聶斯特河與普茹特河兩條平行河流之間的「河間地」，最早的居民是屬於色雷斯人種的「比西」(Bessi) 人，1367 年為莫德維亞公國兼併，自 1812 年割予俄國後，一直到 1940 年為止，百餘年間，地位數易，一直是俄羅兩國爭奪的焦點。1917 年俄國革命爆發後，立即宣告獨立，稱為「莫德維亞共和國」，翌年併入羅馬尼亞並經〈凡爾賽條約〉予以確定，但俄拒承認。二次大戰爆發後，蘇聯即於 1940 年乘機奪回，連同北布庫維納合組「莫德維亞蘇維埃社會主義共和國」(Soviet Socialist Republic of Moldavia)，為蘇聯的加盟共和國之一員，已見前述。

四、羅馬尼亞民族主義的興起

一個民族的固有文化，實為民族主義賴以滋長的主要因素，羅馬尼亞在這方面遠不如其他東歐國家。羅馬尼亞人雖以古羅馬人的後裔自豪，但

羅馬文化早自中古以來即已在此地消失，羅馬尼亞與歐洲文化中心已經隔斷了數百年之久，陷入野蠻黑暗狀態。其與文明世界之間的接觸，只能透過斯拉夫人的間接影響。羅馬尼亞屬於東正教系統，教會組織、宗教儀節以及祈禱時所用的語文，一律來自斯拉夫鄰邦。十八世紀以後，由於大批希臘的「菲納瑞歐」來到羅馬尼亞，希臘語文也隨之大為流行，甚至布加勒斯特和雅賽兩個主要城市也幾乎變成了北方的雅典。各級政府官員如有使用羅馬尼亞語交談者，反而受到輕蔑和歧視。

羅馬尼亞民族意識的覺醒，開始於十八世紀末年與十九世紀初年，與塞爾維亞和希臘大致同時。

羅馬尼亞的民族獨立運動，完成於十九世紀末年。不過他們的奮鬥目標，比其他國家更為艱難。他們一方面要掙脫兩個異族的統治而獨立，另一方面還要追求兩個乃至三個民族區的統一。所謂兩個「異族」，一指土耳其人，一指希臘的「菲納瑞歐」。所謂「兩個乃至三個民族區」，即莫德維亞、瓦雷琪亞和外息爾凡尼亞。

首先，我們追溯外息爾凡尼亞的羅馬尼亞人的民族意識的覺醒。此時，外息爾凡尼亞是匈牙利王國的屬地。早在十八世紀期間，外息爾凡尼亞的一位拉丁學者麥古·克林主教 (Bishop Inocentiu Micu-Klain)，在其拉丁學派的哲學討論中，特別強調屬於拉丁語系的羅馬尼亞民族實為最早定居於外息爾凡尼亞地方的居民，而其所受之待遇，反而不如後到的馬札耳、施克勒和薩克遜等民族。因此外息爾凡尼亞的羅馬尼亞領袖曾以請願書呈遞神聖羅馬帝國皇帝李奧波德二世（1790–1792 年在位），要求帝國政府以同等權利地位，對待當地的羅馬尼亞「民族」(Nation)，其中包括參政權——出任官吏及議員等。但在此輩早期民族主義者的心目中，參政權僅限於高級教士、資產階級及高級知識分子，至於廣大的農民則不包括在內。同時，其所指之羅馬尼亞「民族」，亦僅限於外息爾凡尼亞及巴納特 (Banat) 等地的帝國臣民，並不包括莫德維亞及瓦雷琪亞兩地在內。

莫德維亞及瓦雷琪亞兩地的民族意識，則產生於十八世紀末年及十九

世紀初期。產生之動機與上述拉丁學派的思想無關，而是由於「菲納瑞歐」高壓統治所激起的革命意識。而此種革命意識的媒介者，卻是一批受了法國啟蒙思想感染的希臘知識分子。此時正是希臘民族醞釀擺脫土耳其統治的革命初期，不料革命的種籽，竟透過希臘人的介紹，也在羅馬尼亞引起了革命的火焰。

莫、瓦兩地羅馬尼亞人的民族革命觀念，就其社會意義而言，也和外息爾凡尼亞的羅馬尼亞人一樣，僅限於少數的上層階級，對於下層農民的地位則絕未顧及。在其 1791 年提出的要求之中，毫無法國革命的自由、平等、博愛的色彩。甚至在法國於莫、瓦兩公國設立領事館與當地羅馬尼亞領袖發生直接接觸以後，也未能改變這些上層階級的狹隘立場。當法國革命開始之後，莫、瓦兩地也建立了「國民黨」(National Party)，但是這兩地的革命領袖，各自為政，並無聯絡，更談不到與匈牙利境內的同胞的聯繫了。

莫德維亞、瓦雷琪亞與外息爾凡尼亞三支羅馬尼亞民族的密切接觸，開始於十九世紀的 20 年代至 30 年代，新的民族主義此時開始形成。主要的關鍵是一批奧國境內的羅馬尼亞學者，以著名拉丁學者拉薩 (G. Lazăr) 為代表，他為了逃避梅特涅政府的壓迫而逃至東方，在莫、瓦的上層社會中發生了極大的影響力。不過拉薩所傳播的民族主義，深受法國憲政主義 (Constitutionalism) 的影響。因此莫德維亞，尤其是瓦雷琪亞的民族運動，亦隨之走上親法路線，他們希望在法國的保護下，獨立建國。在政治型態上，也實行法國式的憲政；在外交關係上，也採取親法而排希、排俄和排土的立場。因此當 1821 年希臘革命組織——「友社」(Philiki Hetairia，或 Friendly Society) ❶向羅馬尼亞民族主義者提出共同合作以推翻土耳其統治的要求時，並未為後者接受。同時，羅馬尼亞的「燒炭黨」(Carbonari)，也沒有採取義大利同黨的政治觀點，反而改走法國第三階級的溫和路線。

除了法國以外，另一對羅馬尼亞最具影響力的國家為北鄰之俄國。十

❶　參閱本書第十章「二、獨立革命 (1821–1830)」。

八世紀下半期，亦即凱薩琳二世時代，俄國曾兩度與土耳其作戰。第一次俄、土戰爭之後，土耳其為俄國擊敗，訂立〈庫恰克・凱納琪條約〉(1774)。莫德維亞及瓦雷琪亞兩公國的宗主權雖仍屬於君士坦丁堡，但已成為俄國之保護地。土耳其境內的東正教徒，且受俄國之監護，由是俄國取得了干涉土國內政的藉口。

羅馬尼亞人民的生活，在俄國保護下，確有相當的改善。其最大獲益，則為莫、瓦兩公國土耳其所派的總督有了固定的任期。在此以前，總督之任期並不固定，總督既由拍賣產生，任期愈短則搜括愈烈。1802 年，俄國首先迫使土耳其政府同意將總督任期固定為七年一任，1829 年再將任期延長為終身。同時更將繳納土耳其政府的稅額，亦予固定。1828–1829 年的俄、土戰爭結束之後，俄軍久不撤兵，在其駐屯期間，更仿照波蘭基本法，在羅馬尼亞境內頒布了一部成文法典，使行政制度及民刑訴訟至少均有軌道可循。

俄國的改革，頗能針對羅馬尼亞一般民眾的需要，富於社會改革的精神。部分羅馬尼亞的民族主義者，因此最初頗擬借助俄國來抵制土耳其的壓迫。但當俄皇亞歷山大一世將比薩拉比亞併吞之後，羅馬尼亞方始覺悟，知道俄國的用心，並不在協助羅人的獨立，而在兼吞其地為己有。

1830 年革命之後，羅馬尼亞的民族革命分子由莫、瓦兩公國及外息爾凡尼亞等地逃往巴黎，在該地與來自波蘭及義大利之革命志士相會。其後，再經 1848 年革命之洗禮，革命路線乃漸定型。著名的羅馬尼亞革命領袖，如布拉提安紐兄弟 (Bratianu Brothers)、羅西提 (C. A. Rosetti) 及巴塞斯古 (Balcescu) 等人，即深受法國思想家聖西門 (Saint-Simon)、傅利葉 (Fourier) 及奎內 (Quinet) 諸氏之影響。他們一方面爭取國家的獨立，同時也追求社會的改革，以解放農民的約束及促進中產階級的利益為宗旨。及至 1848 年革命失敗之後，羅馬尼亞的革命運動又起分裂；外息爾凡尼亞的革命路線，仍以社會改革及爭取自治地位為目標，而莫、瓦兩地的主張則轉趨保守，放棄了法國的激進路線，改以爭取兩個公國的統一與獨立為目標。

五、羅馬尼亞的統一與獨立

㈠兩個公國的統一

首先激起羅馬尼亞解放運動的動力，是 1821 年開始的希臘革命。希臘革命領袖伊普西蘭提 (A. Ypsilanti) 是一位原籍希臘後又投效俄國的將軍，其祖、父兩代曾任瓦雷琪亞公國總督，屬於「菲納瑞歐」階級。伊普西蘭提常身著俄國軍服，並製造假象，使人認信有俄國在幕後支持。他自南俄的比薩拉比亞興兵南犯，一方面與希臘本土的革命分子遙相呼應，一方面也希望得到羅馬尼亞兩個公國的支持。兩公國的總督，均由希臘的「菲納瑞歐」擔任，於是一一響應。雅賽與布加勒斯特兩城，也被叛軍占領。但羅馬尼亞的貴族和農民則另有自己的立場，不願協助希臘人的革命。此一立場以瓦雷琪亞的民團 (Pondours) 領袖弗拉狄米萊斯古 (T. Vladimirescu) 為代表，民團的組成分子均為土著農民。他們雖然反對土耳其的統治，但是尤其痛恨狐假虎威的「菲納瑞歐」的虐政，在他們心目中，土耳其人和希臘人均屬一丘之貉。不過，弗氏當時尚無推翻土耳其的野心，只盼結束菲納瑞歐的虐政而已。伊普西蘭提遂將弗氏捕殺，而伊氏所率的希臘革命軍也未能穿越羅馬尼亞南下，不久，即為土耳其擊敗，部隊潰散，伊氏逃往奧屬外息爾凡尼亞，被奧國逮捕囚禁七年而死 (1828)，希臘革命的第一波遂告失敗。

1822 年，莫、瓦兩公國各派一個由地主貴族組成的代表團前往君士坦丁堡請願，要求取消菲納瑞歐的統治，改由羅馬尼亞人出任各級官職。土耳其因對菲納瑞歐總督的反叛極端不滿，於是接受上述要求，立即改派兩代表團團長分任兩公國「大公」。實行已歷百年 (1711–1832) 的「菲納瑞歐」制度至此終止，使羅馬尼亞的情況較前邁進了一大步。

更進一步的改善發生於 1829 年，在俄、土戰爭 (1827–1829) 期間，俄

軍曾占領兩公國，當戰爭結束後，在俄、土簽訂的〈亞德里亞諾堡條約〉中，俄國迫使土耳其同意，今後莫德維亞及瓦雷琪亞兩公國的大公，除仍由羅馬尼亞人擔任外，並將其由原來的七年任期改為終身職，兩國內政也准其自治，並自組民團。惟土耳其仍保留宗主權。

俄、土戰爭雖已結束，但俄軍仍留駐兩公國境內，歷時五年 (1829–1834) 之久。在此期間，俄曾頒行兩國政府的組織法，但內容完全相同，因此奠定了將來合併的基礎。

1848 年法國「二月革命」爆發，羅馬尼亞亦受波及，兩公國均起叛亂，俄國邀土耳其共同出兵干涉，改建傀儡政府，俄國成為兩公國的保護者。

克里米亞戰爭 (1853–1856) 爆發之初，莫、瓦兩公國均由俄軍占領，其後由於主要戰場移至克里米亞半島，俄軍東調，兩公國遂由奧軍進駐。戰後於巴黎舉行和會，羅馬尼亞人於是積極活動，盼在俄、法、奧等國的支持下，獲得自治、統一甚至於獨立。法、羅均為拉丁語系民族，法皇拿破崙三世尤其熱心，乃在會中聯同英國全力支持羅人要求，願見其統一與獨立。英、法的目的，也盼在巴爾幹半島的東北方，矗立一道阻止俄國南進的障礙。但奧國則堅決反對，因為奧屬外息爾凡尼亞境內，亦有大量的羅馬尼亞人，深恐羅馬尼亞獨立之後，會引起奧匈境內的分裂運動。折衷結果，巴黎會議最後決定：

1.莫德維亞及瓦雷琪亞兩公國仍然分別維持自治地位，各有憲法及本身之政府。

2.俄國不再是兩公國的保護者，其未來地位由列強成立特別委員會加以研討。

3.由兩公國共組委員會，處理共同有關問題。

1857 年兩公國分別由人民投票，結果多數贊成合併。翌年，列強雖同意兩公國合併，但仍須分別由兩「大公」統治，並各自維持自己的議會。1859 年，兩國議會分別召開，推選新的統治者。當選舉結果揭曉後，發現兩國選出的大公竟然同為一人——古薩 (A. Cuza)。古薩為一傾向自由的革

命分子，是所謂「四十八鬥士」(Forty-eighters) 之一員。列強對此結果雖表憤怒，原擬用兵迫其取消，但為此小事而又引發國際戰爭，非其所願，於是只得接受此一事實。在東歐歷史中，此種小國利用既成之事實，迫使國際強權勉強接受之事例，屢見不鮮。

此一新興之獨立統一國家，最初稱為「莫德維亞‧瓦雷琪亞聯合公國」(United Principalities of Moldavia and Wallachia)，其後始改稱「羅馬尼亞」，首都則選定原

圖 43　統一羅馬尼亞的古薩

為瓦雷琪亞首都的布加勒斯特，莫德維亞的首都雅賽城則降為省府。1861年古薩之王位獲得土耳其的承認。翌年，聯合議會成立，兩公國合而為一，古薩在位凡七年 (1859–1866)。

㈡內政的革新

羅馬尼亞建國之後，仍需一段較長時間方能達到真正的獨立與統一。羅國經濟落後，無知之農民占全國人口 80% 以上，土地均為大地主所有，農民實即農奴，即使獲得參政權，也只能聽命於地主而群往投票。商業、工業尚未發展，中產階級勢力極弱，故政權均控於地主之手。西方式的政黨開始出現，一為保守派，一為自由派。後者雖亦主張改革，但對苦難之農民地位，亦少關懷。

走向現代化的第一步工作，則為教會之改革。羅馬尼亞的東正教會，中古時期為俄國控制，十八世紀起為希臘人控制。所以在當地人民的心目中，教會代表外來的壓迫者。教會之修道院，擁有全國耕地的 20%，全由希臘籍教士經營。羅馬尼亞議會於是通過法案，先將修院的田地由政府沒收，轉為國家財產。繼又宣布切斷羅馬尼亞教區與君士坦丁堡教長之間的

隸屬關係，由政府另組「神聖宗教會議」(Holy Synod)，主管本國教會，會議由布加勒斯特及雅賽兩位大主教及若干主教代表組成。

　　走向現代化的第二步工作，則為教育之改進。在古薩推動下，議會通過法案，在首都及雅賽兩城設立大學，並大量普設專科及中學。有識之士雖瞭解國民初等教育之重要性，議會並曾決定兩性均強迫入學，且為義務教育，免除學費負擔，但因地主階級之阻撓，卒因經費無著而延擱。直至二十世紀初期，七歲以上之羅馬尼亞人仍有 60% 為文盲。

　　走向現代化的第三步工作為農民的解放及土地改革。北鄰之俄國於 1861 年頒布解放農奴法令，古薩受此鼓勵，亦於同年推動本國之改革，下詔解放農奴。其所採取的辦法，略似俄國，但較俄國更為進步。新法規定免除農民對於地主的田賦與勞役，土地由政府給償，轉而分配給農民耕種，所欠之地價則由農民分期（十五年）攤還，其目的在將土地重新分配，創造一批擁有自耕地的小農。惟上述辦法遭到地主之強烈反對，古薩為了貫徹初衷，1864 年將議會解散，改以「開明專制君主」的身分使土地法獲得實施。但古薩亦因此而被推翻，於 1866 年被迫退位。

　　繼任者為一霍亨索倫家族的查理 (Charles) 親王，查理與普魯士國王和法皇拿破崙三世均有親屬關係，故受普、法兩國的支持，在位約半世紀之久 (1866–1914)。

　　查理對於他所統治的國家，在接受邀請時尚無詳盡之瞭解。依照王妃卡門・茜爾瓦 (Carmen Sylva) 日後透露，當其決定赴任之前，尚不知羅馬尼亞之方位何在，必須查閱地圖方能認出。赴任途中，因普、奧戰爭即將爆發，為了免被奧國發覺，於是化裝為一普通商人，乘二等艙，由多瑙河前往羅京。由於對國情缺乏深入瞭解，故施政均採審慎緩進方針，儘力保持與地主及資產階級之合作。對於農民的生活，以 1866 年之土地法為最高限度，不敢再作進一步的改革。農民之參政權，則以選舉法加以限制。

　　查理即位後，即頒行新憲法 (1866)。新憲仿照比利時，將議會分設上下兩院，內閣雖向議會負責，但行政部門對於立法則保留否決權力。政黨

仍分為保守派與自由派，彼此之間時起鬥爭。當普、法戰爭 (1870) 發生後，國內更陷於分裂。查理來自日耳曼的霍亨索倫王朝，自然同情德國一方；反之，羅馬尼亞人民及議會屬於拉丁語系，自然支持法國立場。

查理對於羅馬尼亞的現代化貢獻頗多。在其就任以前，羅國的經濟建設仍極落後，農業工具古老，產量低微。不僅缺乏鐵路與公路，即鄉鎮城市之間的普通道路亦甚崎嶇。但在第一次大戰前夕，交通建設已有顯著進步，鐵路超過三十二萬公里，多瑙河中船舶往來頻繁，黑海沿岸之布雷拉 (Braila)、加拉茲 (Galatz)、蘇利納 (Sulina) 等地均已闢為航運港埠，貨物之進出量激增。首都布加勒斯特之人口已超過四十萬，成為全國文化藝術及工商業之中心。農業的進步情形，可以由農民生活之改善及糧食出口數量之增加中獲得證明。小麥及玉蜀黍之輸出量，高居世界第四位，僅次於俄、美及阿根廷三國。當十九世紀末年在喀爾巴阡山麓發現石油之後，普羅什提 (Ploesti) 即成為石油工業中心，依照專家的測量估計，羅馬尼亞之蘊藏量，與波斯灣一帶不相上下，為政府帶來鉅額的財富，工業原料亦同時獲得部分解決。

(三)獨立的經過

查理對於羅馬尼亞的最大貢獻，則在利用外交，以爭取國家的完全獨立。在 1877 年以前，羅馬尼亞的正式地位仍為土耳其之附庸，兼受俄國的保護。70 年代中，俄國對於土耳其的侵略加強，卒又導致 1877 年的俄、土戰爭。當俄軍準備穿越羅馬尼亞向巴爾幹進軍之前，首先要求羅馬尼亞假道，羅馬尼亞乘機提出要求，請俄國簽約承認尊重其領土之完整，並願以軍事支援作為交換條件。俄國對於前者雖表接受，對於後者則予拒絕。但俄軍之攻勢，竟在保加利亞的普列夫納 (Plevna) 隘道受阻，無法突破土耳其之防線，情況對俄不利。至此，俄國始要求羅馬尼亞派兵支援，羅軍三萬之眾，表現極為英勇，攻陷隘道要塞，助俄獲得最後勝利。

是故羅馬尼亞的獨立，並非來自西方列強之支持，而是以俄國的盟邦

之地位，聯合擊敗土耳其，由戰場上的勝利所獲之結果。羅馬尼亞於 1877 年 5 月 21 日向土耳其宣戰，同時鄭重宣布脫離土耳其而獨立。羅國的獨立，在翌年簽訂的〈聖‧斯提凡諾條約〉中獲得土國的承認，美中不足者，是俄國將已於 1856 年〈巴黎條約〉中歸還羅國的比薩拉比亞省又自羅國手中奪回，另由土國將多瑙河三角洲的多布魯甲割予羅國作為補償。俄國此舉，引起羅國的極端不滿。羅馬尼亞的獨立地位，其後又在〈柏林條約〉(1878) 中獲得國際列強及土耳其的正式承認。

三年之後，查理接受了羅馬尼亞議會的建議，改用國王徽號，羅馬尼亞公國 (Principality of Romania) 自此改稱「羅馬尼亞王國」（1881 年 3 月 26 日），查理亦改稱羅王凱洛爾一世 (Carol I)，加冕時所用的王冠，由他在普列夫納戰場上奪得的土耳其大炮改鑄而成。

圖 44　羅馬尼亞首任國王──凱洛爾一世

第一次世界大戰爆發，羅馬尼亞加入協約國一方作戰，戰後領土大增。依照 1920 年 6 月聯軍與匈牙利所簽〈特瑞嫩條約〉之規定，匈牙利將面積遼闊之外息爾凡尼亞及巴納特平原的三分之二，割予羅馬尼亞。在上述地區之內，90% 的居民均為羅馬尼亞人，他們由是脫離了匈牙利之統治而與莫德維亞及瓦雷琪亞兩地之同胞合而為一，實現了多年以來的夢想。

第七章　十九世紀以前的保加利亞

一、保加利亞的建國

保加利亞始建國家於七世紀末 (680)，在九至十四世紀期間且曾建立兩個大帝國，領域幾乎囊括整個巴爾幹，和東羅馬帝國分庭抗禮。

保加利亞人是一支斯拉夫民族，但是保加利亞的國名則源自一批外來的征服者——保爾加人，在本書第一章介紹東歐的民族時已經約略提及。

保加利亞地方的原始居民是色雷斯人，西元前四世紀時被馬其頓王腓力征服，一度成為亞歷山大帝國的領域。西元 46 年被羅馬占領後於其地分置兩省，北稱莫西亞，南稱色雷西亞，統治五百年，所以保加利亞境內有很多羅馬時代的遺物和建築。由於這些色雷斯人勇敢善戰，羅馬人乃將其精壯男子養為「鬥士」(Gladiator)，西元前八世紀間領導奴隸叛亂的斯巴達庫斯 (Spartacus) 就是一個色雷斯的鬥士。羅馬帝國分為東、西後，保加利亞屬於東羅馬帝國。六至七世紀間，斯拉夫民族大批湧入巴爾幹半島，墾地定居，他們只有零散的部落，並無國家的組織。首先建立國家組織者，是一支外來的保爾加人。

保爾加人是一支阿爾泰語系的游牧民族，原住中亞，二世紀時因逃避旱災，遷至高加索北方的草原和窩瓦河下游一帶。四世紀時分為兩支，一為尤提古瑞 (Utiguri)，一為庫提古瑞 (Kutiguri)。七世紀間因受哈薩爾人威脅再度他遷，尤提古瑞一支向北，遷到烏拉山西麓和窩瓦河中流一帶，582年左右，建保爾加汗國；庫提古瑞一支，一度在黑海北岸建國，其後又進入多瑙河下游三角洲，欲渡河南下進入東羅馬帝國境內。東羅馬有一固定的國策，不准蠻族越過多瑙河一線，於是發生激戰，但為保爾加人擊敗，

東帝君士坦丁四世 (Constantine IV) 乃與保爾加酋長阿斯巴魯赫簽約議和，同意其渡河定居 (681)，並在巴爾幹東北部莫西亞一帶建立國家。為了阻止他們再向南侵色雷西亞，東羅馬帝國還要每年給與貢賦。他們的國君稱為「可汗」(Khan)，國都為普利斯卡 (Pliska)。保加利亞史自此開始，阿斯巴魯赫（Asparuh，681–701 年在位）是開國的君主。

保爾加人雖為數不多，但慓悍善戰，乃將原住該地的斯拉夫部落征服，並雜居通婚，接受其語言習慣，經過了兩百年的融合同化，保爾加人逐漸變成了斯拉夫人。十九世紀末年的巴爾幹史家米勒 (W. Miller) 有言：「保爾加人保留了族名，卻失去了語言；斯拉夫人保留了語言，卻失去了族名。」

巴爾幹半島這一片面積不大的地方，絕難同時容納東羅馬帝國和保加利亞這樣兩個勢均力敵的國家，於是自保加利亞建國起，直至土耳其入侵為止，雙方就不斷發生時大時小的戰爭，而且隨著各自國勢的強弱，雙方互有勝負，但均未能消滅對方。

阿斯巴魯赫死後，由狄威爾 (Tervel) 繼位，東帝查士丁尼 (Justinian) 被人推翻 (695) 逃亡出國，親赴狄威爾處求助，保王乃興兵南犯，以狡計攻占君士坦丁堡，保加利亞的基礎更趨穩定。

九世紀初，保加利亞「大可汗」(Sublime Khan) 克魯姆（Krum，803–814 年在位）興兵南犯，與東羅馬大軍相遇於巴爾幹峽谷，東羅馬大敗 (811)，東帝尼塞弗拉斯一世 (Nicephorus I) 被俘遇害，克魯姆竟將其顱骨鑲以銀邊，作為酒器。保軍進而攻至君士坦丁堡城下，屠殺極慘，幸城防堅固，保方又無海軍，首都始得保全，但保方俘虜之東帝臣民多達五萬，東帝國受到嚴重打擊。克魯姆死，子奧姆塔格（Omortag，814–831 年在位）繼位，率軍西征，塞爾維亞東部及馬其頓北部均被占領。

傳至包利斯（Boris，852–893 年在位）時，接受基督教（東正教）信仰，並於 865 年受洗。保加利亞接受東正教，是它的一個重要轉捩點。

包利斯晚年退隱於修院，王位傳至其子西蒙（Simeon，893–927 年在

位）時，改稱號為沙皇 (Tsar)，建立帝國。

保加利亞在中古時期，先後建立了兩個帝國：

㈠第一帝國 (893–1018)

為西蒙所建，是保加利亞史中的黃金時代，時至今日，仍是保加利亞人最感驕傲的一段歷史。西蒙自稱「保加利亞人和希臘人的皇帝」(Tsar of Bulgarians and Greeks)，武功文治盛極一時，他本想推翻東羅馬帝國，自任拜占廷皇帝，惜未如願。他曾大敗東帝國軍，割俘虜之鼻然後遣返。東帝求助於當時還住在比薩拉比亞一帶的馬札耳人，但亦為西蒙所擊敗，迫使馬札耳人西遷，馬札耳人由是建立了匈牙利王國。

西蒙帝國的疆域，也是保加利亞歷史中最大者。北至喀爾巴阡山；南至馬其頓與色雷西亞；西至亞得里亞海岸，塞爾維亞和阿爾巴尼亞均包括在內；東至黑海。首都遷至波利斯拉夫 (Preslav)。此時東羅馬帝國的領域，除了黑海海峽北岸一角（包括首都君士坦丁堡和亞德里亞諾堡）以外，只有巴爾幹半島南端的希臘和西北角上的達爾瑪什亞海岸一帶而已。

西蒙死後，國勢日衰。十世紀下半期，保國成為東帝國與基輔公國爭戰的戰場。在基輔公斯維雅托斯拉夫 (Svyatoslav) 的壓迫下，保國一分為二，東保亡於 972 年，保加利亞教長區亦撤銷；西保延至 1018 年亦被東帝國征服。

1014 年，東帝白錫爾二世 （Basil II，976–1025 年在位）大敗保軍於貝拉西薩 (Belasitsa)，將俘虜的一萬四千人均刺盲兩目，每百人僅留一人並保存其一目，以便使其帶路返國。當保王撒姆爾 (Samuel) 目睹歸俘慘狀後，痙攣倒地而死，白錫爾二世因此被稱為 「保加利亞人的屠夫」（Bulgaroctonov，或 Bulgar-slayer）。經此一役，保加利亞第一帝國亡，成為東羅馬帝國的屬省。

㈡第二帝國 (1186–1398)

　　創建者是艾森 (Asen) 家的三兄弟，他們是前朝的後裔。是時東帝國內亂，國勢不振，三兄弟乃揭竿而起，重建新帝國，稱為艾森王朝 (Asenid Dynasty)。最初，由二弟彼得 (Peter) 為新君，旋即讓位於長兄約翰 (John)。約翰死後，幼弟卡洛健 (Kolojan) 繼位 (1197–1207)。是時，東帝國正由第四次十字軍建立的「拉丁王朝」(Latin Dynasty) 統治，卡洛健率軍南征 (1205)，俘獲東帝包爾溫 (Baldwin)。至於包爾溫的下場，則說法不一：有謂被囚於堡壘，今圖諾沃 (Turnovo)（第二帝國首都）仍有一處古蹟稱為「包爾溫塔」(Baldwin's Tower)；有謂被切斷手足棄之溝中而死。卡洛健南征時，對希臘人屠殺極慘，故亦獲得「希臘人的屠夫」(Greek-slayer) 的稱號。卡洛健和他的兩位兄長一樣，均遇刺死於非命，卡洛健死 (1207) 後，第二帝國國勢中衰。傳至約翰·艾森二世（John Asen II，1218–1241 年在位，約翰·艾森之子）時，國勢又至巔峰狀態，疆域重又恢復過去的規模（北至多瑙河，南至馬其頓及希臘北部，西至亞得里亞海）。此外並拓展貿易，與威尼斯及熱那亞等義大利城邦交易頻繁，拉古薩 (Ragusa) 建為西方大港。1235 年，東正教同意恢復保加利亞教長區，保國教會又告獨立。首都圖諾沃之王宮及教長座堂，窮極華麗，時人稱為「城中之后」，將其與君士坦丁堡相提並論，可見一斑。

　　十三世紀下半期起，保加利亞又進入低潮時期，內部分裂為三國：伊凡·施什曼（Ivan Shishman，1371–1393 年在位）統治中部，其弟伊凡·史特拉西米爾 (Ivan Stratsimir) 分占西北部，另一大貴族伊凡科 (Ivanko) 控制東部的多布魯甲，內戰頻仍，且曾發生大規模的農民暴動 (1277–1280)。外在環境亦陷於四面楚歌之中：北方有蒙古的威脅 (1242)，西方有匈牙利和塞爾維亞的騷擾，1330 年塞王杜山 (S. Dushan) 來犯，保王被殺，杜山兼任保王，保加利亞成為塞爾維亞的附庸。

　　1354 年，土耳其大軍越過黑海海峽，首先攻占保加利亞南部，然後西

進，擊敗巴爾幹聯軍於科索沃 (1389) 繼再北征，攻陷保國首都圖諾沃（1393 年 7 月 17 日），不久，全境均被征服 (1396)，保加利亞亡。

二、保加利亞的宗教問題

保加利亞是第一個接受基督教的南斯拉夫國家，時在九世紀中葉包利斯在位時期。東羅馬帝國視保人為異端，常以十字軍名義興兵討伐。包利斯因而想到，如果保加利亞也成為基督教徒，即可抵制東羅馬討伐異端的藉口。乃於 865 年首先受洗，繼又命令全國一律受洗，865 年乃被視為保加利亞接受基督教信仰的開始年代。其所接受的教義，是來自東羅馬的希臘正教，而非來自西方的羅馬公教。

在此以前二年 (863)，中歐的摩拉維亞帝國邀請了兩位東正教教士——聖‧錫瑞 (St. Cyril) 與聖‧米索底阿斯 (St. Methodius) 前往傳教，但因羅馬教會時加阻擾，工作環境十分困難。聖‧錫瑞（869 死）及聖‧米索底阿斯（885 死）逝世後，其所訓練的生徒或則被囚，或則被逐離境。保加利亞則廣予延攬，遂成為兩位聖者生徒繼續傳教之中心，其中以克萊蒙 (Clement) 與諾姆 (Naum) 二人為最著。克萊蒙等人的貢獻，是將聖‧錫瑞所發明的「錫瑞字母」(Cyrillic Alphabets) 和他們所翻譯的《聖經》與祈禱辭等加以推廣。893 年保加利亞舉行會議，決定採用錫瑞字母，由是斯拉夫語文首先在保加利亞使用，其後再由保加利亞傳入北方的俄國和西方的塞爾維亞。保加利亞嘗以此自豪，誇稱他們是斯拉夫語文的搖籃，他們的文化早於俄國。換言之，俄國是保國的文化生徒。中古後期，保人常以當時的保國首都圖諾沃是「第三座羅馬城」(Third Rome)，百餘年後，俄人即拾其牙慧，在伊凡大帝時提出了莫斯科是「第三羅馬」的主張。

保加利亞教會，西蒙時為直屬君士坦丁堡教長的大主教區，下轄十個主教區，傳至其子彼得為保王時 (927–969)，由大主教區升格為「教長區」(Patriarchate, 962)，與君士坦丁堡的教長立於平等地位。換言之，也就是保

加利亞教會已經脫離君士坦丁堡之管轄而獨立，教座設於圖諾沃。彼得更廣建修院，信徒日增，教會勢力已由城市深入鄉村。

十世紀間，保加利亞出現了一支宗教異端——「包哥米爾教派」(Bogomilism)，它的創立者是一位保加利亞教士，名曰包哥米爾 (Bogomil)，是十世紀中葉時人，與保王彼得在位時同時。這個教派的來源，學者說法不一：有人認為它是源自小亞的「保羅派」(Paulicianism)，有人認為它是源自主張善惡二元論的摩尼教 (Manichaeism)，也有人認為它是「收養派」(Adoptionists)。收養派主張耶穌在十三歲以前也和常人一樣，但自十三歲時受 「施洗者約翰」 施洗後，上帝即予收養，灌輸以神靈 (Holy Spirit)，成為神的義子。

中古時期，東南歐一帶有很多異端宗派出現，基督教會和東羅馬帝國政府曾經一致聲討壓制，但仍層出不窮，包哥米爾派是其中勢力最大的一支。他們主張宇宙二元論 (Dualist Cosmology)，宇宙間有善惡二神，上帝代表善，撒旦代表惡；前者是精神心靈方面的世界，後者是肉體物質方面的世界。所有物質如日月山川草木乃至人的軀體全是魔鬼所創造，人們如欲逃出它的掌握，必須儘量擺脫物質和肉慾的享受，過著簡單樸素的生活。因此他們極力反對基督教會的繁文縟節和形式主義，反對摩西和其他先知的教諭，反對財富的積累和權勢的把持，否定各種聖儀 (Sacraments)、十字架、聖像、聖蹟，乃至崇拜上帝的教堂。有少數的極端分子，甚至篤信和平反對戰爭，力行素食不吃肉類，單身生活不必結婚，透過虔誠的祈禱即可與上神溝通不必假手於教士，所以有人稱之為「中古時期最偉大的清教徒」。依照東正教教士柯斯莫士 (Cosmas) 的說法，包哥米爾信徒的信條是：「不服從師長，咒罵富有的人，痛恨國王，嘲笑長輩，譴責貴族，視報效君王為下流行徑，禁止農奴為地主做工。」❶

我們如果撇開這些宗教方面的歧異不談，而從另一角度觀察，便不難

❶ 參閱 Evans, Stanley G. *A Short History of Bulgaria*. London: Lawrence & Wishart Ltd., 1960, pp. 52–53.

發現，包哥米爾教派具有反傳統、反權威和反封建的革命色彩，它的信徒主要是被壓迫的下層人民。由於這個教派的廣泛流行，使保加利亞的上層社會（教會、地主、貴族）和下層社會（農民）為之分裂，自相衝突。第一和第二兩個帝國的瓦解，宗教的分裂為其主因之一。

包哥米爾教派以保加利亞為大本營，後又傳入西鄰塞爾維亞，受到政府和教會的壓制。再向西傳進入波士尼亞地區，卻深獲居民崇拜，竟至生根，十五世紀間曾有一位塞爾維亞國王自稱也是包哥米爾派信徒。不久，土耳其征服波士尼亞，當地的包哥米爾教徒大多很自然的改信伊斯蘭教，因為伊斯蘭教的宗教儀式也是同樣的簡潔，不像東正教教儀那般的繁複。在土耳其統治之下的東南歐，除了波士尼亞以外，尚有赫塞哥維納和阿爾巴尼亞等地有大量的伊斯蘭教信徒，這些伊斯蘭教徒日後也是土耳其帝國統治的助力。

三、土耳其統治之下的保加利亞

土耳其帝國於 1354 年渡過黑海海峽之後，首當其衝者就是保加利亞。土軍於 1361 年攻占亞德里亞諾堡後，定為新都，然後以此為基地，逐一征服巴爾幹各基督教國家。保加利亞的首都圖諾沃於 1393 年被其攻陷，保加利亞亡國。

保加利亞在土耳其治下，歷時將近五百年 (1393–1878)。因其毗鄰土耳其帝國的新、舊兩京（君士坦丁堡與亞德里亞諾堡），屬於京畿地帶，所以受到的管制監視遠比其他國家嚴密，人民所受的煎熬也比其他民族嚴酷。

保加利亞變成了一個地理名詞，保加利亞民族也變成了一支「失去的民族」。

土耳其的東南歐屬地，大致分為兩類：一是附庸國，如羅馬尼亞的兩個公國和外息爾凡尼亞公國均是；二是直屬地區。巴爾幹區劃為四「省」 (Vilayet)、二十六「州」(Sanjak)，保加利亞被劃為三州：維丁 (Vidin)、尼

科波利斯 (Nicopolis) 和西里斯垂亞 (Silistria)。

　　保加利亞在政治上是土耳其帝國的屬地，在宗教上則是希臘人的附庸。因為保加利亞教會自 1394 年起由獨立的「教長區」降為大主教區，受君士坦丁堡東正教教長的管轄。後者一向由希臘人把持，所以保加利亞教區之內的修院和教堂，均改用希臘文祈禱，教士也多被更換改由希臘人充任。

　　希臘教會的內部，因長期受到政府的保護，逐漸腐化，教職可以金錢或其他方式買賣，甚至有理髮匠擔任主教的事例。久而久之，不僅西方世界已經忘掉保加利亞的存在，甚至保加利亞人也失去了民族意識，以身為保人為恥。當有人問及時，竟然矢口否認，而答稱：「我是一個希臘人。」更有一部分保加利亞人，改信伊斯蘭教，與征服者合作，取得特權，此種人稱為「波馬克」(Pomak)，意即通敵分子，或助敵分子，他們聚居在特定的村落，最多時曾達四十萬人。

　　一般人民則被視同「牲畜」(Rayah)，地位卑賤，飽受壓迫，稅負極重，土地被政府奪去，轉配給土耳其地主，農民則淪為農奴。妻女常被擄走，納入蘇丹後宮。土耳其對於征服地區大致有兩重需索：一是掠奪土地和徵集稅收，二是徵集人力 (Devshirme)，充實作戰武力。每隔五年，即由政府派員下鄉將男童徵去，訓練後擔任「新軍」(Janissary)。

　　在征服初期，土耳其政府的文化政策還比較寬容，准許保加利亞以斯拉夫文字印刷書籍，十六世紀以後即趨嚴酷，實行「土耳其化」政策，摧毀土著文化，嚴禁印行斯拉夫文書籍。其最不可恕的罪行是將圖諾沃教座之內圖書館中庋藏的古籍全部焚燬，學校內只准使用希臘語文教學。人民的服裝亦有規定。毀滅舊的教堂和修院，1657 年只在南部山區一處，即有二百十八座教堂、三十三座修院被毀，強迫人民改信伊斯蘭教。新的教堂禁止興建，原有教堂中也不准敲鐘禮拜。

　　不過土耳其人的高壓暴政，並未消滅保加利亞的文化傳統，經過了五百年的統治，保加利亞民族依然未被同化。修院是傳統文化的中心，其中保存了無數的古書、古物、藝術品，著名者有索菲亞、瑞拉 (Rila) 等修院，

很多學者在其中潛修。

在土耳其統治期間，反抗運動從未中斷，不過大規模而又有組織的叛亂則不多見。1405 年、1598 年、1686 年和 1688 年先後出現過四次較大騷動：1598 年的叛亂原本商得奧皇同意支援，但暴動發起後奧皇食言，遂被敉平。1686 年的叛亂是為了配合當時奧國與土耳其間的戰爭 (1683–1699)，領導者羅提斯拉夫 (Rotislav Stratsimirovich) 自稱是保國王室的後裔，於圖諾沃宣布即位，但亦被鎮壓平定。1688 年的叛亂集中於一處礦山，主持者是一批商人和工匠，亦未成功。

保加利亞人為了避免犧牲減少損失，後期的反抗行動就化整為零，改採游擊方式。最具特色者是一批「俠盜」(Haiduks) 隊伍，他們多由下層群眾自動組成，分成很多小隊，領袖有男亦有女，著名的卡夫達 (Chavdar)、拉羅 (Lalo)、伊蓮娜 (Ilena)、包瑞安娜 (Boriana) 的事蹟婦孺皆知。他們充滿了中古的騎士精神和羅賓漢式的浪漫情調，絕不偷盜，殺富濟貧，對婦女十分禮敬尊重，以山間濃密的森林和洞穴為巢穴，出沒無常，無法緝捕。他們襲擊的對象是土耳其的駐軍、官署和商隊，保加利亞籍的「波馬克」也是打擊的目標。每屆寒冬，林葉枯落，不易隱藏，即將武器埋於林中，然後下山去過正常的農村生活。若干年後，巴爾幹山的密林之中，仍常見樹幹之上刀斧刻彫的痕跡，這些刻有標示的樹下就是埋藏武器的地點。他們如果不幸被俘，土耳其人常將其當眾用亂刀刺死，然後以鐵釘將首級釘在城門之上，以昭炯戒。這些俠盜的反異族、反異教的英勇事蹟，使保加利亞人的民族意識不時受到鼓舞，迄未消失。索菲亞大學比較文學史教授史士曼諾夫 (I. D. Shishmanov) 常在保加利亞的民歌中，發現有關俠盜的歌頌和記載，給予很高的評價。

深受史士曼諾夫影響的兩位保加利亞學者，斯拉塔斯基 (V. N. Zlatarski) 致力研究保國文藝復興的背景，杜伊契夫 (I. Dujčev) 教授則在梵諦岡教廷檔案中發現了很多有關十六、七世紀保加利亞的史料。保加利亞雖以東正教為主要信仰，但後來亦有天主教設立的教區。教廷在設立教區

之前，必派使者前往調查，在其提出的調查報告中，對於保加利亞的歷史、
疆域、人民生活、社會組織，尤其是風俗習慣和思想觀念，均有翔實的記
錄。他們指出，希臘語文雖然通行於上層社會和教會官署，但廣大農村民
眾則仍使用保加利亞方言，有些次要文件也用錫瑞字母而非希臘字母。由
於上述發現，使傳統的說法發生動搖，證明十八世紀以前的保加利亞文化
並非一片黑暗，民族傳統也依然保存。

四、保加利亞民族意識的覺醒

　　保加利亞近代民族意識的覺醒，歷史是主要的酵母。十八世紀中，出
現了一部劃時代的歷史著作，稱為 《斯拉夫保加利亞史》 （*Slaviano-
bulgarska Historiia*，或 *Slav-Bulgarian History, A History of the Bulgarian
Peoples, Tsars and Saints*），主要內容是根據保加利亞古代編年紀的譯文。
著者白錫伊 (Paisii Hilendarski) 是一位保加利亞的神父，生於 1722 年 （卒
年不可考），於 1745 年進入阿托斯山中的琪蘭達 (Hilendar) 修院。阿托斯
山是當時東南歐的宗教兼文化中心，共有二十多座各自獨立的修院，藏書
極多，各方修士及朝聖者趨之若鶩。這些修院和西歐中古的大學一樣，由
於修士們的種族不同，彼此之間時起衝突，由此產生了一種民族的認同感，
同一種族的修士們往往組織一個團體，與其他種族的修士對抗。時日既久，
某一修院就變成某一種族修士的集中地，琪蘭達修院的師生是保加利亞人、
塞爾維亞人、俄國人和希臘人雜處，白錫伊不堪其擾，後又轉入索格拉夫
(Zagraf) 修院，此一修院師生全是保加利亞人，也是保人的活動中心。

　　希臘籍的修士們常在辯論的場合，譏諷嘲笑保加利亞人的落伍與無知。
白錫伊在多次受辱的刺激之下，即致力搜集保加利亞光輝古史的殘存資料，
以便用歷史的事實來迎擊他人的譏嘲。1762 年終於完成了前述著作，此書
雖名為歷史，但內容並非盡符史實，其可貴之處在其表現的熾熱愛國情緒，
呼籲同胞，熱愛自己的國家和自己的語言，所以他所使用的文字，除了教

會使用的斯拉夫文之外，兼用保加利亞方言。此書的寫作年代，與盧梭的《民約論》同時，對保加利亞的影響也和《民約論》在法國的情形大致相似。書稿均由手抄本傳播，到了十九世紀方始印行。

白錫伊列舉保加利亞過去歷史之中的君主、聖者以及一般人民的輝煌事蹟和特殊貢獻。白氏並不否認保加利亞自土耳其征服後的黑暗落後地位，但將保人和猶太人相提並論，強調他們才是上帝寵愛的民族。今日的苦難，正所以磨練其心志，考驗其信心，如能發憤自強，必有恢復昔日光榮之一日。而自強之道，首在熟讀本國歷史，只有依賴歷史知識，才能抵制他人的譏嘲。白錫伊又規勸同胞，不要羨慕模仿希臘人的生活，不要使用希臘語文，尤其不要以身為保加利亞人為恥。白氏特別推崇保加利亞人的下列美德：純樸、聖潔、單純、虔誠、慈悲與慷慨，由是造成了日後「民粹主義」(Populism) 的傳統。

白錫伊這部著作，原本不很彰顯。到了 1871 年經過第一位保加利亞歷史學者、任教於俄國卡爾科夫 (Kharkov) 大學的德瑞諾夫 (M. Drinov) 大力推崇之後，價值乃被肯定。在保加利亞於 1878 年獲得解放之前，此書成為由政治家到教育家時時引用的根據，在保加利亞「3 月 3 日解放日」的慶祝演說中，也是人人樂道的經典。

白錫伊常被譽為保加利亞民族意識的第一位「覺醒者」(Awakeners)，其後更有多人繼其職志，致力於保加利亞的「文藝復興」，其中以弗拉陳斯基 (S. Vrachansky, 1739–1814) 為最著。蘇夫洛尼主教俗名弗拉狄斯拉瓦夫 (S. Vladislavov)，常被土耳其鞭笞，幾至不保，有自傳傳世，是一部保加利亞的文學名著，在十九世紀初年的俄土戰爭 (1806–1812) 中，曾擔任保加利亞的發言人，極力主張與俄國合作，追求保國的解放。

新的保加利亞文學著作此後即不斷出現，大部分集中於馬其頓區，以馬其頓方言寫作，著名作者有約欽　（H. Joakim，1814 出版）、錫瑞爾 (Cyril，1816 出版) 等。1840 年第一部保加利亞文法和《新約全書》的保文譯本由瑞斯基 (N. Rilski) 出版，同時第一部民歌集曲亦由米拉迪諾夫

(Miladinoff) 兄弟印行。 第一部保加利亞的地理由琪蘭達修院的貝斯維里
(N. Bezveli) 修士完成 (1835)。1838 年在薩羅尼加出版了第一家保加利亞的
報紙，兼營保文印刷業務。

以上種種，均表示保加利亞的民族復興已經展現了苞蕾。

五、保加利亞的民族獨立運動

保加利亞民族獨立運動的火花，自十九世紀初年點起。

法國革命的浪潮，於十九世紀初年傳至東南歐。拿破崙遠征埃及與敘
利亞，土耳其頗受打擊。其後拿破崙擊敗奧國，瓦解威尼斯帝國，占領愛
奧尼安群島 (Ionian Is.) 及達爾瑪什亞沿岸一帶 (1805)，動搖了巴爾幹的秩
序。除了希臘人和塞爾維亞人均有反應之外，保加利亞的西部，也出現了
一個反抗土耳其的叛亂組織。帕茲凡托格魯 (O. Pazvantoglu) 在維丁宣布獨
立，以自由、平等、博愛為號召。

俄、土戰爭 (1806–1812) 爆發後，俄軍一度攻入保境，並迫土割讓比
薩拉比亞，引起保加利亞的動盪。俄國早自十八世紀末年擊敗土耳其簽訂
〈庫恰克‧凱納琪條約〉(1774) 以後，取得土境基督徒的保護權，此後即
全力爭取巴爾幹基督徒及斯拉夫人的協助，以加強對抗土耳其的力量。保
加利亞人也極想借助俄國，擺脫土耳其的枷鎖。代表人物就是上節提到的
蘇夫洛尼主教，他一方面向俄軍司令上書，一方面發表宣言號召保人起義。
其後由於俄國準備迎戰拿破崙之入侵而對土停戰，使保加利亞的革命運動
被迫中止。但已有大批保人向北遷入俄軍新近占領的比薩拉比亞省境內，
從事商業活動，比省漸成革命中心。

十九世紀初年，巴爾幹的基督教徒一致仰望俄國之協助。各個民族之
間，也頗能彼此合作，以推翻土耳其統治為共同目標。所以當 1821 年希臘
革命爆發時， 保加利亞人就全力支持。 有一富有之保籍商人阿普瑞洛夫
(V. Aprilov)，曾在莫斯科及維也納接受良好教育，為一著名的斯拉夫主義

者，俄國之「親斯拉夫主義」(Slavophilism) 及「泛斯拉夫主義」(Pan-slavism)，均頗受其影響。阿普瑞洛夫在南俄的敖德薩城一帶擁有廣大財產，成為保加利亞與俄國之間友誼關係的媒介。

十九世紀下半期，保加利亞的民族運動，放棄了親俄路線，改走獨立奮鬥的方針。一是由於受了希臘和塞爾維亞革命成功的刺激，二是發現俄國之目的不在助人而在追求本身的擴張。克里米亞戰爭俄國為英、法擊敗之後，上述路線更加確定。代表此一主張者，一為拉科弗斯基 (G. S. Rokovski)，一為加拉維洛夫 (L. Karavelov)。拉氏頗受義大利「復興運動」(Risargimento) 及馬志尼的「青年義大利」之影響，充滿了浪漫勇敢的奮鬥精神，故有「保加利亞的加里波底」(Bulgarian Garibaldi) 之稱。他主張把原有的俠盜活動和零星叛亂凝結為全面的民族解放運動，並與西歐的革命潮流匯為一體。他在貝爾格萊德設立總部，訓練了一支保加利亞兵團，並在保國各地建立秘密小組，準備待機行動。拉科弗斯基並擬與巴爾幹其他民族——塞爾維亞、希臘、羅馬尼亞合作，建立聯邦。但此一計畫，日後並未實現，因塞爾維亞受了義大利統一之影響，決心以斯拉夫民族的「皮德蒙」為己任，自命為領導者，不願與其他民族平等合作。

加拉維洛夫留俄多年，熟知俄國立場。以俄國為本位的泛斯拉夫主義者阿科薩可夫 (I. S. Aksakov)，高唱將土耳其及奧匈帝國境內的「斯拉夫同胞」，置於「俄羅斯之鷹的鐵翼保護之下」，充滿了帝國主義的色彩，使加氏提高了警覺。加氏在思想上比較接近赫爾岑 (Herzen)、巴古寧 (Bakunin)，尤其是乞爾尼色弗斯基 (Chernyshevsky) 等人的主張。認為保、塞等國的獨立只能仰仗自己的努力，不可倚賴俄國的支持。因此加拉維洛夫在羅馬尼亞的布加勒斯特建立活動基地，協調保加利亞內部新舊兩派的主張。舊派主張，保加利亞人應該爭取土耳其的讓步，建立一個「土保雙元帝國」，一如奧匈雙元帝國之先例。加氏極力反對。加氏屬於新派，新派主張以美國、瑞士為範例，在巴爾幹建立聯邦。

爭取保加利亞獨立的另一途徑為宗教之獨立，其奮鬥目標為雙管齊下，

除了擺脫伊斯蘭教的壓力之外，同時並排除希臘人的干涉。

　　在土耳其帝國統治下，實行「米列制度」(Millet System)❷。「米列」為一半自治的行政單位，人民依其宗教信仰，而非依其種族籍貫，劃分為若干米列區。保加利亞原有之大主教區自 1393 年取消後，保加利亞的東正教徒即歸屬希臘教會管轄。此種屈辱狀態，引起保加利亞人的強烈反感。十九世紀以後，其他各民族多已脫離希臘教會而自治，保加利亞在 1870 年亦步其後塵。

　　克里米亞戰後，巴黎和會中列強要求土耳其從事內部政教之改革。1856 年土耳其政府頒布敕令，重組米列區。東正教教長接受政府建議，召開會議 (1858–1860)，但因保加利亞之出席代表僅有主教三人，以致保人要求以保人擔任主教之建議未獲通過。於是保人決定完全脫離希臘教會而獨立，不再採取妥協路線。1860 年復活節，保籍主教在君士坦丁堡的保加利亞教堂中禮拜時，依照會眾之公意，不再提到君士坦丁堡的教長，換言之，即公開否定教長的領導地位。土耳其政府接受此一事實，於 1870 年 3 月頒布詔令，承認保加利亞為一單獨的宗教社區，並准另組半獨立的「大主教區」(Exarchate)，直屬蘇丹。

　　保加利亞教會的獨立，在國際上也引起爭執。法國、奧國支持土耳其，贊成獨立，希望藉此打破俄國對於東正教會的壟斷和東正教本身的團結；而俄國則反對獨立。因此在克里米亞戰爭以後，保加利亞決定不再求助於俄國，轉而求助於維持「歐洲協調」的列強——法、奧、英、普等國。

　　保加利亞大主教區管轄的範圍，在 1870 年詔令中明白規定，除了原有的保加利亞「主教區」(Bishoprics) 以外，其他凡是保人與外族雜居的地區，如經該區教民三分之二以上公民投票之同意，亦可併入保加利亞大主教區之內。調整結果，保加利亞大主教區的範圍更為擴大：北起多瑙河三角洲，南至愛琴海岸，西北至摩拉瓦河之尼施，西南至阿爾巴尼亞與馬其頓交界處之歐克瑞德湖，已經伸入今日南斯拉夫的東南部。此一廣大地區，

❷　參閱本書第五章「五、土耳其帝國統治東南的制度」。

具有兩重意義：一為確定了保加利亞民族的「民族區」；二為保加利亞人即擬以此民族區作為將來獨立之後的國界。

十九世紀 70 年代中，保加利亞的革命運動此起彼伏：

1.加拉維洛夫與列弗斯基 (V. Levski) 以布加勒斯特為中心，自 1866 年起即建立革命中央委員會，並在保境普建小組，準備起事。但於 1873 年事機敗露，列弗斯基遇害，革命頓受打擊。

2. 1876 年，另外一批青年革命分子，以包鐵夫 (H. Botiev) 及史坦包洛夫 (S. Stambolov) 為首，利用西方赫塞哥維納發生動亂之機會，在保境南部之巴爾幹山區開始行動。包鐵夫為一激烈的社會革命分子，且有無政府主義的傾向，他率領二百人組成之敢死隊由羅馬尼亞越過多瑙河向南挺進，是為著名之「四月叛亂」。但因組織不夠嚴密，步驟有欠配合，以致失敗，包鐵夫為土軍擊潰被殺 (1875)，現已成為保加利亞共產黨人的先烈。土耳其政府鑑於此次叛亂已接近首都，威脅到東南歐帝國交通線——由君士坦丁堡經亞德里亞諾堡、索菲亞，以迄尼施——的安全，於是於 1876 年春下令政府軍放手屠殺。這一支由山地土著西卡西安人 (Circassians) 和巴什巴祖克 (Bashibazouk) 伊斯蘭教徒組成的部隊，野蠻殘忍，充滿了種族和宗教的狂熱偏見，若干村鎮整個被毀，其中以巴塔克 (Batak) 受害最為嚴重，逃避教堂之中的三千人民亦被集體燒死，被殺民眾合計約達三萬人至十萬人之眾。巴塔克鎮的噩耗，由美國新聞記者及美國領事傳往西歐後，立即引起西歐人民的震動，尤以英國之反應最為強烈。保守黨狄斯瑞利 (B. Disraeli) 雖擬以土制俄而不願採取激烈行動，但在在野的自由黨黨魁格蘭斯敦 (W. Gladstone) 的壓迫下，決定聯合法、俄各國對土耳其加以干涉。近東問題的焦點，至此成為「保加利亞問題」。保加利亞人對於格蘭斯敦十分感念，現在保京索菲亞市內仍有一條街道以「格蘭斯敦」命名。

列強駐土大使，在俄使伊格納提耶夫 (N. P. Ignatiev) 發動下，在土京舉行會議，準備向土耳其致送備忘錄，要求將保加利亞列為自治區。但對自治區範圍之大小，則起爭執。保加利亞本身、俄國及美國均贊成「大保

加利亞」（即包括前述之保加利亞大主教區全部在內）；英、奧、希則主張將保加利亞劃分為兩部分，以免保國勢力過於龐大。外交折衝結果，英、奧、希主張獲勝。列強乃於 1877 年 1 月向土耳其發出備忘錄，但為土方斷然拒絕。

俄國於是決定武裝干涉，俄、土戰爭 (1877–1878) 再起。保加利亞人紛紛投入俄軍旗下，組成「保加利亞兵團」隨同作戰，戰績輝煌，俄保聯軍雖在普列夫納一度受阻，但不久即越過巴爾幹山，在施普卡 (Shipka) 獲決定性勝利，施普卡日後成為解放戰爭的紀念地，有紀念碑一座。聯軍隨即攻占亞德里亞諾堡（1878 年 1 月 20 日），迫近土京。土耳其求和，俄、土在君士坦丁堡西郊之聖・斯提凡諾 (San Stefano) 簽訂和約（1878 年 3 月 3 日），3 月 3 日，保加利亞視為民族解放紀念日。

俄國自克里米亞戰敗以來的恥辱雖得報復，但也深知此時如欲攻占君士坦丁堡或海峽，必遭英國反對。於是退而求其次，希望透過新建的「大保加利亞」（領域北至多瑙河，南至愛琴海，東至黑海，西至歐克瑞德湖），由巴爾幹半島進入愛琴海。依照伊格納提耶夫的藍圖，保加利亞將成為土耳其宗主權下的自治公國，由俄軍駐屯保護，由俄國官員治理，為期二年。保國領域則大致按照大主教區之範圍。是即〈聖・斯提凡諾條約〉的主要條款。

保加利亞在 1870 年首先獲得了宗教的自主，1878 年再獲政治的自治，而且領域擴大，已到古代第一及第二帝國時代的規模。雖未完全獨立，但已實現了白錫伊的理想目標。保加利亞舉國狂歡，二十三萬人簽名上書俄皇亞歷山大二世表示「永恆的感激」。

但保加利亞的命運仍有一段艱難旅程。〈聖・斯提凡諾條約〉造成的狂歡，為時僅有四月。柏林會議（同年 6 至 7 月）在列強干涉下，大大改變了原來的條款。

英國反對俄國勢力侵及東地中海，奧國反對在其東方出現如此龐大的斯拉夫國家，塞爾維亞反對將馬其頓併入保國之內，希臘反對在其北方建

立異族大國。在上述四國的反對之下，〈柏林條約〉（1878 年 7 月 13 日簽訂）重畫了保加利亞的地圖。保國原分三州──莫西亞、色雷斯和馬其頓，現則分為三部分：

1.保加利亞本部（即多瑙河至巴爾幹山之間），成為自治公國，宗主權仍屬土耳其，由俄國代管九月。

2.東羅米利亞 (East Rumelia)，即色雷斯之內陸部分，不包括愛琴海岸一帶，仍是土國之一省，省長則由一位基督徒擔任，任期五年，人選由蘇丹提名，但須經列強之同意，此外並准土耳其在本省駐軍。

3.馬其頓連同愛琴海岸仍退歸土耳其管轄，別無特殊規定。

柏林會議使俄國勢力退至巴爾幹山以北，瓦解了「大保加利亞」的結構。英、奧、塞、希之目的已達，保加利亞則飽受打擊。保人尤以未被邀請列席柏林會議而聽人宰割為恨，不僅對西方國家表示失望，對俄國之未能善盡保護之責也同感不滿。於是全境各地，「統一委員會」公開或秘密的紛紛成立，又再掀起進一步的統一及獨立運動。

六、保加利亞的統一與獨立

柏林會議以後保加利亞的奮鬥目標有二：一為以保加利亞公國為核心，設法將東羅米利亞及馬其頓二地統一，亦即由「〈柏林條約〉的保加利亞」部分擴大為「〈聖‧斯提凡諾條約〉的保加利亞」，後者一直是保人夢寐以求的疆域。二為由自治公國，設法轉變為獨立王國，完全脫離土耳其的統治和俄國的保護。

保加利亞公國，依柏林會議決定，為一受俄國保護的自治國。保軍中尉以上的軍官幾乎全由俄人充任，在 1880 年代當中，甚至首相和國防部長均為俄人。1879 年，俄國駐保高級委員唐杜可夫 (Dondukov) 下令召集制憲議會，制訂憲法。憲法於 1879 年 4 月 16 日頒布，這部憲法一直實行到二次大戰以後，才由《季米特洛夫憲法》（*Dimitrov Constitution*，1947 年

制訂）所代替。不過這部新憲倒是非常民主，其中規定：立法議會設一院，由男子普選產生，一般自由亦有保障。保加利亞公得指派內閣部長，但內閣則向議會負責。保國分為五省，每省置總督一人。

　　入選為保加利亞公的亞歷山大 (Alexander) 親王，原為德國巴登堡 (Battenberg) 公國的王子，也是俄皇亞歷山大二世的表姪和英國王室的遠親，在最近的俄、土戰爭中曾參加俄軍在巴爾幹作戰，年僅二十二歲，他的入選，代表列強之間的妥協。1879 年 4 月就職，是時保京已由圖諾沃遷至索菲亞，蓋因索菲亞距離東羅米利亞及馬其頓兩區較近，易對兩地號召。亞歷山大公最初以俄國之傀儡自居，後來發現如此作法無法獲得保國議會及人民的支持。所以自 1881 年起，亞歷山大就將保加利亞憲法放置一邊，中止有效七年，實行專制。

　　1881 年，俄皇亞歷山大二世遇刺逝世，新皇亞歷山大三世對保公向無好感，保公於是決定放棄親俄立場，改與保加利亞人民站在一邊。首先恢復憲政 (1883)，繼即致力於統一大業，於是普受保人擁戴。

　　統一的第一步工作，是東羅米利亞的兼併。1885 年 9 月 18 日，東羅米利亞的保加利亞革命分子在首府腓力城 (Philippopolis) 發動不流血叛亂，宣布願與保加利亞合併，並派代表團歡迎亞歷山大公前往接收。保公初頗躊躇不定，保國著名政治家史坦包洛夫 (S. Stambolov) 當即表示，如其不願前往腓力城，則須返回老家巴登堡。保公在此壓力下，乃前往腓力城，9 月 20 日就任「北・南保加利亞公」。

　　此舉顯然破壞了〈柏林條約〉的規定，立即引起列強的反應，俄、德反對，而英國支持。英並派艦前往示威，此時因歐洲大局吃緊，西方國家不願為此發生爭執，故未積極干預。但巴爾幹的另外二個新興國家——塞爾維亞與希臘，則極為不安，不願保國成為半島上的大國，危及勢力之平衡。1885 年 11 月，塞軍向保發動攻擊。一般預料塞必獲勝，不料保人全體團結，集合九萬人奮戰，斯里夫尼沙 (Slivnitza) 一役，重創敵軍，後又乘勝追擊，追入塞國東境，並向塞京進軍。此時，奧國出面干涉，以最後

通牒要求保軍撤退，否則奧將參戰，保國被迫接受。保、塞同為斯拉夫民族，中古後期且曾比肩抵抗土耳其之入侵，但在剛剛獨立之後，竟起衝突，由是埋下雙方敵對之根苗。

　　保加利亞的勝利，更加引起俄國的不快，要求土耳其採取行動。而原在柏林會議中對保不利之英國，此時反而改變態度，要求蘇丹接受既成的事實。1886 年 4 月，土耳其承認了東羅米利亞的合併。保加利亞的第一步統一工作完成。

　　俄國干涉受阻後，即鼓動保國內部分裂，1886 年 8 月 21 日，俄國幕後支持的叛變分子潛入王宮，迫使亞歷山大公頒詔退位，然後劫持前往俄境。消息傳出，全保騷然，議會議長史坦包洛夫急電要求亞歷山大公返國，亞歷山大公是時已由劫持的親俄分子釋放，正在奧國西行途中，得訊重返索菲亞。抵達時應俄國代表之請，向俄皇發出一通莫名其妙的電報，電文中表示：「俄國賜我這頂王冠，我準備將它再交託到陛下手中。」此舉引起保人的憤怒，亞歷山大公被迫二次退位 (1886) 離國，臨行指派三人攝政（9 月 8 日），攝政團以史坦包洛夫議長為主席。

　　保加利亞議會，遂即另選新的統治者。俄國雖提候選人，但保人拒絕接受，1887 年另選奧國支持的日耳曼親王 —— 撒克西．科堡 (Saxe-Coburg) 的斐迪南 (Ferdinand) 為保加利亞公。但俄國拒絕承認，甚至幾乎引起俄、奧之間的戰爭。其他歐洲列強及土耳其為免開罪俄方，亦拒絕承認。斐迪南就任後，任命史坦包洛夫為總理，史氏任職七年，以迄 1894 年被迫辭職為止，對保加利亞的統一，貢獻卓著。

　　保加利亞在兼併東羅米利亞以後的次一奮鬥目標，為馬其頓之兼併，由是「近東問題」再由「保加利亞」簡化為「馬其頓問題」。但保、希、塞三國對馬其頓的主權均提出要求：

　　1.保加利亞的理由為，馬其頓包括在「保加利亞大主教區」之內，曾經君士坦丁堡外使會議決定，且一向為統一運動之發源地。

　　2.希臘的理由為，古史中馬其頓屬於希臘，當地居民只是一群「操保

加利亞語的希臘人」。

3.塞爾維亞之理由為，在土耳其人入侵的前夕，馬其頓屬於塞國範圍，由是發生三國互爭的局面。換言之，保國的統一受到希、塞兩國的牽制。

保加利亞人本身，對於馬其頓的政策也分為兩派：一派比較急進，主張將馬其頓逕行兼併，這是 1895 年在索菲亞所組成的「最高馬其頓委員會」(Supreme Macedonian Committee) 的主張，此派稱為「境外派」(Externals)，因為多在馬其頓區以外活動。一派贊成先求自治，再由自治而兼併，這是 1893 年以後在馬其頓所組成的「馬其頓內部革命組織」(Internal Macedonian Revolutionary Organization, IMRO)❸的主張，此派又稱「內派」(Internals)。此外，馬克思主義於是時傳入保加利亞，亦分為兩派：普拉高耶夫 (D. Blagoev) 為一曾在俄國接受教育的馬其頓青年，1883年與聖彼得堡大學的同學組成俄國第一個馬克思主義政黨——「社會民主黨」，其後被逐返保，繼續活動，屬於列寧的「狹義派」(Narrows)。另一薩庫佐夫 (I. Sakuzov) 則在德國接受馬克思主義，屬於「社會民主黨」的「廣義派」(Broads)，反對列寧的狹義主張。普、薩兩人皆主張在巴爾幹建立社會主義聯邦，馬其頓亦列為聯邦中獨立的一員，藉此解決保、塞、希三國之間的衝突。

1903 年夏，馬其頓境內的保加利亞人——IMRO 突然發動叛亂，事前並未與索菲亞方面協調，乃被土耳其派兵壓制。數百村落夷為平地，約有三萬之眾逃往保境，繼續要求索菲亞政府助其收復故居。此次叛亂的失敗，反而促成了保、希、塞三國的合作，擬以聯合力量將土耳其逐出巴爾幹，然後再由三國將馬其頓瓜分。

1908 年機會到來，是年土耳其發生「青年土耳其」(Young Turks) 革命，土國民族主義分子擬加強巴爾幹屬地的「鄂圖曼化」(Ottomanization)。

---

❸ IMRO 成立於薩羅尼加，時在 1893 年。領袖名叫戴爾契夫 (G. Delchev)，是一個社會主義革命分子，主張以群眾暴動為手段來爭取馬其頓的解放。後來 IMRO 變成了一個行政組織，1903 年一度建立「馬其頓共和國」，但旋即被土耳其敉平。

保加利亞公斐迪南立即乘機宣告保國完全脫離土耳其而獨立（10 月 5 日），並改國號為「保加利亞王國」。兩天以後，奧國亦利用機會，將宗主權仍屬土耳其的波士尼亞與赫塞哥維納二州正式併吞，由是使塞爾維亞向西擴張的計畫破滅。1911 年義、土戰爭爆發，義大利勢力伸入東地中海。巴爾幹各國於是覺醒：如不早日聯合一致將土耳其排除於巴爾幹區之外，西方列強將逐漸滲入半島，危及各國安全，由是產生了「巴爾幹聯盟」(Balkan League) 和兩次「巴爾幹戰爭」。

　　1912 年 3 月，保加利亞先與塞國締結密約，附以瓜分馬其頓之協定。5 月，保再與希臘締盟，但對馬其頓區雙方之分界線未獲協議。其後，黑山國亦加入聯盟。保、塞、希、黑四國之對土戰爭隨即爆發（10 月 8 日黑山國首先向土宣戰，10 月 17 日土向塞、保宣戰，18 日希對土宣戰），保軍攻入東色雷斯，連續占領土方據點，君士坦丁堡陷落在即。但當保軍攻至心目中的真正作戰目標——馬其頓重鎮薩羅尼加時，突然發現該城已為希軍捷足先登，於是引起糾紛。此外，塞軍占領的地區，亦已超過保、塞事先之瓜分協定，塞國主張修改上述協定，改以「事實占領區」為分界線。

　　土耳其被迫求和，俄國亦警告保軍不得占領土京。依照〈倫敦條約〉（1913 年 5 月 30 日）之規定，土耳其將「伊諾斯‧米迪亞線」(Enos-Midia Line) 以西的所有歐洲領土，一律放棄。但如何瓜分馬其頓這一片戰利品，卻成為巴爾幹聯盟瓦解和第二次巴爾幹戰爭的肇因。

　　塞、希兩國另結同盟，準備對保作戰。北方的羅馬尼亞亦同時加入戰團，宣稱：「就像奧國不能容忍一個大塞爾維亞一樣，羅國也無法容忍一個大保加利亞。」

　　保加利亞的民族主義分子，尤其是逃聚保境的馬其頓人，支持保王向馬其頓進軍，與塞、希兩軍作戰。6 月 29 日，攻勢開始，羅馬尼亞及土耳其亦同時對保作戰。保國在四面受敵之下，被迫求和，簽訂〈布加勒斯特條約〉（1913 年 8 月 10 日），保國的民族運動乃由極盛而轉入衰退之途。

　　〈布加勒斯特條約〉將馬其頓分為三部分：

1.塞國獲得瓦達河谷，包括斯科普耶及歐克瑞德等廣大地區。

2.希臘獲得愛琴海北岸一帶，包括薩羅尼加港在內。

3.保國僅獲北部之比倫區 (Pirin)，所得最少，惟保國在西色雷斯的主權仍被承認。同時，愛琴海北岸由馬瑞莎河口至美斯塔 (Mesta) 河口一線，亦為保國所有。但多瑙河口的南多布魯甲 (S. Dobruja)❹則割予羅馬尼亞。保加利亞另與土耳其單獨締約，將色雷斯東部大半地區退還土耳其。

就保加利亞的全盤得失相互比較，雖有所失（多布魯甲），亦有所得。保國領域，已達愛琴海的色雷斯，超過戰前國界。如能暫維現狀，對保當稱有利。但未及一年，即因另一次巴爾幹危機而引發大戰。

當第一次大戰於 1914 年爆發時，保加利亞與兩大敵對集團——三國同盟與三國協約之間，均無條約限制，具有有利的超然地位。當時保國朝野亟待解決的問題，為馬其頓之歸屬。哪一個國家能使馬其頓與保加利亞合併，保即加入該方作戰。談判結果，德、奧提出之代價較高，保遂加入德、奧陣營（1915 年 10 月 14 日）。德、奧給予的代價包括：

1.保證戰後將塞屬馬其頓，甚至包括塞屬摩拉瓦區在內，一律併入保國之內。

2.由德、奧勸請土耳其同意，將東色雷斯之一部讓予保國。至於多布魯甲地方，當羅馬尼亞於 1916 年由親奧轉而對奧宣戰後，保軍即收復上述失地。

及至美國參戰之後，威爾遜提出「民族自決」口號，乃使保加利亞陷於左右兩難的困境之中。因為如果依照民族自決原則，則保加利亞之轄區將可恢復過去「大主教區」之範圍，較德、奧同意給予之代價尤高。

---

❹ 多布魯甲是多瑙河口與黑海之間的一片四邊形地區，保爾加入於七世紀間渡過多瑙河後即將此地占領 (679–971)，其後數度易手，先後由東羅馬帝國 (971–1186)、保加利亞、瓦雷琪亞 (1387)、保加利亞 (1393) 及土耳其 (1400) 占據。1876 年的〈君士坦丁堡條約〉將其劃歸保加利亞，1878 年羅馬尼亞占其北部，1913 年亦將南部併吞。

保加利亞的美夢，由於協約國的勝利而幻滅。最先向聯軍投降的中部國家，即為保加利亞。薩羅尼加一戰，屢戰屢勝的保軍卒遇強敵，為英、希聯軍擊敗，大軍湧入保境，全國陷入混亂之中。保王斐迪南宣布退位（1918 年 10 月），由其子包利斯三世（Boris III，1918–1943 年在位）繼承。

巴黎和會中，保國代表以歷史、人種等資料為依據，要求按照民族自決原則簽訂〈對保和約〉，美、義頗願接受保方觀點。但因與保國領土發生爭執的國家如塞、羅、希等均為戰勝國，故最後簽訂的〈納伊條約〉(*Treaty of Neuilly*) 大多遷就勝方立場。保國領域因而大幅縮小，不僅失去了愛琴海岸，而且失去了大幅的西疆與北疆。

第八章　十九世紀以前的南斯拉夫

　　本章所要敘述的，是前 「南斯拉夫社會主義聯邦共和國」 (Socialist Federal Republic of Yugoslavia) 的最早起源以及它在 1918 年以前的歷史。二次戰後至 80 年代的南斯拉夫由六個共和國（塞爾維亞、克洛琪亞、斯洛汶尼亞、波士尼亞‧赫塞哥維納、黑山國、馬其頓）和兩個自治省——瓦伊瓦迪納 (Vojvodina) 及科索沃組成，結構略似前蘇聯。

　　「南斯拉夫」並沒有早期的共同歷史，因為「南斯拉夫」作為一個國家的名稱，始於 1929 年建立的「南斯拉夫王國」，這個王國本來叫作「塞爾維亞‧克洛特‧斯洛汶王國」 (Kingdom of the Serbs, Croats and Slovenes)，成立於 1918 年 12 月，時在第一次世界大戰甫告結束之後。我們從這個冗長而又怪異的名稱中，就可看出它是由三支民族合組而成的。這三支民族，均屬南支的斯拉夫人，所以後來修改憲法，改稱南斯拉夫。以所占全國人口之比例而言，塞爾維亞人 (Serbs) 最多，約占 44%；克洛特人 (Croats) 次之，約占 30%；斯洛汶人 (Slovenes) 僅占 9%，餘為其他少數民族。

　　南斯拉夫王國是由戰前的塞爾維亞王國 (Kingdom of Serbia) 擴大而成的。換言之，塞爾維亞是它的主幹，其他兩支民族則是在威爾遜總統「民族自決」的號召下與塞爾維亞合組新邦的。因為在第一次世界大戰以前，只有塞爾維亞是一個獨立的國家，克洛特人和斯洛汶人均在奧匈帝國統治之下，奧匈帝國瓦解後，這兩支斯拉夫人才有機會和他們同文同種的「同胞」，合組一個國家。

　　南斯拉夫地方的原始土著居民，是一支印歐語系的伊利瑞安人，西元前六世紀時，希臘人開始在達爾瑪什亞沿海一帶建立殖民地，西元前 168 年為羅馬征服，西元 9 年於其地建伊利瑞康省，統治歷五百年之久。因伊

利瑞安人勇猛善戰，男子被徵參軍，後以戰功擢升為將帥者不乏其人，其中且有五人曾任羅馬皇帝，戴克里先和君士坦丁大帝就是其中之佼佼者。羅馬帝國分為東、西以後，巴爾幹隸屬東羅馬。二世紀間，已有大批斯拉夫人遷到多瑙河中流平原一帶；六世紀間，他們因受阿瓦人的威脅，紛紛向巴爾幹半島的西北部逃遷，進入伊利瑞安人的住地。因斯拉夫人人數較多，遂將伊利瑞安人吸收聯合，這種土著民族被斯拉夫化的情形，和保加利亞的古史一樣。

這些南遷的斯拉夫人，分為三支：塞爾維亞人的住地偏東，即今之塞爾維亞、馬其頓，乃至黑山區等地。斯洛汶人偏西，即今之斯洛汶尼亞 (Slovenia)。克洛特人介於二者之間，即今之克洛琪亞。

以下分節討論塞爾維亞、克洛琪亞、斯洛汶尼亞以及其他組成「南斯拉夫社會主義聯邦共和國」的各個民族的早期歷史。最後再詳述塞爾維亞在十九世紀的獨立經過。

一、塞爾維亞的起源及其全盛時代

㈠國家組織之初建

塞爾維亞 (Serbia) 是塞爾維亞人所建的國家，是南斯拉夫聯邦中最大的一個自治共和國，面積八萬八千三百平方公里，首都貝爾格萊德。

塞爾維亞人於七世紀間遷入，在八至十一世紀間，受保爾加帝國和拜占廷帝國的統治。他們和其他的斯拉夫人一樣，最初仍是部落社會，各部落均有半獨立的自治權，部落的酋長稱為「祖潘」(Zupan)。後因時受匈牙利和拜占廷帝國的威脅，必須互相團結，乃由各部落集會，共推強者一人為「大祖潘」(Grand Zupan)，地位略似君主 (Prince)。十一世紀間，塞爾維亞人分別形成了東、西兩個小國家：

1.西區——稱為「齊塔」(Zeta)，在今之黑山國和赫塞哥維納一帶，以

斯庫塔里湖 (Scutari Lake) 為中心。

　　2.東區——稱為「拉西亞」(Rascia)，在內陸山區，即今之塞爾維亞一帶。

　　十二世紀下半期局勢忽然明朗化，拉西亞的大祖潘史蒂芬·尼曼亞（Stephen Nemanya，1151–1196 年在位）將兩區統一，推翻東羅馬統治，建立了塞爾維亞的第一個國家組織，是為尼曼吉德王朝 (Nemanjiid Dynasty)。尼曼亞於 1196 年讓位於其子史蒂芬二世（1196–1228 年在位），自己退隱於阿托斯山，建立琪蘭達修院。史蒂芬二世即位後不久，第四次十字軍攻陷君士坦丁堡，建立「拉丁王朝」。史蒂芬利用機會，設法擺脫東帝國的控制，轉而向羅馬教廷聯繫，1217 年由羅馬教廷遣使為其加冕為塞爾維亞國王。塞人自九世紀下半期以後，已接受東正教，史蒂芬為使原來的宗教信仰得以繼續維持，又遣使向現已逃至小亞的東正教教長提出請求，請教長任命其弟薩瓦 (Sava) 為塞爾維亞大主教（1219–1235 年在任），然後再由薩瓦以大主教身分為他重新加冕為塞王 (1222)。此一曲折過程，雖極盡狡猾之能事，但卻一方面保持了塞爾維亞的傳統信仰——東正教，同時也提高了塞國的地位。

　　薩瓦後來封聖，史稱「聖·薩瓦」(St. Sava)，在塞爾維亞的聲望極高，塞爾維亞教會在其領導下，也成為民族團結的精神力量。

(二)塞爾維亞的全盛時代——杜山帝國

　　塞爾維亞的全盛時代出現於十四世紀中葉，史蒂芬·杜山 (Stephen Dushan) 為塞王時 (1331–1355)❶，將國勢推到頂點。

---

❶　「杜山」(dushan) 義即「封喉奪命」，源自塞文 "dušite"，指使人窒息而死。其間包含一幕宮廷弒父的悲劇：杜山之父為史蒂芬七世（1321–1331 年在位），武功甚盛，先後擊敗保加利亞 (1330) 及東羅馬帝國。娶東帝國公主為繼室，生一子。公主為使其子得立為王儲，結黨對付前妻所生之子（即將來之杜山），杜山遂興兵反叛。塞國貴族不願見東羅馬帝國勢力伸入，紛紛支持杜山。老王兵敗被囚，杜山

當時的國際環境對塞爾維亞的擴張
頗為有利；東羅馬帝國正發生內爭——巴
里奧洛加斯 (Paleologus) 與坎塔庫西納斯
(Canta-Cuzenus) 兩個家族互爭帝位；匈牙
利王國正與威尼斯爭奪達爾瑪什亞海岸
的控制權；保加利亞第二帝國在庫斯坦迪
耳 (Küstendil) 戰役 (1330) 被塞國擊敗後
已成為塞國之附庸，巴爾幹呈現權力的真
空。杜山於是乘機擴大領域，先後兼併馬
其頓、阿爾巴尼亞以及伊比拉斯 (Epirus)
和色西雷 (Thessaly) 等地，建立了巴爾幹

圖 45　塞爾維亞國王——杜山

區的最大帝國，西至亞得里亞海，東至愛琴海，北至多瑙河，南至希臘半
島的科林斯灣。1346 年，杜山加冕為「皇帝」(Tsar)，並自上尊號為「塞
爾維亞人、希臘人、保加利亞人和阿爾巴尼亞人之帝」 (Tsar of the Serbs,
Greeks, Bulgarians and Albanians)。以斯科普耶為首都。此城位於瓦達河上
流，已在馬其頓境內，現在仍是「馬其頓共和國」的首府。

　　在宗教方面，杜山將塞爾維亞教會，由原來的大主教區提升為「教長
區」，教座設於培契 (Peć)，地位與君士坦丁堡教長平行。

　　杜山所建的塞爾維亞帝國的龐大領域，一直是塞爾維亞人光榮歷史的
象徵，二十世紀初年「大塞爾維亞」運動的理想疆域，即以杜山帝國的領
地為藍圖。

　　杜山時代的塞爾維亞，是一個既似東羅馬帝國，也像西歐的封建社會，
王權至高無上，貴族的勢力很大，其下為農奴。杜山編訂了一部法典
(Zakonik, 1349–1354)，充分可以反映十四世紀的巴爾幹社會。

　　土耳其勢力侵入巴爾幹後，杜山認為東羅馬帝國過於衰弱，絕對無力
抵禦伊斯蘭教大軍的攻擊，因此極盼推翻希臘王朝，由其接任東羅馬皇帝。

密派親信將老父勒頸窒息而死，死前猶格格發言，咀咒其子之逆行。

於是興兵八萬東征，當其攻抵君士坦丁堡城下時，突發高燒而逝世，年四十六歲，或謂被東羅馬帝國的潛伏分子毒殺。子尤羅施五世（Urosh V，1355–1367 年在位）繼位，能力平庸，帝國瓦解，諸侯分立，尼曼吉德王朝告終，仍舊恢復類似早期的部落社會，以迄土耳其占領為止。

㈢科索沃之戰 (1389)

土耳其帝國的伊斯蘭教大軍，由小亞半島渡過黑海海峽 (1354)，攻占亞德里亞諾堡 (1361)，定為新都。蘇丹穆拉德一世的次一個攻擊目標便是塞爾維亞。大軍越過馬其頓，兵分兩路，向塞境發動鉗形攻勢。塞爾維亞公拉薩兒除了集結本身的騎士準備應戰之外，並邀巴爾幹基督教邦國波士尼亞、瓦雷琪亞、阿爾巴尼亞等合組聯軍，迎戰土軍於科索沃❷，地在當時塞國首都之北，是馬其頓群山環繞的一處圓形廣場。決戰的日期是 1389 年的 6 月 28 日。

南斯拉夫人對於科索沃戰役，視為抗敵衛教衛鄉的神聖戰爭，有上百首的史詩加以歌頌，由於不斷的添枝加葉，反而扭曲了史實的真相，變成一個神話性的傳奇。時至今日，南斯拉夫人仍將 6 月 28 日定為「聖‧維塔士節」(St. Vitus)，堅信這位聖者曾在科索沃戰場上顯聖，協助塞人禦敵，因此列為民族性國家性的節日，十分重視。即以二十世紀而言，下列幾件攸關塞爾維亞和南斯拉夫命運的大事，均與「6‧28」有關。引起第一次世界大戰的薩拉耶佛 (Sarajevo) 事件，發生於 1914 年的「6‧28」，奧國王儲斐迪南大公為了撫慰波士尼亞的斯拉夫人，於是日前往閱兵，因而遇刺；改變國體成立「南斯拉夫王國」的憲法，於 1921 年「6‧28」通過，稱為《維多夫坦憲法》(Vidovdan Constitution)，義即聖‧維塔士節制訂頒行的憲法；1948 年「6‧28」史達林將狄托 (Tito) 等南共領袖排除於「共產情報局」(Cominform) 之外，因而引起了共產陣營的首次分裂。

科索沃戰役的真正經過，則是基督教聯軍的徹底失敗，塞公拉薩兒死

---

❷　科索沃義即「黑鳥場」(Blackbird's Field)。

於戰場，雖然蘇丹穆拉德也在同一天晚上被一假稱投降的基督徒刺殺，但塞爾維亞和巴爾幹被土耳其統治的命運則已於此次戰役中決定。因土軍轉向保加利亞，塞國暫時成為土耳其的附庸，七十年後塞爾維亞即為土耳其正式兼併 (1459)，歷時三百五十年。

十七及十八世紀間，大批塞人因受土耳其迫害，向北遷徙，居住在當時屬於奧國的瓦伊瓦迪納地區，這就是「瓦伊瓦迪納自治省」的來源。

二、克洛琪亞

「克洛琪亞共和國」是克洛特人所建的國家，面積五萬六千五百三十平方公里，在「南斯拉夫人民共和國聯邦」中，僅次於塞爾維亞。它是由克洛琪亞、斯拉瓦尼亞 (Slavonia) 和達爾瑪什亞三個地區合組而成，古時稱為「特瑞恩王國」(Kingdom of Triune)，義即「三合一王國」。

克洛特人的語文，和塞爾維亞近似，二者原屬「兄弟之邦」，但因日後的歷史發展不同，以致形成了相當的差異。一因克洛琪亞偏西，與奧、匈、義和威尼斯等國為鄰，所以深受它們的影響。二因克洛特人信仰天主教，而塞人信仰東正教，雙方宗教信仰不同，自然互有歧異。時至今日，這兩支民族的仇視對立，仍是南斯拉夫最為棘手的內政問題。

克洛特人於六至七世紀間遷徙而來，七世紀間接受基督教。在八世紀末年，首建國家組織，稱為「克洛琪亞公國」(Duchy of Croatia)，地在達爾瑪什亞與德拉瓦河一帶。惟國祚甚短 (910–1102)，不及二百年。910 年托密斯拉夫 (Tomislav，910–928 年在位) 改建為王國，仍是東羅馬帝國的附庸。1054 年基督教會分裂為東、西以後，克洛琪亞因位置偏西，屬於羅馬天主教會的範圍，教會中使用拉丁語文，助長了克洛琪亞的拉丁化，但民間方言則仍保留斯拉夫語不變。1076 年，茲瓦尼米耳 (D. Zvonimir) 脫離了東羅馬帝國的管轄，投向西方，接受羅馬教皇的加冕，自此正式改信天主教。

　　1102 年克洛琪亞的舊王朝因無男嗣而告終，更因克王彼塔 (Petar) 稍早又被匈王擊敗，經克洛特貴族與匈牙利協商，併入匈牙利王國，惟仍保留相當自治權及貴族特權，匈牙利政府設一「總督」(Ban)，常駐首府札格瑞伯 (Zagreb)，代表匈王統治，自此時起，克洛琪亞接受異族之統治，歷時八百年。

　　莫哈契之役 (1526) 後，維也納的哈布士堡王朝繼任匈牙利國王，克洛琪亞也隨之變成奧國的屬地。

　　克洛特人既在匈牙利和奧國的統治之下，所以極難產生民族意識。克洛特人的民族主義，開始滋生於十八世紀末及十九世紀初年，其重要過程如下：

㈠語文運動

　　1779 年，瑪莉亞・德瑞莎將克洛琪亞的行政權交付匈牙利人管理，降低了克洛特人的政治地位。約瑟夫二世逝世 (1790) 後，匈牙利獲得奧國同意，以匈牙利文作為本國及克洛琪亞的官方語文之一。克洛琪亞議會惟恐喪失本身的語文，於 1791 年通過議案，規定匈牙利文及克洛特文二者均可自由選用一種，以資抵制。匈牙利議會乃於 1827 年再定法案，規定匈牙利文為克洛琪亞學校必須使用之文字。匈、克雙方均擬以文字作為民族主義之基礎，展開爭執。

　　1832 年德拉什科維支 (J. Drašković) 伯爵發表一文──被視為南斯拉夫民族運動之奠基石──提出下列主張：

　　1.強調克洛特文應取代拉丁文作為克洛琪亞之官方語文。

　　2.克洛琪亞、斯拉瓦尼亞、達爾瑪什亞三區行政統一。

　　3.由克洛特人接管阜姆及邊防區。

　　4.將來併吞斯洛汶尼亞及波士尼亞。

　　5.建立「大伊利瑞亞」(Greater Illyria)。

　　雖在哈布士堡王朝系統之下，但應力求克洛琪亞本身經濟及教育之進

步，以提高政治地位。

　　克洛琪亞在匈牙利王國管轄之下，故其反抗對象亦以匈牙利為主體。但在同時，匈牙利亦為克人模擬之模範，且為其抵抗日耳曼之助力，關係十分微妙。

㈡伊利瑞安運動 (Illyrian Movement)

　　1830 年蓋伊 (L. Gaj) 及德拉什科維支伯爵，發起「伊利瑞安運動」，主張將古代伊利瑞亞省的所有屬地，建立一個以克洛特人為主的獨立國家。這是受了拿破崙一度建立「伊利瑞安行省」的影響。伊利瑞亞居民 75% 為克洛特人，以天主教為主要信仰。中古時期，先後為東羅馬、法蘭克、匈牙利、克洛特、塞爾維亞人征服，十四世紀土耳其入侵後，大部地區均在威尼斯共和國統治之下（十三至十八世紀）。拿破崙所建之行省，歷時甚短 (1806–1813)，維也納會議後，即將其劃歸奧國。主要城市如濱海之杜布羅夫尼克 (Dubrovnik) 居民亦多為克洛特人。伊利瑞安運動較受貴族及資產階級之支持，內陸農民則反應冷淡。

㈢ 1848 年的自治運動

　　奧帝國於 1848 年發生革命，梅特涅反動政權瓦解，匈牙利人乘機要求自治，繼又掀起獨立戰爭。在獨立戰爭期間，奧政府採「以夷制夷」政策，鼓勵匈屬少數民族反抗匈牙利。克洛特領袖耶拉乞契 (Jellachich) 伯爵經奧皇派任為克洛琪亞區「總督」，遂即率兵助奧對匈作戰。及至匈牙利革命失敗之後，奧為安撫匈人，又將克洛琪亞之自治地位取消。

㈣ 1867 年以後的獨立運動

　　奧、匈於 1867 年妥協，成立雙元帝國，匈牙利的民族革命成功，但對其本國以內的少數民族則仍採保守政策。匈牙利政府旋與克洛琪亞商獲協議；賦予有限度的自治權，包括地方行政、司法、教育、宗教及使用克洛

特語文等權利。但達爾瑪什亞及阜姆等地，則不在克洛琪亞範圍之內，財政、外交、軍事三大權亦仍在奧匈政府之手。

上述條件，未能滿足克洛特人的要求，故民族運動仍繼續發展，下列各政黨乃陸續出現。一為「伊利瑞安黨」(Illyrian Party)，或稱為「人民黨」(People's Party)，領導人物為史特勞斯梅葉 (J. Strossmayer)，主張克洛特人應與斯洛汶人及塞爾維亞人聯合 (E Pluribus Unum)，抵制奧國的「分化統治」(divide et impera)。1867 年於札格瑞伯建立大學及「南斯拉夫文藝與科學研究院」(Yugoslav Academy of Arts and Sciences)。「南斯拉夫」一詞之提出，使奧匈知所警惕，如其對克洛特權利過分忽視時，克洛特人有轉而南向與其他斯拉夫人合併之可能。

另一重要政黨為極端右傾的「民權黨」(Party of Rights)，領導人物為斯塔契維支 (A. Starčević)，反對所謂伊利瑞安運動，但亦與奧匈絕不妥協，不僅主張克洛特獨立，而且主張「大克洛特主義」(Pan-Croatianism)，認為塞爾維亞人及其他南斯拉夫人只是一批東正教的奴隸。此派日後即形成二十世紀的「烏斯塔沙運動」(Ustaše Movement)，為一類似法西斯的組織，二次大戰期間巴維里契 (A. Pavelić) 所建的傀儡獨立國即此派主張之實現。

「克洛特社會民主黨」(Social-Democratic Party of Croatia) 成立於 1895 年，為一左傾政黨，在新興之勞工階級及知識青年中頗有影響力。

「克洛特農民黨」(Croatian Peasant Party) 創立於 1905 年，代表農民利益，並爭取克洛琪亞之獨立，主要領袖為拉迪契 (Antun & Stephen Radić) 兄弟，在第一次大戰前夕以及戰後南斯拉夫王國的政治舞臺上，此黨均居重要地位，是塞爾維亞的主要政敵。

一般而言，截至二十世紀初年止，克洛特人的民族運動並無顯著的成就。此種挫敗，使其既羨慕又憎恨塞爾維亞，這也是日後南斯拉夫內部克、塞兩民族嚴重分裂的基本原因。

三、斯洛汶尼亞

斯洛汶人的住地，更在克洛琪亞以西。最初，斯洛汶人和捷克人及斯洛伐克人之間，並無其他異族插入，所以斯洛汶人也在薩冒帝國的範圍之內。不久，阿瓦人侵入中歐，滅薩冒帝國 (659)，乃將斯洛汶人和捷克人等從中切斷，使斯洛汶尼亞成為一個獨立的公國。八世紀末，斯洛汶尼亞被查理曼帝國征服，變成日耳曼民族的屬地，初屬神聖羅馬帝國，繼屬奧帝國，一直到 1918 年。

斯洛汶人的宗教信仰是天主教。

斯洛汶人雖久受「日耳曼化」的影響，但仍保留了自己的語文（用拉丁字母拼寫）和風俗習慣，尤以下層的農民大眾為然。此外，斯洛汶尼亞從未被土耳其占領，所以更能保持它的民族完整性。

拿破崙於十九世紀初年建立直屬法國的「伊利瑞亞行省」(1809) 時，曾將斯洛汶尼亞併入，並以留布里安納為省會。維也納會議之後，行省解體，斯洛汶尼亞仍歸奧國統治。但經此一段洗禮，斯洛汶人的民族運動即在十九世紀間發生。

1848 年革命後，民族運動在中東歐普遍掀起。一批充滿自由主義思想的斯洛汶知識青年和教士，一方面主張提高斯洛汶語文的法律地位，使其成為學校教育及公文書的合法語文；一方面要求在奧帝國範圍之內實行自治，准許斯洛汶人在政府機關中擔任較高的職位。上述主張，十分溫和，遠不如匈牙利或塞爾維亞那樣的激烈。雖則如此，但在匈牙利獨立戰爭失敗後，奧國對於屬地的自治運動就加強壓制，斯洛汶自治的目的並未實現。

其後三十年間，義大利的統一運動興起，其活動範圍也包括斯洛汶尼亞在內。因此斯洛汶人的民族運動，乃具雙重目標，一為反奧，一為反義。但因本身力量有限，必須藉助於其他南斯拉夫人的支持，由是產生了「斯洛汶－南斯拉夫主義」(Slovene-Yugoslavism)，更透過塞爾維亞人，與俄國

　　十四至十五世紀間，黑山區不斷拒抗海上強權威尼斯共和國的攻勢，始終未被征服，是時之統治者是「黑王子」史蒂芬 (Stephen Crnoiević)，除抵禦威尼斯外，並與進犯之土耳其軍作戰多次。黑王子逝世 (1466) 後，傳位於長子黑伊凡 （Ivan, The Black，1466–1490 年在位），此時土耳其已席捲塞爾維亞 (1459)、波士尼亞 (1463)、赫塞哥維納 (1476)，黑山區變成了所有各地斯拉夫人的避難所。土耳其蘇丹穆罕默德二世再率大軍攻擊黑山區，伊凡乃放火焚其首都沙布里阿克 (Žabljak)，逃往海拔四千呎之蔡提涅 (Cetinje)，自此時起以迄二次世界大戰，蔡提涅一直是黑山國的首都。

　　1516 年塞諾耶維契 (Crnoiević) 王朝告終，末任君主喬治的生母和王妃均為威尼斯人，不能習慣於黑山國的粗鄙生活，決定放棄王位，前往繁華的威尼斯定居，於是召集各個部落首長，當眾將王位交付地位僅次於國王的主教巴比拉斯 (Babylas)，然後離開了黑山。自十六世紀起，以迄十九世紀中葉止，黑山國之統治者是 「弗拉狄卡」 (Vladika)，義即 「主教公」 (Prince-Bishop)，他雖身為主教，但也兼任行政首長，和中古及近代初期日耳曼地方的大主教或主教一樣，兼具政教統治權。換言之，黑山國是一個神權國家 (Theocracy)。

　　主教公之下，設「行政長」(Civil Governor) 一人，主管一般政務及軍事，主教公只受設於培契 (Peć) 的塞爾維亞教長監督。最初的一百八十年間 (1516–1696)，主教公由部落酋長選舉產生，1696 年起改為世襲制。主教公既然不准結婚，自無子嗣，但可指定其姪兒為繼承人。首先採取世襲制者為丹尼婁一世 （Danilo I， 1696–1737 年在位）， 是為皮特羅維契 (Petrović) 王朝，黑山國的近代史自此開始。

　　丹尼婁一世在位約四十年，除曾多次擊退土耳其之侵犯外，最重要的事蹟是與俄國建立密切友好關係，這也是俄國勢力進入巴爾幹的開端。

　　俄國進入巴爾幹，是以「十字軍」的名義為號召，彼得大帝於 1711 年南征巴爾幹時，即以十字架為前導，架上刻有 「持此聖架，汝必得勝」 (Under this Sign thou Shalt Conquer)，一如古羅馬時代君士坦丁大帝的故事。

其目的即在利用東正教的共同信仰，爭取巴爾幹人的友誼。彼得大帝曾修書至黑山國，願以同屬斯拉夫人及同屬東正教徒的關係，雙方結盟，聯合對抗土耳其。1715 年丹尼婁一世訪問聖彼得堡，俄皇除重申友好之意以外，並贈以一萬盧布，其後黑山即不斷接受俄國的津貼，在國際事務上俄國也常是黑山國的代言人。

黑山國公彼得一世在位時 (1782–1830)，國勢穩定，屢敗強敵。土耳其所屬之斯庫塔里帕夏 (Pasha of Scutari) 黑莫哈默德 (Kara Mahmoud) 曾以大軍數萬進犯，但為黑山勇士擊敗，並將其頭骨高懸於「土耳其堡」(Turk's Tower) 的雉堞之上，以示勝利。1799 年，土耳其蘇丹席里姆三世 (Selim III) 與彼得一世簽約，承認了黑山國的獨立地位。

拿破崙於攻占黑山國北方的達爾瑪什亞和獨立的拉古薩自由邦以後，亦圖取得黑山，但為黑山擊退，黑山以小邦而敗大國，贏得英、俄等國之重視，黑山國亦未併入法屬伊利瑞安省的範圍之內。

丹尼婁二世（Danilo II，1851–1860 年在位）時，鑑於過去叔父傳位姪兒的繼承制度有時發生困擾，1852 年頒布〈黑山國大憲章〉(Great Charter)，將黑山國變成一個非神權的世俗國家，規定今後黑山國王改為父死子繼的世襲制，宗教事務則另選大主教或主教一人專掌。

克里米亞戰爭期間，丹尼婁二世並未利用機會採取行動，法國雖對黑山國同情，但在巴黎會議 (1856) 中，列強並未承認黑山國的獨立地位。丹尼婁二世被暗殺後，無子，由其姪尼古拉一世（Nicholas I，1860–1918 年在位）繼位，尼古拉曾在巴黎接受西方教育，執政後即積極從事軍事、教育等內政改革，並將王權自動限制。

1876 年，黑山國繼塞爾維亞之後向土耳其宣戰，俄、土戰爭也隨之爆發，土敗，在俄、土簽訂的〈聖‧斯提凡諾條約〉（1878 年 3 月）中，黑山國的領域增加三倍，東界與塞爾維亞接壤，果如是，則黑、塞兩國合而為一的理想可以實現。但因英、奧等國之反對，重訂〈柏林條約〉（1878 年 7 月），領域雖不如前約，但黑山國仍被列強共同承認為獨立國家。

㈢馬其頓

　　馬其頓也是南斯拉夫聯邦之中的一個小自治共和國，人口只占南國總人口的 6%。但是馬其頓這片地區，因其處於南斯拉夫、保加利亞和希臘三國之間，所以也是三國互相爭奪的焦點，巴爾幹史上不斷發生三國之間的戰爭。除了地理位置是導致衝突的原因以外，歷史背景也是重要的因素。

　　斯拉夫部落於六、七世紀間來到當時屬於東羅馬帝國的馬其頓地方，變成東羅馬帝國的臣民，而且由君士坦丁堡接受東正教的信仰。九世紀末被保加利亞國王西蒙征服，成為保加利亞第一帝國的領域。十四世紀間，塞爾維亞勢力崛起，塞王杜山建立的龐大帝國，將馬其頓也包括在內，而且將國都建於馬其頓境內的斯科普耶。杜山死後，塞爾維亞帝國瓦解，不久土耳其大軍即將馬其頓攻占，置為直屬的省區。

　　馬其頓在土耳其統治下歷時五百三十年左右，一般處境與巴爾幹其他地方相似，但所受損害與壓迫則尤甚於其他，因為它位於君士坦丁堡附近，又是商業往來和軍隊調動的必經之路，戰略地位重要，所以必須配置重兵駐守。除駐軍外，還有來自亞洲的土耳其移民，這些移民大都配給小塊土地（約十至十五公頃）自行耕種，但亦有較大的田莊，配給有功的土籍地主。這些地主有的並不住在田莊之內，而將其委託收租人照管，佃農須將收穫物的三分之一或二分之一繳付地主，此種情形造成農產品的減產和人民生活的痛苦，許多人被迫離鄉背井，出外謀生。

　　克里米亞戰爭以後，土耳其重新調整巴爾幹的「米列區」(Millet)，教會的轄區發生變化，為了遷就保加利亞的自治要求，准許保加利亞教會脫離君士坦丁堡教長的管轄，單獨另建「大主教區」(Exarchate)，新教區的範圍將大部分的馬其頓包括在內，保加利亞利用機會在該區擴大它的政治和文化的影響，此舉立即引起西鄰塞爾維亞的反抗，後者因無合法立場，無法與保加利亞競爭，但雙方的仇恨與對立此後即日益增強。

　　另一引起紛爭的原因是十九世紀末年的俄、土戰爭 (1877–1878)，在首

先簽訂的〈聖・斯提凡諾條約〉中，由於俄國的支持，建立了一個「大保加利亞」，馬其頓也在大保領域之內。由於列強反對，重又簽立〈柏林條約〉，將馬其頓重又置於土耳其管治之下。這種變化不僅使俄、保二國沮喪，馬其頓人更表不滿，因為他們失去了自治的機會。馬其頓既又隸屬土耳其，塞爾維亞染指的野心復熾。二十世紀初年的兩次巴爾幹戰爭 (1912–1913)，實際就是馬其頓的爭奪戰。首先是塞、黑山、保、希四國聯合對付土耳其，迫其放棄馬其頓；繼之又由塞、希、羅三國對保作戰，迫其吐出業已吞下之馬其頓區。依照〈布加勒斯特條約〉(1913)，馬其頓被塞、希、保三國瓜分：塞國所得最多，東自瓦達河谷，西到阿爾巴尼亞東方的歐克瑞德和普里斯巴 (Prespa) 兩大湖，包括塞國舊都斯科普耶在內；希臘則獲得馬其頓南部，包括大港薩羅尼加在內；保加利亞所獲最少，只有東區少數地方。

　　馬其頓乃被三分。塞爾維亞所屬的馬其頓，即南斯拉夫聯邦之中的「馬其頓共和國」，面積只有二萬六千四百平方公里，人口約一百五十萬，以斯科普耶為首府。

五、塞爾維亞獨立的經過 (1804–1878)

　　巴爾幹區各民族反抗土耳其帝國統治的民族革命運動，最早發端者是塞爾維亞 (1804)，時在十九世紀初年。雖其最後正式獨立的日期 (1878) 晚於希臘，卻是首先掀起革命的國家。

　　塞爾維亞的獨立過程，歷經七十餘年，首先是兩次獨立戰爭，繼而獲得自治，最後經國際承認為完全獨立的主權國家。

㈠塞爾維亞的叛亂 (1804)

　　中古時期的塞爾維亞王國，1459 年被土耳其滅亡之後，即將其正式兼併，劃為行省。塞爾維亞人除仍留住貝爾格萊德附近地區者以外，餘均四

散流亡。一支逃往西南方的黑山區，一支逃往西北方的波士尼亞，一支逃往北方，越過多瑙河及薩瓦河而至匈牙利平原南部，即今之「瓦伊瓦迪納自治省」。留住貝爾格萊德本部地區的塞爾維亞人，是建立塞爾維亞王國的核心。

　　早在十八世紀的末期，已有少數逃亡國外並在國外接受較高教育的塞爾維亞學者，從事有關文學、思想和歷史的著述，為塞爾維亞民族意識打下了根基。較為著名者，一為芮伊契 (Y. Rayich)，出生於 1726 年，曾在維也納、俄國和希臘的阿托斯山修院中受教，1796 年著成一部有四卷之多的《塞爾維亞民族史》。另一人為歐布拉道維支 (D. Obradovich)，生於 1741 年，原為修士，其後曾在維也納、威尼斯、君士坦丁堡，乃至俄、德、法、英等國受教，信服西歐的啟蒙思潮，將大批西方著作譯為塞文，傳入國內。歐氏並於 1788 年完成一部自傳，此書嘗被譽為塞爾維亞最好的散文作品。他在書中超越地理和宗教的界限，強調塞人和克洛特人的種族關係，認為所有在巴爾幹區居住的斯拉夫人實為一家，首先提出了「南斯拉夫人」的觀念，為二十世紀建立的「南斯拉夫國」預奠初基。

　　塞爾維亞民族運動的第一幕，發生於 1804 年。促使民族運動展開的原因：一是拿破崙勢力的東進，法國在塞爾維亞的西鄰建立伊利瑞安省 (Illyrian Provinces)，法國革命的精神激起了巴爾幹人民的反抗意識；二是俄國勢力伸入黑山區和瓦伊瓦迪納區，以同屬東正教徒和斯拉夫族為號召，間接影響到塞爾維亞；三是土耳其帝國自在中歐受挫以後，即加強對於巴爾幹區屬地的統治，因而引發人民的反抗。最後一點實為 1804 年叛亂的導火線。

　　引發叛亂的經過，頗為錯綜複雜，嚴格的說，人民反抗的對象是土耳其「新軍」的暴政，而非土耳其政府，當時的蘇丹政府卻也正在打擊新軍的勢力。新軍原是土耳其的作戰主力，因屢建戰功，漸趨驕橫，對於地方官署乃至中樞政府的約束，經常不加理睬，已呈尾大不掉之勢。蘇丹席里姆三世即位 (1789) 以後，即擬加以改善。於是根據土、奧〈西斯托瓦條

約〉 (*Treaty of Sistova*, 1791) 的規定，下令將擾民抗命的駐塞新軍調離塞境。是時，土耳其駐塞總督穆士塔發 (H. Mustapha) 勤政愛民，頗受愛戴，因而博得「慈母」的美譽。穆士塔發為了爭取人心，竟發動人民組成「民團」，並准持有武器，以便抵制新軍的騷擾。但為時不久，席里姆又改變初衷，准許新軍重入塞境 (1799)。新軍入境後，即又恢復虐政與暴行，並以報復心理對塞人橫加迫害，將總督穆士塔發謀殺 (1801)。其後即由新軍四將領將塞爾維亞劃為四區，分別控制，而新任總督則視若無睹。塞人向君士坦丁堡訴請解救倒懸，蘇丹雖表同情，警告新軍自我約束，但無效果。新軍為防止塞人重組民團，發覺有人出頭反抗時，即予屠殺，於是人心惶惶，終於引發抗暴革命。

叛軍領袖為喬治‧彼德羅維支 (George Petrovich, 1766–1817)，因其鬚髮虬結，面貌粗黑，兼又性情粗暴，故有「黑喬治」(Karageorge) 的綽號。黑喬治原是一位塞籍的富商，以販賣豬隻致富，足跡遍及各地，早年曾參加奧軍對土作戰，並常與山區匪徒為伍，故富作戰經驗，且普獲塞人擁戴，視為抗暴英雄，足與中古的杜山媲美。其後，黑喬治建立了近代塞爾維亞的「黑喬治王朝」。

1804 年，黑喬治糾合了一支抗暴隊伍，其中包括各階層的塞人，有貴族，有教士，也有出沒山區的匪徒，幾成全境皆兵之勢。當時的一首民歌說道：「每一棵樹木全變成了一名戰士」。叛軍攻陷貝爾格萊德，將俘獲的四名新軍將領一一斬首，懸其頭顱於叛軍帳頂之上。

新軍既被擊潰，抗暴已經成功，蘇丹政府即盼參加叛亂的人民解散隊伍，各安生業。但叛亂既已成功，況又有武器在手，於是乘機向蘇丹要求塞爾維亞自治，並派代表前往俄國請求支援。蘇丹驚懼，派兵鎮壓，於是由抗暴叛亂變為獨立戰爭。

㈡塞爾維亞的獨立戰爭 (1804–1817)

塞爾維亞的獨立戰爭，分為兩個階段：第一階段 (1804–1813) 進行順

圖 46　首舉反土義旗的塞爾維亞領袖——黑喬治（左）與米洛什（右）

利，屢敗土軍，將敵逐出塞境之外。其所以成功之原因，一為黑喬治的軍
事天才；二是俄、土戰爭吸去了土軍的主力。是時，正值拿破崙戰爭時期，
俄、土於 1806 年開始衝突，其間雖一度休戰，但不久即重燃戰火，俄軍攻
入多瑙河谷，土軍東調保衛首都，塞境兵力薄弱，使獨立之戰頓現曙光，
俄、塞亦成盟友。但好景不長，俄軍為了迎擊入境之法軍而北撤，俄、土
遂簽〈布加勒斯特條約〉(1812) 停戰。停戰之後，土軍乃集中全力對付塞
人，三路出擊，黑喬治正染重病，驚慌失措，竟至大敗，逃往奧境，塞爾
維亞第一階段的獨立戰爭，功敗垂成，塞境又為土耳其占領 (1813)。

　　第二階段的獨立戰爭因土耳其之野蠻報復而再度展開 (1815–1817)，此
時的領導人物為米洛什・奧布利諾維支 (Milosh Obrenovich)，他以迅雷不
及掩耳之行動，襲擊敵軍據點，獲得初步勝利，然後遣使與土耳其議和。
1815 年維也納會議結束後，歐洲初現和平，列強已有餘暇注視東南歐的情
勢。同時，俄國在擊敗拿破崙之後，雄心勃起，正盼尋找藉口，進而干涉
巴爾幹的紛爭。上述國際情況，均對土耳其不利。蘇丹於是決定對塞爾維
亞讓步，停戰議和。雙方幾經交涉，卒於 1817 年獲致以下協議：塞爾維亞
獲得有限度的自治，塞人可以持有武器，准由十二個部落各推代表組成「議
會」（Skupschtina，或 Assembly），但土耳其仍派一總督駐在貝爾格萊德，

塞國並須向土國每年繳納定額之貢賦。此外，米洛什也由塞國議會公推為「公」(Knez)，並准世襲，此項地位並獲土耳其政府的正式承認。

當塞國的自治地位甫獲承認時 (1817)，忽起內鬨。逃亡奧國的黑喬治潛返塞境，準備與希臘革命黨人呼應，再度掀起反土戰爭。事被米洛什獲悉，密告土耳其總督，總督立即派人將黑喬治暗殺 (1817)。由是在今後一百年間，塞爾維亞的統治者，出現了兩個相互敵視傾軋的王朝：一為黑喬治王朝 (Karageorgevich Dynasty)，一為奧布利諾維支王朝 (Obrenovich Dynasty)。

(三)塞爾維亞由自治到獨立 (1829–1878)

希臘革命爆發 (1821) 後，俄國可能給予幕後的支持，俄、土關係又趨微妙，土耳其為求防阻俄國的干預，與俄簽訂〈阿克曼協定〉(*Convention of Akkerman*, 1826)，俄國支持塞方，要求土耳其自塞境撤退，並將雙方關係加以正式確定。但土耳其遲遲不作進一步的具體行動，俄國乃以此藉口對土作戰，發生俄、土戰爭 (1827–1829)。米洛什雖未積極助戰，但由側翼牽制敵軍，對俄亦有助益。戰後，俄、土簽訂〈亞德里亞諾堡條約〉(1829)，在俄方壓力下，土耳其對於塞爾維亞作了重大的讓步。依照該約和 1830 年的另一協議，計有下列具體成果：

1.土耳其承認塞爾維亞為自治公國，將內政、司法、賦稅等項均交由塞人管理，並將公國之疆界劃定。

2.承認米洛什為塞爾維亞公，並准世襲。

3.塞爾維亞的東正教會，脫離希臘人的管轄，單獨成立新教區。

4.土耳其仍保留宗主權及若干城鎮的駐兵權，塞國年納定額的貢賦。

自治以後的塞爾維亞，政治並不穩定。米洛什和以前的黑喬治一樣，霸道專制、橫徵暴斂，視人民如奴隸，下令將公用的牧地關閉，禁止人民進入飼養豬隻，而養豬業是塞人的主要農村經濟活動，因而引起國人的普遍不滿，屢有謀弒之陰謀。

1835 年 2 月，米洛什被迫召開議會，同意仿照西方國家的體制實行君

主立憲，尊重人權，責任內閣，並成立所謂國務院。但上述種種，均屬表面文章，毫無實行的誠意。1838 年始在俄國壓迫下，成立「參政院」(Senate)，設委員十七人，握有極大權力，另由塞公指派四人組成內閣，分別享有立法及行政權。翌年參政院迫米洛什退位，改由長子米蘭 (Milan) 繼位。一月之後，米蘭死，次子麥可 (Michael) 繼位。1842 年，麥可被迫下臺，議會迎立黑喬治之子亞歷山大（Alexander，1842–1858 年在位）為塞公。在亞歷山大十七年的統治中，塞爾維亞的文教事業頗有長足的進步，小學和中學陸續開辦，博物館、科學院和歌劇院次第設置，廣建大道以利商旅，並廣事收集民歌、諺語、歷史故事，編訂塞文文法和字典，出版書刊。司法制度也漸漸建立，頒布民法法典。亞歷山大於 1858 年被迫退位，塞人又迎立去國二十年、年屆七十八歲高齡的米洛什返國，但米洛什不久即逝世，麥可再度為塞公 (1860–1868)，以迄被刺為止。

克里米亞戰爭期間，塞爾維亞處於左右為難之局，交戰雙方一是它的宗主國（土），一是它的保護者（俄）。最後由於奧國的干預，塞國決採武裝中立。戰後簽訂〈巴黎條約〉(1856)，在列強支持下，將俄國的保護者地位排除，改由國際保證塞國的自治。惟土耳其仍為其宗主國，並保留在塞京及沿邊要塞的駐兵權，駐兵權直至 1867 年方始取消。

麥可公的八年統治，又為塞爾維亞帶來更進一步的改革。麥可在去國十八年期間，曾遍訪西歐各國，充分接受再教育，吸收當代新精神，使其成為塞國最佳的統治者。他渴望將塞國變成英國，實行憲政，於是一方面限制「參政院」的權力，一方面提高議會的職權，每三年定期召開一次。此外並改革稅制，鑄造貨幣，實行十進位制及改革軍事組織，引進新式步槍，實行徵兵，建立了一支可觀的現代化武力。

麥可鑑於義大利在皮德蒙 (Piedmont) 領導下已經完成了統一運動，因此也想使塞爾維亞成為巴爾幹的「皮德蒙」。他分別與希、保、羅人聯絡，希望組成「巴爾幹聯盟」，並進而成立「巴爾幹邦聯」，惜未成功。此一理想，日後狄托即予繼承，並曾作同樣的嘗試。

　　麥可雖多所建樹，但也有眾多的敵人。黑喬治家族和另一批不滿分子，數度陰謀叛變均未得逞，1868 年 6 月，當麥可偕親友數人在貝爾格萊德近郊一處橡林覆蓋的山間別墅漫步時，突遭四兇手槍殺。事後調查，陰謀與黑喬治家族有關。這兩個有功於塞爾維亞解放運動的開國家族，竟反覆暗殺對方，冤冤相報。議會因此一致決議，永遠不准黑喬治家族繼承塞公之位。並選任麥可堂弟米蘭繼位，是為米蘭‧奧布利諾維支四世 (Milan Obrenovich IV)。因年僅十四，由三人攝政。

　　1869 年，新政府頒布新憲法，取消參政院，提高國會的職權，惟仍保留國君的權力。國會改為每年舉行一次，議員一百二十人，其中九十人由民選產生，三十人由塞公指派。遇有特別事故，則將國會的席位增多為四百八十人，全部由人民選舉產生。但選舉並不採秘密投票方式，而是公開舉行，故易被政府操縱，距真正的民主憲政尚遠。

　　米蘭於 1872 年成年親政，在外交上採取親俄政策，此時「大塞爾維亞」(Great Servia) 觀念正在盛行，意即巴爾幹區的所有塞人（包括黑山國及波士尼亞等地之塞人在內）均應聯為一體，至於此一擴大的塞爾維亞國家，究竟由誰人領導，則意見不一。除塞公米蘭之外，尚有黑山國公尼古拉一世（Nicholas I，1860–1918 年在位），後者的氣度才幹均優於前者。

　　1875 年，波士尼亞首舉義旗，掀起反土戰爭。塞公初尚舉棋不定，但人民情緒高漲，迫其採取行動，米蘭乃與黑山國結盟，並向土耳其要求將波士尼亞及赫塞哥維納兩省交由塞國兼管，土政府拒絕，塞乃向土宣戰（1876 年 6 月 30 日）。黑山國亦於翌日對土宣戰。塞軍雖有十餘萬，且有俄籍將領指揮，但仍為土軍擊敗，貝爾格萊德亦受威脅，列強調停，俄並向土發出最後通牒，塞、土遂簽約停戰（1877 年 3 月）。

　　1877 年 4 月，俄、土戰爭爆發，俄軍受阻於保加利亞，塞爾維亞並未及時參戰聲援俄軍。及至普列夫納隘道為俄軍攻占之後五日（1877 年 12 月 15 日），塞始向土宣戰，引起俄方的不滿。自此時起，俄國就比較支持另一斯拉夫國家——保加利亞。所以在俄、土簽訂的〈聖‧斯提凡諾條約〉

（1878 年 3 月）中，扶植了一個「大保加利亞」，而塞爾維亞所得者，只有尼施等少數城鎮而已。由於列強的干預，另開柏林會議，出席會議的俄國代表葛察可夫 (Gorchakav) 外相對於塞國代表李斯提契 (J. Ristić) 絲毫不假顏色。在最後簽訂的〈柏林條約〉（1878 年 7 月）中，保加利亞的疆域雖被大幅削減，而塞爾維亞的領域也並未增加。塞國意圖兼併的波士尼亞和赫塞哥維納兩地，反而劃歸奧匈帝國占領與管理。為了阻止塞爾維亞與黑山國聯為一體，特在兩國之間劃出一片條形地帶──諾維‧巴薩州 (Sanjak of Novi Bazar)，由奧匈帝國派兵駐守。有「塞爾維亞的加富爾 (Cavour)」之稱的元老重臣李斯提契一向主張親俄，至此大感失望，憤而辭職。此後塞國外交路線，由親俄轉而親奧。

塞爾維亞在柏林會議中的唯一收穫，是它的獨立地位獲得國際的承認。與其同時獲得獨立的巴爾幹國家，還有黑山國和羅馬尼亞。

1882 年 2 月，塞爾維亞國會宣告塞爾維亞由公國改為王國，米蘭‧奧布利諾維支四世改稱塞王米蘭一世。米蘭因民望不孚而被迫退位 (1889)，由其十三歲的髫齡獨子亞歷山大繼位，仍由李斯提契攝政。此後黨爭不斷，政變迭起。亞歷山大娶其情婦德拉佳 (Draga) 為后，后有野心，用其兩弟為總理及國防部長，並有奪取王位改由其弟繼任的企圖，於是激起政變，一批軍官闖入宮中，將亞歷山大刺殺 (1903)，奧布利諾維支王朝至此告終。

叛變分子遂即召開國會，一致推舉彼得 (Peter) 為塞爾維亞國王，彼得為塞爾維亞解放者黑喬治之孫，由是又轉入黑喬治王朝執政時代。

時在第一次世界大戰前夕，國際風雲緊張，塞爾維亞的民族運動正在如火如荼的展開。此一以建立「大塞爾維亞」為目標的民族運動，意圖以塞國為核心，再將巴爾幹區的所有塞爾維亞人一律兼併。所以他們高唱「巴爾幹是巴爾幹人的巴爾幹」(The Balkans for the Balkan Peoples)，希望列強不要干涉。他們爭取的地區，一是西面的波、赫兩州，二是東面的馬其頓，所以必須瓦解奧匈帝國和土耳其帝國。可是「大塞爾維亞」運動，和斯洛汶人所提倡的「三元論」，彼此衝突。而衝突的焦點就是波、赫兩州的歸屬

問題，也就是這兩個斯拉夫人居住的地區，究竟應該脫離奧匈帝國的統治而併入塞爾維亞王國之內呢？還是繼續保留在奧匈帝國之內，成為「三元」之中的一元呢？

1912–1913 年的兩次巴爾幹戰爭，塞爾維亞均獲勝利，人口和領土倍增，建立「大塞爾維亞」的野心更為高漲。

塞王彼得因健康不佳，於 1914 年 6 月 24 日將王位讓由其子亞歷山大為攝政，讓位之後四日即發生「薩拉耶佛事件」，刺殺奧國王儲者就是一名狂熱的大塞爾維亞分子。塞城事件引起了世界大戰的爆發。戰後，以塞爾維亞為中心，併合克洛琪亞、斯洛汶尼亞、黑山國以及馬其頓等地，合建「塞爾維亞‧克洛特‧斯洛汶王國」(1918)，十一年後再改國名為「南斯拉夫王國」(1929)。

第九章　阿爾巴尼亞的獨立

一、由古史到土耳其之征服

　　阿爾巴尼亞 (Albania) 是巴爾幹區最小的國家，有多重大山由北而南貫穿全境，耕地不多。在這些險峻的高山之上，林間常有兀鷹棲止，依照阿爾巴尼亞人的古老傳說，他們是「鷹之子孫」（Shqiptar，或 Sons of the Eagle），所以古有「鷹國」之稱，今仍以兀鷹為國徽。

　　阿爾巴尼亞介於南斯拉夫與希臘之間，背山面海，東部由於重山疊障，故易守難攻。西臨亞得里亞海，較易受到來自海上的攻擊，古時的羅馬人，中古後期的威尼斯人，均由海路侵入阿境。義大利半島的南端，隔著一道奧特蘭托海峽 (Strait of Otranto) 與阿爾巴尼亞隔海相望，所以每當義大利半島上的強權國家向巴爾幹侵略時，阿國總是首當其衝，成為東進的跳板，古代的羅馬帝國如此，二十世紀墨索里尼的法西斯政權也是如此。羅馬帝國曾在巴爾幹半島的中部，建築一條東西走向的大道——依格納提亞大道 (Via Ignatia)，東端的終點是君士坦丁堡，西端的起點是狄拉琪亞姆 (Dyrrachium)，狄港今稱都拉索 (Durazzo)，便是阿爾巴尼亞的第一大港，阿國的首都地拉納 (Tirana) 即在此港之東方。一直到東羅馬時代為止，這條大道仍然扮演重要的角色，戰時供軍旅通行，平時供商旅往返，是一條東西交通的孔道，而阿爾巴尼亞正好扼其咽喉。

　　阿爾巴尼亞人是巴爾幹半島上最古老的民族之一，它的古史的可信資料不多。當地土著，最初是伊利瑞安人，阿爾巴尼亞人可能是他們的後裔。此地雖歷經多種外族（包括羅馬人、匈人、哥德人、斯拉夫人、諾曼人、威尼斯人和土耳其人）侵入，但阿人依然保留了原有的語文、社會組織、

風俗習慣，和他們的鄰邦希臘或斯拉夫各邦國絕少相似之處。西元前二世紀間，羅馬東來，征服巴爾幹半島，先後在半島西岸設置伊利瑞康省（西元前 167）和伊比拉斯省（西元前 165），阿爾巴尼亞就在這些省區之內。羅馬帝國分裂為東西後，阿爾巴尼亞屬於東羅馬帝國範圍之內，受君士坦丁堡之統治，人民亦接受東正教。

阿爾巴尼亞人以史谷比河 (Shkumbi R.) 為中界，分為南北兩部分，雖均為阿人，但各操方言，社會習俗及宗教信仰亦各異。北區稱為吉格人 (Ghegs)，散居山村，牧羊為業，民風慓悍，常有血腥的械鬥，多信伊斯蘭教和天主教；南區稱為托斯克人 (Tosks)，由於與希臘人接觸日久，雜居通婚，較為溫馴，以農耕及經商為生，多信伊斯蘭教和東正教。在土耳其勢力進入後，很多人為了保命和保產，紛紛改信伊斯蘭教。

至今在阿國全部人口之中，伊斯蘭教徒約占 70%，基督徒占 30%。在基督徒中，三分之二為東正教徒，三分之一為天主教徒，所以阿爾巴尼亞是巴爾幹半島上唯一以伊斯蘭教為主要信仰的國家。

十四世紀中葉塞爾維亞建立杜山帝國 (1331–1355)，將阿爾巴尼亞併入帝國之內，但為時甚短。杜山死後，帝國瓦解。十四世紀末年，威尼斯勢力擴張，沿達爾瑪什亞海岸南下，攻占拉古薩、斯庫塔里及都拉索等港口，阿爾巴尼亞也是威尼斯共和國的勢力範圍。

十五世紀上半期，土耳其東來，將阿爾巴尼亞征服 (1467)，自此統治將近五百年之久。在此期間，雖有多人改信伊斯蘭教，且在土耳其政府中出任軍政要職，但也有不少阿人不斷掀起反土鬥爭，且曾一度擊敗土耳其而獲得暫時的獨立。著名的領導叛亂者為史坎德貝格 (Skanderbeg, 1403–1468)，史氏本名為卡斯特瑞歐提 (G. Kastrioti)，原為北部山區吉格人一幼童，被土耳其徵兵離家，改名伊斯坎德 (Iskander)，史坎德貝格即由此轉化而來。曾在土京接受伊斯蘭教教義，並在軍中服役。及至 1444 年，阿人抗土之戰開始，史氏聞訊立即遄返故鄉加入革命行列，並改信天主教，糾集部落領袖，展開獨立戰爭。教廷、威尼斯、那不勒斯等基督教邦國紛紛支

圖 47　阿爾巴尼亞的反土民族英雄——史坎德貝格

援，一度擊敗土耳其，迫其簽訂休戰條約。因其表現英勇，於是贏得了「基督戰士」(Athlete of Christendom) 及「阿爾巴尼亞的亞歷山大」(Alexander of Albania) 的美譽。

阿爾巴尼亞在土耳其政府中，因功升任高級文武官員者不乏其人，十七世紀間的古普瑞律家族，曾有四人出任首相 (Grand Vizer)，銳意改革，功在中興。十九世紀初年的穆哈麥德‧阿里 (Muhammed Ali) 父子，在埃及建立半獨立的統治權，他所建立的埃及王朝，一直傳到二十世紀，至法魯克 (Farouk) 時始被納瑟 (G. Nasser) 推翻 (1952)。

二、阿爾巴尼亞的獨立

阿爾巴尼亞近代民族意識和民族運動，遲至十九世紀方始產生，遠比其他東歐國家為晚。因為它的語言並不統一，宗教信仰極為複雜，較少受到西方思潮的刺激，更缺乏足夠的知識分子或中產階級負起領導的責任。而以上種種，均為醞釀或引發民族運動的先決條件。

西方國家對於阿爾巴尼亞的情況所知有限，也寄予較少的關懷，一直到 1878 年柏林會議舉行時，阿爾巴尼亞問題才引起各國的注意。在柏林會議中，有兩項關於阿爾巴尼亞的問題：

1. 列強為了酬勞黑山國出兵對土耳其作戰，決將土屬古新傑 (Gusinje) 和普拉瓦 (Plaua) 兩地割予黑山國，而兩地居民均為阿爾巴尼亞人。

2. 希臘在會中提出要求，希望將柯察 (Korcha) 地區割予希臘，希方認

為該地是希屬伊比拉斯的延伸。

以上兩事自然引起阿人的反感，於是各個部落的領袖在土耳其暗中鼓勵下，於普里茲倫 (Prizren) 城集會，組成「阿爾巴尼亞聯盟」(Albanian League，1878 年 6 月)，一方面號召全體阿人團結一致保衛鄉土，一方面向英國首相狄斯瑞里 (Disraeli) 提出備忘錄，聲稱阿人仍願在土耳其治下，組成自治省，不願歸屬於黑山國，必要時不惜武裝反抗。聯盟的領導人物為弗拉施利 (A. Frashërè)，在集會時高呼：「祖國要我們捨身奉獻，我們沒有思想的差異，我們全是阿爾巴尼亞人！」

不過這些呼聲並未引起俾斯麥的重視，但當黑山國派兵接收兩地時，阿人勇敢抵抗，擊退敵軍。黑山國又向列強求助，列強轉向土耳其施加壓力，但一切妥協方案均遭阿人堅拒，糾纏兩年之後，始在列強艦隊壓迫下由黑山國接管一處港口作為最後的解決。至於希臘的要求，因其並非參戰國家，列強意見亦不一致，延至 1881 年亦告解決，希方並未如願。

阿爾巴尼亞聯盟的成立，最初雖獲土耳其政府的支持，但聯盟一經組成之後，其反抗對象即轉向伊斯坦堡，由對外轉為對內。不過阿人也瞭解本身只是一個既落後又微弱的地區，如於此時就爭取完全的獨立，恐難實現，因此聯盟奮鬥的目標，只限於自治，希望把阿爾巴尼亞劃為一個單一的行政區，阿人可以擔任較高官職，聘用阿人以阿語在學校教學，宗教信仰既自由又平等，所有稅賦均用於地方建設。以上各點，均納於一部憲章之中，國際人士如英國駐土大使古臣爵士 (Lord Goschen) 等雖表支持，但未為土耳其當局接受，1881 年，派兵前往鎮壓，聯盟領袖多人被捕。但聯盟的奮鬥卻為阿爾巴尼亞的未來統一與獨立，奠下初步基礎。

柏林會議以後的阿爾巴尼亞民族主義者，特別致力於語言的統一、宗教偏見的減低、民族自尊心的發揚，尤其著重於古史的重建，借助於考古學和人類學的新發現，追尋在土耳其入侵以前的歷史。這些早期民族主義者的活動，大致分為兩派：一派是一批充滿愛國熱情的詩人和文學家，以豐富的想像力，創作了許多篇章。較具代表性的人物是一位名叫費施達

(G. Fishta) 的神父，曾受教於羅馬，他用北方的吉格方言寫了一部夾雜著神話和史實的長篇史詩，題為《山中英雄故事》(*Saga of the Mountain*)，描述阿爾巴尼亞人和斯拉夫人之間的長期鬥爭，最初是一段傳奇，有一條代表阿人傳統勇士的巨龍，在娥拉 (Ora) 和莎娜 (Sana) 兩名仙女的引導下，屠殺了一頭叫作古石得拉 (Kulshedra) 的怪獸和入侵的黑山人，後面一直敘述到柏林會議時阿爾巴尼亞聯盟為止。這些詩人寫作的目的，在於激發阿人的民族意識和愛國情操。另一派人士則為比較著重實際的政治家，他們只希望達成阿爾巴尼亞政治和文化方面的自治，尚無完全獨立的妄想。

　　1908 年 7 月土耳其發生革命，「青年土耳其黨」取得政權後初步提出的改革計畫頗為開明，他們想把土耳其帝國改組成為「聯邦」，每一少數民族均可享受政教平等和自治權利，這些主張立即獲得阿人的熱烈支持。同年 11 月在蒙納斯提耳 (Monastir) 召開全省代表大會，前述詩人費施達等均為代表，會中組成「民族統一委員會」(Committee of National Unity)，準備接管行政工作，並派代表參加土京的帝國議會。但好景不長，土耳其新政府旋即改變初衷，勵行「鄂圖曼主義」(Ottomanism)，重採高壓政策，於是激起阿人的武裝叛亂，哈珊 (Hassan Prishtina) 糾合五萬之眾建立總部，亂事持續三年之久 (1909–1912)，土耳其同意阿爾巴尼亞自治，並准阿人隨時攜帶武器。

　　當阿爾巴尼亞獲准自治之際，不幸巴爾幹整個大局突起變化，第一次巴爾幹戰爭 (1912–1913) 爆發，塞、黑、保、希四國聯合對土作戰，四國之目的在瓜分土耳其在巴爾幹區的殘餘領土——其中也包括阿爾巴尼亞在內。他們深恐如准阿省成為自治國，則無法再予分割。四國於兩月之內即將土軍擊潰，然後揮軍攻入阿境，阿爾巴尼亞由塞、黑、希三國分區占領。

　　在此緊急關頭，阿爾巴尼亞出席土耳其議會的一位代表弗洛拉 (I. K. Vlora) 逃往法國，然後號召各愛國團體推派代表前往阿境瓦洛納 (Valona) 重組議會。在他由歐歸國途經維也納時，獲得奧匈帝國給予支持的保證，瓦洛納議會遂即宣布阿爾巴尼亞脫離土耳其獨立（1912 年 11 月 28 日），

並推弗洛拉組成政府，弗氏被譽為阿爾巴尼亞的國父。

阿爾巴尼亞的獨立，國際反應不一，奧匈及義大利全力支持；而巴爾幹的塞、黑等國和其幕後的支持者俄國則全力反對。奧匈支持的原因，是不願塞爾維亞在亞得里亞海岸獲得一處海口，也不願塞國與黑山國的領域聯為一氣。義大利則不願見到希臘的領域伸展到奧特蘭托海峽的東岸。結果在倫敦會議（1912 年 12 月 –1913 年 5 月）中，奧、義一方在德國支持下站了上風，阿爾巴尼亞的獨立遂獲國際承認。

三、獨立之後的混亂局面

阿爾巴尼亞雖已獲得獨立，但建國初期卻有不少重大的難題。一是它的國界如何劃定？二是它的內部管理問題。倫敦會議授權列強外長會商決定，他們在 1913 年 7 月間提出「十一點協議」，其中指出：

　　1.阿國的君主必須由一位外籍親王擔任。

　　2.內政及財政均由列強指派的委員會負責管理。

　　3.武裝部隊只限於憲兵隊，由荷蘭軍官訓練指揮。

　　4.阿國為一中立國家。

至於阿國的疆域問題，「十一點協議」中並未提出具體的方案。它的北界和東界，已於 1913 年 3 月決定，南界則因與希臘有關而難以解決。遲至 1914 年 2 月，希臘方始同意列強劃定之邊界，並允自阿境占領區撤軍，但希軍實際上並未離去，只是卸下軍服改著民裝而已。不久，希方發動武裝政變，在阿國南區建立「北伊比拉斯臨時政府」，以一名前任希臘外交部長為行政首長，並向各國警告，如加干涉，希臘將派兵保護。希臘的占領，立即引起阿人的武力反抗，希軍正式馳援，南部陷於混亂狀態。列強於 1914 年 5 月間在科孚 (Corfu) 商獲協議，決將南區劃為東正教徒的自治區。是時，一名土耳其的離職外交官名突爾罕‧帕夏 (Turhan Pasha) 者，在中區的都拉索港另建國民政府，取代弗洛拉領導的合法政府，但是引起阿人

的反對，國勢陷於無政府狀態。希臘於是乘機大舉北進，奪占上述「自治區」，屠殺極慘。奧、義立即照會希臘，限於年底之前撤離阿境。

列強代覓的阿爾巴尼亞公為一日耳曼籍的魏德親王 (Prince William von Wied) 於是時到任，列強立予外交承認，派遣使節來阿，國際管制委員會亦將政權移交新君接掌。首都設於都拉索。由塞、希、土等國支持的叛軍兩度攻擊都拉索，魏德親王乘義艦逃出，義大利乘機勒索經濟特權，但為魏德峻拒。

1914 年 7 月，世界大戰爆發，奧匈帝國要求阿國對塞宣戰，亦為魏德拒絕。及至首都被叛軍攻陷之後，魏德被迫離國，指責列強未能履行前所承諾之協助。所以在四年大戰期間，阿爾巴尼亞始終處於鄰邦瓜分的無政府狀態——既無國君，又無統一的政府。

第十章 希臘的復興與獨立

一、希臘民族復興運動的興起

在東歐諸國中，以文化創造的先後而言，希臘當首屈一指，早在西元前六世紀起，即已產生高度的文明，以城邦為基礎的民主政治，以及哲學、文學、藝術等方面均有輝煌燦爛的成就。此時的「希臘世界」，除了現在的希臘本土之外，還包括散布各地的希臘殖民地。當年的愛琴海實際上是希臘人的「內湖」，現在土屬小亞細亞半島沿海一帶，以及愛琴海中的大小島嶼，均為希臘的領域。

亞歷山大帝國瓦解（西元前 323）以後，希臘由盛而衰。西元前 146 年被羅馬全部征服，分置行省。羅馬帝國分裂為東、西後，希臘屬於東帝國範圍，由是和君士坦丁堡結下不解的因緣。希臘人信奉的東正教，即受設於君士坦丁堡的教長管轄。雖則如此，君士坦丁堡卻是一個希臘的都市。君士坦丁堡原名拜占廷 (Byzantium)， 也是希臘人早年建立的一處殖民地（西元前 657），君士坦丁大帝 (Constantine, The Great) 於 330 年定為東羅馬帝國首都時改稱君士坦丁堡。其後，小亞一帶的希臘人，因受波斯人和薩拉森人 (Saracens) 的威脅，紛紛逃往君士坦丁堡，逐漸成為東帝國的統治階層，到了白錫爾一世（Basil I，867–886 年在位）時，東羅馬帝國事實上已經變成了一個「希臘帝國」，希臘語文也成為通用的語文。

土耳其帝國攻陷君士坦丁堡後，不久即將希臘半島上拉丁王朝所建的幾個小小公國——雅典公國 (Duchy of Athens) 和莫利亞公國 (Principality of Morea) 全部征服 (1460)，希臘在土耳其帝國統治之下也有三百七十年之久 (1460–1830) ❶。

　　希臘是巴爾幹諸國中最先脫離土耳其統治而獲得獨立的國家。希臘民族復興運動成功的原因，得力於下列諸因素：

　　1.自近代初期的文藝復興以及「新古典主義」(Neoclassicism) 在西歐興起以後，希臘語文已為西方學術界所熟知。同時在西歐各大城市如倫敦、巴黎、羅馬和威尼斯等地，也各有不少的希臘商人和僑民。到了十九世紀初年，啟蒙思想和法國革命所代表的新思潮，乃得透過共同熟悉的希臘語文，最先傳入巴爾幹南端。換句話說，希臘獨得風氣之先。在西歐社會中，一向有一批「親希臘者」(Philhellenes)，他們仰慕希臘文化，對希臘人民具有一腔熾熱的感情，所以當希臘革命在 1821 年爆發後，有些人躬親參與，英國著名詩人拜倫 (Lord Byron) 甚至為其犧牲 (1824)。美國總統門羅 (J. Monroe) 也是一位親希臘者，在 1822 年 12 月 4 日的致國會咨文中，也曾遙遙助陣。

　　2.土耳其在巴爾幹實行「米列制度」，義即教區自治制，「東正教米列」中雖然包括希臘人、保加利亞人、塞爾維亞人和羅馬尼亞人等等，但這個米列的「米列長」卻指派希臘籍修士金納迪阿斯擔任，他同時也是整個東正教會的教長 (Patriarch)。以後的歷任教長兼米列長，均為希臘人。既為希臘人，對希臘自然特別關切。換言之，在土耳其統治的諸民族中，希臘受到較多的照顧，它所遭遇的若干困擾，也可以透過教長向土耳其政府交涉而獲得減輕或解決。米列制不僅保持了希臘民族的傳統，更使其在宗教範疇內獲得較多的助益。

　　3.希臘人由於擅長航海及國際貿易，通曉外國語文，不少人經商致富，社會地位提升，形成所謂「菲納瑞歐」階級，擁有財勢，逐漸滲入土耳其統治階層，擔任政府的各種官職，或則參贊外交，或則統率艦隊，或則透過賄賂被派出任羅馬尼亞境內兩個自治公國的總督 ❷。這些「菲納瑞歐」因與國外多所接觸，所以一方面引進了西方的新思潮，一方面也和外國建

---

❶　希臘在土耳其統治之下的情形，參閱本書第五章。

❷　參閱本書第五章及第六章。

立了密切的關係，其中尤以羅馬尼亞兩公國因與俄國毗鄰，受到俄國的影響也最大。

俄國自彼得大帝時代起即蓄意南進，以土耳其為侵略目標，到了凱薩琳二世時代，活動更為積極。在此期間，連續發生多次俄、土戰爭，俄國不僅攻占了黑海北岸的土耳其保護國——克里米亞汗國，而且數度進入巴爾幹。俄國南進的初期（十八世紀），它所利用的親俄分子多為希臘人，希臘人也把俄國視為助其解放的外國友邦。到了俄國南進的後期（十九世紀），保加利亞人和塞爾維亞人才取代希臘人的地位。十八世紀的一位希臘知名學者吳加利斯 (E. Vonlgaris, 1716–1808)，就是比較具有代表性的這種人物。吳氏於義大利的帕杜亞大學習哲學，兩任東正教教長均邀其講學，曾譯伏爾泰 (Voltaire) 及洛克 (J. Locke) 著作為希文。他在日耳曼的萊比錫訪問時，遇凱薩琳二世倖臣奧洛夫 (T. Orlov)，將其引薦於女皇 (1772)。是時，正發生俄土戰爭 (1768–1774)，奧洛夫擬在希臘建立一個親俄的公國，遙相呼應。奧洛夫之弟 (A. Orlov) 率艦隊由波羅的海繞西歐南下，與土耳其艦隊在東地中海作戰，吳加利斯隨軍南行，女皇命其用希臘文編寫若干宣傳小冊在希臘各地散發，小冊之一就是一部法國的法典。吳氏曾向女皇進言，主張解放希臘。戰後，奉邀前往俄京 (1790)，和伏爾泰一樣，也是和女皇討論學術問題的外國學者。

4.希臘革命志士的宣傳與號召，也是促成獨立運動的近因。此輩人物，可舉下列二人為代表：一為李嘉士 (K. Rhigas Velestinlis, 1757–1798)，一為柯瑞伊斯 (A. Koraes, 1748–1833)。李嘉士青年時代曾因怒殺一土耳其貴族而逃匿奧林帕斯山中，並曾在阿托斯山修院內短暫停留，後得結識屬於「菲納瑞歐」階級的希臘權貴亞歷山德洛士‧伊普西蘭提 (Alexandros Ypsilanti) 於土京，伊氏奉派出任莫德維亞公國總督時，李亦隨行；旋又轉任瓦雷琪亞公國總督馬弗洛伊尼斯 (N. Mavroyenis) 的秘書，馬氏因在俄、土戰爭中未能支持土耳其而被處死後，李嘉士乃逃往維也納 (1796)。是時法國革命業已爆發，拿破崙屢獲勝利，李氏受此刺激，於是開始籌劃解放

希臘的革命活動，一方面秘密結社，一方面以希文撰寫宣傳文件和愛國歌
曲（曾仿照〈馬賽進行曲〉曲調寫了一首戰歌），鼓勵同胞，勉其掙脫異族
統治的枷鎖。李氏主張，希臘應與其他受土耳其奴役的國家共組「巴爾幹
聯盟」，更應糾合散在各地的希臘人共同奮鬥，其中包括住在小亞細亞半島
的希臘人在內，這一套的「大理想」(Megali Idea)，日後就成為希臘民族主
義者的奮鬥目標，一直到第一次大戰之後，希臘出兵攻入小亞半島，發生
希、土戰爭 (1919–1922)，仍是此一「大理想」在作祟。及其被凱末爾
(Mustafa Kemal) 擊敗之後，此一幻夢方始完全破滅。當保加利亞境內的維
丁總督起兵反叛土耳其時 (1797)，李嘉士即由維也納東行，意圖發動希臘
的反土革命，不幸被捕遇害。

　　另一革命志士柯瑞伊斯仍繼踵李嘉士的烈士精神，秉持富有自由主義
色彩的民族主義繼續努力，但較李氏保守，他深受法國啟蒙思想的影響，
對法國革命極為推崇，對美國的富蘭克林、華盛頓和傑佛遜等開國人物尤
極欽佩，並曾與傑佛遜通訊討論希臘的前途。當拿破崙自威尼斯人手中奪
占東地中海的愛奧尼安群島並在該處建立「西普丁塞勒共和國」(Septisular
Republic, 1799) 時，柯瑞伊斯就全力予以支持。柯氏曾在荷蘭阿姆斯特丹
經商多年，深受新思潮的感染，其後移居巴黎，棄商就學，精研希臘文，
翻譯了許多西方名著，編寫了很多革命性的小冊，在希臘革命的前夕在希
境廣為流行。及至 1821 年革命爆發，柯氏出任革命政府的駐巴黎非官方
代表。

二、獨立革命 (1821–1830)

　　希臘的獨立革命，於 1821 年開始，至 1830 年完成。參加革命的分子
並不統一，就社會階級來說，上層分子包括富有的「菲納瑞歐」、國際貿易
商和希臘僑民社會的領袖等。下層分子以希臘本土居民為主，包括農民、
漁夫和低級的軍人。就地區的分布來說，一是羅米列區 (Rumeli)，亦即伯

羅奔尼撒半島以北的伊比拉斯、馬其頓和色雷斯等地；二是伯羅奔尼撒半島；三是愛琴海一帶諸島；四是旅居國外的希臘僑民。他們都有一個共同的目標——推翻土耳其的異族異教統治而獨立。不過，由於上述社會和地理的歧異，他們追求的目的並不一致。有些人主張自治，有些人主張徹底獨立，有些人甚至懷抱「大理想」，不僅希望推翻土耳其政府，而且希望以君士坦丁堡為首都，建立一個龐大的希臘帝國，上繼中古時代的拜占廷帝國，領域並不限於希臘本土，而且包括愛琴海諸島，乃至小亞細亞。

當革命的火炬於 1821 年點燃時，是分別在南、北兩地同時開始的。北區的革命隊伍來自俄國南部，後又進入羅馬尼亞兩公國；南區的革命群眾則以伯羅奔尼撒半島為中心。在革命爆發以前，南、北雙方已有秘密管道聯繫，這一條秘密的管道，就是一個地下組織，稱為「友社」。

「友社」（Philiki Hetairia，或 Friendly Society）創立於 1814 年，創立人是叫作史庫佛斯 (N. Skoufos)、桑索士 (E. Xanthos) 和薩卡洛夫 (A. Tsakalov) 等三個窮困的希臘商人，其性質和型態與十九世紀初期在歐洲普遍存在的秘密會社（如馬志尼的燒炭黨等）大致相似，以推翻土耳其統治、拯救水深火熱中的希臘同胞為職志。入會時須莊嚴宣誓，矢志忠貞。參加分子為數極多，包括上下各階層和不同的地區。總部原設於南俄之敖德薩，1818 年遷至君士坦丁堡，分別派出十二個「使徒」(Apostle)，各管一區，在希臘社區中普建地下小組 (Cell)。由於友社和各地俄國領事館的關係頗有接觸，於是製造了一種假象，使人誤信該社的幕後隱名領袖實即俄國沙皇，而友社本身的活動將來也會獲得俄國的協助。

首先在北方舉事的革命領袖亞歷山大・伊普西蘭提 (Alexander Ypsilanti, 1792–1828) 為一「菲納瑞歐」世家，其父、祖兩代均曾擔任羅馬尼亞兩公國的總督，亞歷山大・伊普西蘭提當時已經投效俄國並曾擔任俄皇的侍從武官，在敖德薩一帶活動。友社原擬邀請凱波迪斯垂阿斯 (I. Capodistrias, 1776–1831) 出任該社領袖，但凱氏未允，推薦伊普西蘭提代替。凱氏亦為希臘人，曾任俄國外相之職，出席維也納會議，聲望甚隆。

伊普西蘭提起事時，身著俄國將軍制服，並以友社和革命的「副領袖」自居，暗示其上尚有一位更高的領袖——俄皇亞歷山大一世。

1821 年 3 月 6 日，伊普西蘭提率領少數部隊由比薩拉比亞進入羅馬尼亞北部的莫德維亞公國，公國總督蘇托 (M. Sutu) 為一「菲納瑞歐」，遂即投入革命陣營，革命隊伍占領公國首都雅賽，伊氏會同當地貴族代表上書俄皇，請求協助。亞歷山大一世此時正與盟國領袖在奧境之留布里安納舉行會議，討論壓制歐洲的革命，因其頗受梅特涅的影響，故對希臘革命並不表示支持，遂即又將希籍外相凱波迪斯垂阿斯免職。伊普西蘭提的革命行動乃受重大打擊。是時，伊氏已進至瓦雷琪亞公國，原本希望獲得羅馬尼亞人的支持，但羅人久受「菲納瑞歐」的高壓統治，拒予支援。不久，伊軍即被土耳其擊潰，伊氏逃往奧境，在外息爾凡尼亞被捕，囚禁七年而死。

伊普西蘭提被捕之後，友社的革命行動由其弟狄米特瑞歐斯 (Dimitrios Ypsilanti) 繼續領導，但軟弱無能，其勢漸衰。羅馬尼亞兩公國又重入土耳其掌握。

當伊普西蘭提在北方舉事時，本已約定南區的友社同志同時行動，其最初夢想，不僅爭取希臘本土和羅馬尼亞的解放，而且意圖火焚君士坦丁堡，劫持蘇丹，進而追求整個巴爾幹區的解放，包括塞爾維亞和保加利亞在內。但事與願違，並未達到理想的目的。

南區的革命，是由突發事件所引起，並未依照原先計畫的南北呼應。1821 年 3 月，土耳其政府邀集希臘本土的東正教會領袖（包括伯羅奔尼撒大主教在內）前往特里波利薩 (Tripolitza) 開會，到會者竟被拘囚，引起暴亂，民眾紛紛攻擊官署並殺害土耳其官員。3 月 25 日，巴特拉斯 (Patras，位於科林斯灣西端、伯羅奔尼撒半島的西北岸) 大主教亞爾瑪諾士 (Germanos, 1771–1826) 在修院中高舉義旗，宣告起義。此一事件即被史家視為希臘革命開始的信號，3 月 25 日亦被定為獨立紀念日。

叛亂開始後，首先在南區蔓延，伯羅奔尼撒半島上居住的四萬名土耳

其人中，有一萬五千人被殺。土耳其為了報復，也大肆屠殺，君士坦丁堡的東正教教長格里高瑞歐斯 (Gregorios) 被公開吊死於城頭 （1821 年 4 月），因而引起國際的注意，俄皇態度由此轉變，認為土方已經違背了〈庫恰克‧凱納琪條約〉(1774) 的規定，俄國既有權保護土境的東正教徒，於是開始插手干涉。首先宣布與土耳其斷絕外交關係，繼又聯合英、法兩國向土施壓。

當南區革命初起時，土耳其正在對付北部羅馬尼亞和西部伊比拉斯兩方面的叛亂。等到上述叛亂敉平之後，方才集中全力討伐南區的革命，伊比拉斯和馬其頓等地秩序次第恢復，但叛軍仍固守伯羅奔尼撒半島，雙方僵持不下。土政府為打破僵局，求助於埃及總督穆哈麥德‧阿里 (Muhammed Ali)，阿里所索的代價極高：除須將克里特 (Crete) 島賜與其本人之外，並須將伯羅奔尼撒半島賜與其子伊布拉希姆‧阿里 (Ibrahim Ali)。蘇丹被迫均接受，埃軍遂即展開行動，攻占克里特島及半島 (1825)，翌年更占領雅典。

列強鑑於局勢嚴重，干預行動隨之加強。俄、英、法舉行會議於倫敦，決定支持希臘自治，並聯合照會土國要求停戰。土拒，三強乃派艦隊首先切斷由埃及到伯羅奔尼撒的海上交通線，繼又擊潰土耳其埃及聯合艦隊於伯羅奔尼撒半島西南端的納瓦瑞諾 （Navarino，1827 年 10 月）。土耳其群情激憤，遂向俄國宣戰，俄、土戰爭再度爆發 (1828–1829)。埃軍撤出希臘，由英、法派兵接管。俄國深恐希臘落入英、法手中，於是迅即結束戰爭，以寬大條件，簽訂俄、土〈亞德里亞諾堡條約〉（1829 年 9 月），迫使土耳其同意希臘自治。英國恐怕希臘變成一個由俄國遙遙控制的保護國，堅決主張應使希臘完全脫離土耳其而獨立。1830 年 2 月，英、法、俄再度召開倫敦會議，確認希臘為一獨立王國，並由三強給予共同保障與監督。

三、獨立以後的發展

　　希臘的革命勢力，內部既不團結，外國也分別干涉，所以極難產生一位各方一致擁戴的領袖。1827 年 4 月，希臘的全國代表會議終於擬定了一部憲法，並推凱波迪斯垂阿斯為臨時總統。是時凱氏已離俄赴瑞士，聞訊於翌年初返回希臘就職。凱氏因久居俄國，觀念和作風比較專斷保守，所以與自由派分子、游擊隊領袖以及一些具有封建思想的「顯赫家族」時起衝突，政局不安。1831 年遇刺身死，死後由「三人小組」共治，政局混亂如故。國內既然無法產生一位眾望所歸的理想領袖，只好求之於國外的人選。

　　1833 年 2 月，由倫敦三強會議推薦的首任希臘王國國王奧托 (Otho) 抵達臨時首都紐普利亞 (Nauplia) 就職。奧托原名鄂圖 (Otto)，年僅十七，其父為巴伐利亞公。在列強支持下，政局漸趨安定，遷都雅典 (1834)，與土耳其建交。1844 年重制憲法，議會設上下兩院，大致仿照君主立憲政體，此一憲法維持了十八年，以迄 1862 年發生革命奧托被迫去國，改由喬治一世 (George I) 繼位為止。

　　喬治一世為一丹麥王子，經列強推薦為希王，在位五十年 (1863–1913)，由於憲法的修訂，王權更受限制，民權更為提高，成為名副其實的君主立憲。在此期間，有兩位政治家執政，一為特瑞古比斯 (C. Tricoupis)，一為威尼綏洛斯 (E. Venizelos)。積極從事內部的建設，修築鐵路公路，吸收外資開發資源，改善財政，憲政基礎也日趨鞏固。在外交方面，則極力擴展希臘的疆域，以前文所說的「大理想」為目標。

　　希臘的疆域，在獨立之初，只限於希臘半島的南半部，北疆只到由瓦洛斯灣 (Gulf of Volos) 至安布拉西亞灣 (Gulf of Ambracia) 一線，北方的伊比拉斯、色西雷、馬其頓等地以及附近的海島，仍屬土耳其或其他國家。希臘人的理想，就是爭取上列各地，如有可能，甚至希望兼併小亞細亞半

島的西部沿海地區。當克里米亞戰爭爆發時，希臘即乘土耳其對俄作戰的機會，一度出兵占領伊比拉斯，但在其他方面並無收穫。惟英、法與土耳其為盟邦，隨即派艦強占雅典的外港匹瑞亞斯 (Piraeus)，迫希退兵並守中立。在二十餘年以後發生的另一次俄土衝突——俄、土戰爭 (1877–1878)中，希臘又有擴張領土的機會，但所有要求均未獲參加柏林會議的列強重視。一直到二十世紀初年，經過了兩次巴爾幹戰爭和第一次世界大戰之後，希臘才在北方獲得大片領土，其最後疆域在 〈洛桑條約〉 (*Treaty of Lausanne*, 1923) 中始獲解決，達到現在的規模。不過仍未完全實現原所企盼的「大理想」。杜德坎尼斯群島 (Dodecanese Is.) 仍為義大利占據，塞普路斯已被英國奪去，小亞半島則屬土耳其共和國所有。在第一次世界大戰之後，希臘在英、法支持下，一度興兵攻入小亞半島，但最後卻被凱末爾擊敗，被迫退出小亞半島 (1922)。依照翌年希土交換人口的協議，小亞半島地區的希臘人約有一百二十餘萬人被迫遷往希臘本土，而原住希臘本土的土耳其人則有五十萬人遷往小亞半島，希臘成為一個局限於東南歐的小國家。

第二編

十九世紀的東歐

第十一章　東歐的民族主義

　　從這一章起，本書進入第二單元 (1800–1914)，討論東歐各國民族主義的興起和獨立運動。換言之，也就是東歐的十九世紀史。惟討論範圍僅限於波蘭、捷克及匈牙利三國。至於巴爾幹區的羅馬尼亞、保加利亞、南斯拉夫、希臘和阿爾巴尼亞等五國在十九世紀期間的民族獨立運動，則已在第一編中提前敘述，故不再贅。

　　在第一個單元的各章中，我們曾經指出，東歐各民族在中古以迄近代初期，已經建立了國家的組織，創造了相當輝煌的文化。其中的波蘭、波希米亞、匈牙利、保加利亞和塞爾維亞等，且曾稱霸一方，雄視鄰國。當時東歐的地位足與西歐平衡頡頏，並駕齊驅。其後由於土耳其帝國的西進，日耳曼勢力（普、奧）的東侵，瑞典和俄國的崛起，乃使東歐的地位由盛而衰。降至十八世紀末葉波蘭三度被瓜分之後，東歐已經沒有一個完全獨立的國家，全部成為土、俄、普、奧四大帝國統治的領域。

　　十八世紀是東歐低潮的頂點，但自步入十九世紀以後，由於民族主義的興起，又為東歐帶來了獨立復國的生機。如果說十八世紀是東歐的「黑暗時代」，則十九世紀可說是東歐的「復興時代」。

　　自拿破崙戰爭到第一次世界大戰的一百年間，東歐的民族獨立運動，此起彼伏，綿綿不絕。部分國家（如希臘、塞爾維亞、黑山國、保加利亞等）已經獲得了獨立；部分國家（如匈牙利）已經獲得了充分的自治；其他各民族（如波蘭、捷克、斯洛伐克等）雖然尚未復國或建國，但已厚植復國或建國的根基。及至第一次大戰終了，東歐的民族獨立運動，就一一完成。

　　民族主義自十九世紀初年起，就成為西方政治思潮的主流，怒潮澎湃，掀起了民族運動的浪潮，因此歷史學者常稱十九世紀為「民族主義的世

紀」。惟民族主義一詞的內含，並不如想像的單純，其構成之因素極為複雜，其演進之過程極為曲折，其所引發的革命運動，也因地區之不同而有極大的差別。

　　東歐的民族主義，和一般熟知的西歐民族主義，就有很多的差異。本章僅就其產生的根源和特徵，作一綜合的敘述，至於各個民族運動發展的經過，則於以下各章中再加說明。

　　東歐的民族主義的特徵，約有下列四點：一曰民族的複雜性，二曰特殊的歷史傳統，三曰宗教信仰，四曰現代思潮。

一、民族的複雜性與民族運動發展路線的差異

　　東歐的民族問題不同於西歐者有二：一為民族的複雜性，二為發展路線的差異。

　　就民族的複雜性而言，東歐巴爾幹區的各支民族，如希臘人、保加利亞人、羅馬尼亞人、塞爾維亞人等，已於十四、五世紀間被土耳其帝國征服。中東歐的捷克人、匈牙利人，已於十六世紀間臣服於神聖羅馬帝國或奧帝國。東北歐的波蘭人已於十八世紀間被俄、普、奧三國瓜分。這些民族受到不同的待遇；土耳其雖是伊斯蘭教國家，但並未強制巴爾幹人接受異教信仰，在「米列制度」❶之下，各民族依然保持原有的信仰和風俗習慣，所以後來在十九世紀間，巴爾幹出現了五個不同的民族國家。假如土耳其當時實行強制的同化政策，將各民族融為一體，則十九世紀出現的將是一個統一的 「巴爾幹國」，而非小國林立的所謂 「巴爾幹化」(Balkanization)。

　　巴爾幹以外的其他東歐民族，則遭遇另一命運。俄國對於東波蘭實施「俄化」(Russianization)，普、奧對於西波蘭與南波蘭以及捷克等地實施「日耳曼化」(Germanization)，甚至匈牙利對其所屬之斯洛伐克、外息爾

---

❶　米列制度參閱本書第五章「二、土耳其帝國統治東南歐的制度」。

凡尼亞和南斯拉夫人，也實施「馬札耳化」(Magyarization)。不過這些同化政策，均未成功，反而激起了被統治者的民族意識。

東歐民族運動的發展路線，亦與西歐有別，當十九世紀初年民族主義興起時，西歐國家如英國、法國和西班牙等國，均已形成「民族國家」(Nation-state)，國家的疆界和民族的疆界相互一致，一國之內少有少數民族之存在。所以西歐各國民族主義的奮鬥目標，一在保衛國土，抵禦外患；二在更上層樓，向國外擴張，形成帝國主義或「狂熱愛國主義」(Jingoism)。而東歐的情形則迥異於此，不僅國界與民族界不符，而且某一民族的統治者常是異族。所以東歐的民族運動，一方面要掙脫異族的統治；一方面也想把國界和民族界合而為一。換言之，有些東歐國家在獲得獨立之後，又想得隴望蜀，擴大國界，將毗鄰的同族納入新建的國家之中，於是產生了所謂「大塞爾維亞主義」、「大保加利亞主義」和「大希臘主義」等等。

二、東歐的特殊歷史傳統

東歐各民族因久受異族統治，文化早被摧毀，所以缺乏完整真實的歷史紀錄。當民族主義興起時，有識之士為了加強民族的自信心，提高民族的榮譽感，他們必須透過歷史家和詩人的聯合努力，才能創造自己的歷史。因為缺乏可信的史蹟和史籍，只好憑空捏造一些從未曾有的傳說人物，渲染鋪陳偉大的事功，甚至將神話附著在英雄身上，尊為本族的始祖，並將自己的古史，儘量提前，充滿了神秘的色彩。此種神話與史實不分的虛構故事，雖不科學，卻能滿足人們的心靈需要。所以歷史在東歐，已由純學術轉變成激揚民族運動的利器。

例如：羅馬尼亞人雖然在十三世紀時才開始建立瓦雷琪亞和莫德維亞兩個小小的公國，但羅人卻將其古史上推到西元前的羅馬帝國時代，自詡為古羅馬戴西亞駐軍和移民的後裔。保加利亞人雖為一文化極為落後的民

族，但在其民族史家白錫伊神父的描述下，卻成為一個大帝國的創造者。波蘭、波希米亞和匈牙利等王國的建立者，均由普通的農夫變成了神化的人物。

　　一頂國王加冕的「王冠」(Crown)，在東歐也具有不同的意義。通常王冠代表王權，在東歐卻和國旗一樣也代表「王統」以及一個國家的傳統領域。例如匈牙利國王聖・史蒂芬在 1000 年由羅馬教廷加冕的那頂王冠，後來就變成匈牙利的最高象徵。在匈牙利王位被哈布士堡家族取得以後，兼任匈王的神聖羅馬帝國皇帝或奧皇，均須親自前往布達佩斯接受這頂王冠的加冕。同時，史蒂芬時代的匈牙利領域，遠比日後為大，除了多瑙河中游的匈牙利本土之外，還包括捷克東部的斯洛伐琪亞、屬羅馬尼亞的外息爾凡尼亞，以及前南斯拉夫的西北部各地。第一次世界大戰以後，匈牙利即曾擡出「聖・史蒂芬王冠的領地」為依據，要求維持較大的領域。同樣，波蘭也以十四世紀凱西米兒大帝的「波蘭王冠」(Corona Regni Poloniae) 為根據，要求恢復全盛時代的領域。

　　另一東歐特殊的歷史傳統為「憲章」(Constitution)，它和現在的憲法和憲政不盡相同。東歐的所謂憲章，事實上就是「封建契約」(Feudal Contract)，是一個國家的統治者與其統治下的某些「階級」(Estate) 之間一種權利義務的約定，通常都是國王與貴族階級之間的權利契約書。

　　在英國的憲政發展史中，我們熟知「貴族議會」對君主有所謂「抵制權」(Ius Resistendi)，這種特權，波蘭、捷克和匈牙利的貴族均亦享有。依照波蘭的〈議定書〉(*Pacta Conventa*) 和匈牙利的〈加冕狀〉(*Coronation Diploma*) 的傳統規定，國王必先宣誓接受這些規定，方能加冕。波希米亞的捷克貴族也曾利用同樣的特權，力圖保持自治的地位。土耳其治下的羅馬尼亞兩公國——瓦雷琪亞和莫德維亞，與巴爾幹其他地區不同，享有相當的自治權，兩公國的總督 (Hospodar) 雖由君士坦丁堡派任，但其權力必須受到當地傳統法律與習慣的約束。

三、宗教信仰

　　宗教也是形成東歐民族主義的重要因素。波蘭人篤信的天主教，在抵抗俄國（東正教）和普魯士（路德教）的鬥爭中，是一股強大的民族力量。捷克人篤信的胡斯教義，也是抵抗奧帝國的盾牌。同樣，巴爾幹各民族所信仰的基督教，更是抵抗土耳其伊斯蘭教帝國的精神武器。

　　西歐各國，自十六以迄十九世紀，有一普遍的信念，即國旗在某地升起後，殖民和貿易也就隨後到達。但在東歐則非如此，東歐是在國旗升起之前，先要建立教會的教堂。換言之，也就是教會的獨立常為民族獨立之先聲。

　　東歐的教會與政府，和一枚錢幣的正反兩面一樣，常代表同一民族的兩面。東歐不僅是民族林立的地區，也是教派並存的地區。除了伊斯蘭教與基督教兩大宗教之外，基督教世界中的種種支派也應有盡有。如波蘭、匈牙利、克洛特、斯洛汶各民族均信天主教；希臘、塞爾維亞、羅馬尼亞和保加利亞人均信東正教；捷克人兼信天主教和喀爾文教；阿爾巴尼亞人和波士尼亞人兼信伊斯蘭教與基督教。宗教信仰的歧異常常引起民族之間的衝突和戰爭，於是宗教也成為激起民族主義的因素。

四、西方現代思潮和革命運動

　　十八世紀啟蒙時代的西歐新思潮，喚醒了東歐的民族意識，源自法國的 1789 年、1830 年和 1848 年的三次革命，也和大地震一樣，震央雖在法國，震波卻遙及東歐。

　　現代思潮傳入東歐，日耳曼的思想家和法國的拿破崙實居於轉播者和媒介者的地位。由於日耳曼人的間接介紹，西方思想部分變質，帶有日耳曼的色彩。當時的日耳曼地方，並未統一，仍呈小邦林立局面，且曾一度

為拿破崙征服，受到外族的統治，日耳曼地方的這種環境，與東歐頗為相似，所以日耳曼思想家對於西方思潮的新解釋，反而更易為東歐接受，也最能滿足他們的需要。

例如「自由」一義，對英、法兩國而言，意指推翻專制，還政於民。傳入日耳曼以後，就變成日耳曼的統一運動。再傳而至東歐，又添多重意義，一是推翻土耳其的異族統治，二是實現宗教信仰的自由，最後則是建立獨立的（至少也是高度自治的）國家。但此處所謂國家，並非西歐的全民憲政政府，只限於貴族地主階級的特權政府。再如「民意」一詞，盧梭 (Rousseau) 的解釋是指「共通意志」(General Will)，來自全民的志願組合，其產生之先決條件為「社會契約」(Social Contract)，所以這種民意兼具自由與平等兩重色彩。而日耳曼思想家——以赫德 (Herder) 為代表人物——之所謂民意，則與盧梭不同。赫德所強調的「人民」(Volk)，並非全民，而是一批特殊的菁英分子，是一批選民 (Chosen People)，他們必須具有彌賽亞的救世精神，負起解救同胞的歷史任務，帶有濃厚的文化色彩。這些人民所建的政治體，是「民族國家」(Volksstaat)，略同西歐的 "Nation-state"。不過赫德的理念與較晚的尼采 (Nietzsche) 不同，尼采強調日耳曼民族至上，赫德則主張各民族一律平等，彼此之間一方面和平共處，同時又各自發揚本身的特長，共謀整個人類的福祉，所以富有兼利天下的博愛精神。赫德的思想，對東歐民族主義之興起，尤其是斯拉夫民族的覺醒，貢獻極大。

法國的啟蒙思想家，如著名的伏爾泰 (Voltaire)、孟德斯鳩 (Montesquieu) 和盧梭等「哲士」(Philosophers) 的學說，早在 1789 年以前即已傳入東歐，捷克、波蘭、匈牙利的貴族知識分子，多曾熟讀其作品，但其所能接受者，與原意大有出入，且常隨意曲解，以致盡失原有的真義。例如盧梭的社會契約說，到了東歐就只限於君主與貴族之間所訂的權利憲章，中產階級和下層農民並不包括在內。此種濫用名詞而又隨意曲解的情形，也常見之於二十世紀。昔日的東歐共產國家，時時以「人民」、「民主」

相標榜，而其含義則與西方的詮釋大相逕庭。

　　法國大革命和拿破崙戰爭對於東歐的影響，尤甚於西歐。當其擊敗奧國，攻占巴爾幹半島西北方的達爾瑪什亞海岸，建立「伊利瑞安省」時，巴爾幹各地均為之震動。拿破崙東征時的三個敵國——奧、普、俄，正好是波蘭的三個瓜分者，所以拿破崙曾指東征之役為「解放波蘭的戰爭」，波蘭人也將其復國的希望，寄託在拿破崙身上。1807 年建立的「華沙公國」，曾為波蘭帶來一線曙光，1812 年征俄之役的初期勝利，更使波蘭復國的希望接近實現。

　　導源於法國的 1830 和 1848 年的兩次革命，也在東歐掀起壯闊的革命波濤。波蘭先後發生「十一月叛亂」(1830)、「克拉科叛亂」(1846) 和「正月革命」(1863)。匈牙利發生「獨立革命」(1848–1849)。由捷克和斯洛伐克知識分子發起的「泛斯拉夫會議」(Panslav Congress) 在布拉格舉行，一方面力圖提高斯拉夫民族的政治地位，同時也號召斯拉夫民族的團結。

第十二章　波蘭的復國 (1800–1918)

一、拿破崙時代的波蘭復國運動與第四次瓜分

　　波蘭經過三次瓜分而亡國之後，愛國志士或則流亡國外，或則在國內作困獸之鬥，復國熱情，始終熾烈。當時在義大利北部，有一支由波蘭流亡將士組成的「波蘭兵團」(Polish Legion)，由柯修士科部將董布洛夫斯基 (H. Dombrowski) 率領，在拿破崙統率下，協助法軍作戰，其後又有兩支兵團加入，合計約有二萬五千人。波蘭兵團有一首軍歌，與法國的〈馬賽進行曲〉齊名，日後即成為波蘭國歌，其中有句云：「當我們一息尚存的時候，波蘭就仍然存在。」

　　拿破崙的崛起，帶來了波蘭人民復國的希望。法軍於席捲西歐之後，轉向東歐。東征之役有兩個高潮，一為 1805 年至 1807 年。拿破崙先後擊敗奧、普、俄聯軍於奧斯特里茲 (Austeritz)，進占維也納與柏林，再敗俄軍於弗瑞德蘭 (Friedland) 及耶勞 (Eylau)，迫俄求和，簽訂了〈提爾西特條約〉(*Treaty of Tilsit*, 1807)。由於法軍攻擊的對象，正是十年以前瓜分波蘭的俄、普、奧，所以拿破崙稱此次戰役為「第一次波蘭戰役」(First Polish War)。第二個高潮是五年以後的征俄之役 (1812)，拿破崙稱之為「第二次波蘭戰役」。在此兩次戰役中，波蘭兵團均曾參加作戰。他們始終效忠拿破崙，當其由莫斯科西撤之際，波軍擔任斷後阻敵的艱鉅任務，並曾參加萊比錫及滑鐵盧戰役。由此建立了法、波兩國之間的深厚感情。

㈠華沙公國 (1807–1815)

　　提爾西特會議中，拿破崙為了討好俄皇亞歷山大一世 (Alexander I)，

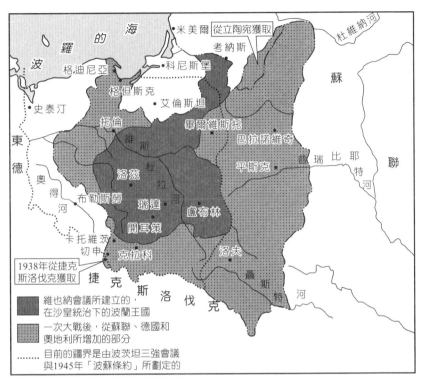

圖 48　近代波蘭疆域的變遷

放棄波蘭復國的原意，改採妥協方案，建立「華沙公國」(Duchy of Warsaw)。新國的名稱既無「波蘭」字樣，領域也只有瓜分之前原有疆域的四分之一，原有人口的三分之一，這片土地是由普魯士在第二與第三次瓜分所得中吐出。1809 年拿破崙再敗奧國，為酬謝波蘭兵團之助戰，又將奧國在 1795 年第三次瓜分中之所得（包括克拉科和盧布林在內）併入華沙公國。新國的面積約十五萬平方公里，人口四百餘萬，並無海口。元首稱「公」，由薩克遜尼王朝的斐特烈·奧古士塔二世 (Frederick Augustus II)❶充任，但在八年任期中，只去過華沙四次。拿破崙為它頒布了一部法國式的憲法，強調自由平等精神，事實上這只是法國的一個附庸，一切均在法國控制之下。波蘭人稱此為第四次瓜分。

---

❶　斐特烈·奧古士塔二世為波蘭瓜分前波王奧格斯塔士之子。

(二)「波蘭王國」與第五次瓜分

　　拿破崙的征俄之役，又為波蘭復國燃起新希望，波人積極參軍，數達十萬人，他們盼將俄國擊潰，以便光復全部失土。惟不幸法軍失敗，拿破崙被聯軍推翻，波蘭美夢亦隨之破滅。

　　勝利各國舉行「維也納會議」(1814–1815)，重建歐洲新秩序。會議中雖標榜「正統」(Legitimacy) 原則，恢復各國的舊日王朝，但此一原則僅適用於西歐，東歐之波蘭不在其內。此時，英、奧等國已對俄國之崛起感到威脅，不願重見另一拿破崙雄霸歐洲，於是聯合抵制俄皇，英國外相凱索瑞利 (Castlereagh) 甚至提出重建 1772 年波蘭王國的建議。其後幾經折衝，卒獲協議，將波蘭再作第五次的瓜分。

　　依照維也納會議決定之瓜分方案，將 1795 年第三次的瓜分線打破，重新分劃為下列五區：

　　1.「波蘭王國」(Kingdom of Poland, 1815–1846)：為了有別於十八世紀之波蘭王國，故稱「維也納會議建立的波蘭王國」(Congress Kingdom)。面積比華沙公國尤小，僅有三十二萬五千平方公里，約當華沙公國的四分之三，人口三百三十萬。新國只是俄國的一個保護國。國王由沙皇兼任，另由沙皇指派一位皇族或波籍權貴為「總督」(Namiestnik)，駐在華沙，為沙皇之代表。亞歷山大一世為新國頒布了一部相當寬大的憲法 (1815)，波人享有自治權，並有自己的議會、國旗乃至軍隊，波軍司令則由沙皇之弟君士坦丁 (Constantine) 大公擔任。1826 年大公改任駐波總督。

　　2.克拉科共和邦：名為共和邦，實際上只包含克拉科城及其近郊約一千三百平方公里的一小片地方，性質近似日後之但澤自由市，也類似一個希臘或義大利的城邦，受三強之保護。共和邦設「主席」，任期三年，主持政務。議會分兩院，眾議院代表由民選產生，參政院設議員十三人。

　　雅蓋隆大學在政治和文化上扮演重要角色，1830 年代中，類似義大利「燒炭黨」的「青年波蘭黨」(Young Poland)，即以克邦為活動中心。1846

年 2 月克邦發生暴動，旋即為奧、俄聯手鎮壓平定，將其併入奧國。

　　3.俄屬波蘭：包括立陶宛及烏克蘭，正式併入俄國，並不屬於「波蘭王國」。

　　4.普屬波蘭：包括西普魯士及大波蘭、但澤等地。

　　5.奧屬波蘭：稱為「加里西亞及羅多米里亞王國」(Kingdom of Galicia and Lodomeria)，即維斯杜拉河、散河、南布格河及聶斯特河上游一帶。

　　第五次瓜分的地圖，一直維持到 1918 年。

　　俄、普、奧三國再無重建波蘭的意念，俄、普把瓜分所得的波蘭疆土，視同直轄省區；奧國雖較寬大，也不過給予部分自治權利而已。

　　波蘭人民處在這種環境之下，最後只有三條途徑可循：一為分別向三國效忠，向瓜分者認同，與其合作，甚至出任官職。二為陰謀反叛，掀起革命火焰。三為採取中庸路線，設法與瓜分者妥協，避免衝突，但竭盡全力，致力於實際問題的改善。以民族主義的觀點來看，第一種人是民族的叛徒，第二種人是理想主義者，第三種人是實際主義者。十九世紀的波蘭史，大致不出上述範圍。而且不僅是十九世紀如此，甚至第二次世界大戰以後的波蘭，亦復大同小異。

二、此起彼伏的革命浪潮

　　十九世紀中，民族主義和浪漫主義的思潮傳入波蘭，重新燃起波蘭的復國運動。以 1863 年為分水嶺，前期的活動充滿了慷慨激昂的浪漫色彩；後期的活動轉趨穩健保守而實際，以迄第一次世界大戰爆發。

　　浪漫的民族主義革命歷時三十餘年 (1830–1863)，在此期間，波蘭先後發生了三次革命運動，但不幸均未成功。

㈠ 1830 年革命

　　1815 年以後，小小的波蘭王國在文化建設方面頗有進步：華沙大學創

立 (1818)，成為造就波蘭青年之學府；早於 1800 年成立的「科學社」(Society of Sciences) 活動加強；教育普及，財政漸趨穩定。在波蘭知識分子中，「親斯拉夫主義」(Slavophilism) 興起，其中一派認為波蘭本身既有悠久的文化傳統，應為斯拉夫世界之領袖；另一派則認為波蘭應與其他斯拉夫民族共同擁戴俄國為領導中心，充滿了悲觀消極的論調。但均強調必須維持波蘭的獨特語文；林迪 (S. B. Linde) 於 1814 年完成波蘭文字典，另有一些歷史、語文及民族人類學學者，則致力於波蘭古史之研究，由是產生了類似同期日耳曼的充滿了浪漫主義色彩的「文化民族主義」(Cultural Nationalism)。但為時不久，即由文化活動轉變為政治活動。當時整個歐洲，以青年知識分子及貴族軍官為主體的年輕一代，紛紛組織秘密結社，先作純哲學理論之探討，繼即由理論探討而轉向實際行動。由巴黎以至聖彼得堡（俄國 1825 年之「十二月叛亂」即其一例），由日耳曼以至義大利（馬志尼之青年義大利運動及其前身之「燒炭黨」即其一例），成為一時之風尚。

在波蘭方面，維爾諾成立有「好學社」(Wilno Society of Plilomaths) 及「愛國社」(National Patriotic Society)，後者與俄國之「十二月黨人」(Decembrists) 發生聯繫。在這些熱情洋溢的青年心目中，「祖國」不僅是一個維持生活的地理區，更是生命和感情的寄託中心。一個民族只有在獲得自由之後，方能繁榮發展。華沙等地的「青年波蘭運動」(Young Poland) 分子，對於利用議會杯葛或議會立法以改善政治環境的消極作法極感不耐，認為只有透過全面武裝叛亂，方能達到目的。

當時俄國派駐波蘭的軍政首長，均採專制高壓手段。軍隊最高指揮官君士坦丁大公，手段暴厲，且喜怒無常，亞歷山大一世已因此而剝奪了他的俄國王位的繼承權，改以幼弟尼古拉為儲君。亞歷山大一世晚年，立場轉趨保守，1825 年逝世後，繼任之尼古拉一世 (Nicholas I) 尤為著名之專制君主。俄國在「十二月叛亂」平定後，發現其中部分分子與波蘭頗有關聯，乃由波蘭國會特組法庭調查審理，結果法庭竟予寬赦，引起沙皇的

不滿。

　　1830 年歐洲動盪，維也納會議所建立的制度發生動搖，希臘獨立，法國發生「七月革命」，比利時亦掙脫奧倫治王朝之統治而獨立。波蘭亦受感染，市井傳聞，尼古拉一世有意調派波軍前往法、比，鎮壓革命，11 月 18 日報端刊出總動員令，群情激憤，29 日由一低階軍官維索斯基 (Wysocki) 率領一批軍校學生，聯合青年分子，闖入軍火庫，並攻擊總督君士坦丁大公的官邸。烽火一起，舉國響應。西姆議會繼於 1831 年 1 月 25 日，通過決議，推翻尼古拉一世之王位，成立波蘭臨時政府，改以國際知名之薩托爾斯基 (A. Czartorski) 親王為元首，不僅要求波蘭獨立，而且要求兼併立陶宛，恢復瓜分以前的疆域，於是演變為俄波戰爭，波軍英勇作戰，屢創敵軍。其後，俄軍易帥，改由名將巴士凱維支 (I. F. Paskiewitch) 指揮，波軍瓦解，華沙失守（9 月 7 日），戰局前後歷時十一個月。

　　革命失敗後，尼古拉一世即對波蘭實施高壓統治政策，將 1815 年頒布的自由憲法作廢，改頒「基本法」(Organic Statute，1832 年 2 月 14 日) 解散西姆議會，取消自治。波蘭王國全境重劃為十個省區，由俄國直轄。俄國的疆域西延，又與普、奧接壤。貴族地主之土地多被沒收，參加革命的首要分子或被處死，或被充軍西伯利亞。另有將近萬人，逃往國外，形成所謂「大移民」浪潮。「聯合教會」受到迫害，維爾諾及華沙兩大學均予關閉。俄、普、奧並秘密協議，決心維持現有邊界，合力壓制新的革命發生。

㈡ 1846 年的叛亂與 1848 年的革命

　　1848 年為歐洲普遍革命之年代，但在波蘭，則在前兩年已有局部叛亂爆發，成為 1848 年革命之前奏。

　　1846 年的波蘭叛亂，原擬在俄、普、奧三區同時發動，但俄國因管制較嚴，並未波及。普屬波蘭對於波人之管制較寬，1840 年繼任普王之斐特烈‧威廉四世 (Frederick William IV)，對俄改採敵對政策，同時，普屬波

蘭經濟、社會與文化的發展，遠較奧屬波蘭與俄屬波蘭進步。因此，波人遂有一幻想：復國之機可能先自普境開始。但此一幻想，於波人領袖被捕（1846 年 2 月）後，即告消滅。

在奧屬波蘭境內之叛亂，則暫時獲得成功。1846 年 2 月底，克拉科發生暴亂，宣布成立「克拉科共和國」，提索弗斯基 (J. Tyssowski) 成為該城之獨裁者。發動暴亂者雖為貴族，但立即宣布解放農奴，重配土地。叛亂迅即傳播至東鄰之加里西亞，俄、奧立即派兵鎮壓，叛亂瓦解。奧國以此為藉口，乘機將「克拉科共和邦」兼併。此舉雖為對〈維也納協定〉之破壞，英、法亦予提出抗議，但無結果。因為時不久，巴黎即又發生「七月革命」，西歐多事，英、法也自顧不暇了。

1848 年的革命火焰傳入奧國後，梅特涅政府倒臺，匈牙利乘機要求獨立，發生獨立戰爭。波蘭革命志士，一方面參加在布拉格舉行的「大斯拉夫會議」(Panslav Congress)，一方面組成武裝部隊，分別協助薩丁王國、威尼西亞公國及匈牙利對奧作戰，波軍名將比穆 (J. Bem) 且曾屢敗奧軍，成為匈軍之得力援手。波軍的參戰，引起了俄國之不安，維也納又求助於聖彼得堡，尼古拉一世乃派波蘭總督巴士凱維支入匈助戰，匈牙利的獨立革命遂在俄軍打擊下瓦解。

㈢ 1863 年的「正月革命」

克里米亞戰爭 (1853–1856) 又使波蘭一度燃起復國希望，由於法皇拿破崙三世向以援助弱小及被壓迫民族為號召，法、波又有傳統友誼，自可借助法國，擊敗俄國，爭取波人自身之解放。英國政府此時亦同情波蘭，必要時當可獲其協助。但當戰後舉行巴黎會議 (1856) 時，奧、普同為參與會議的國家，堅決反對在會議中討論波蘭問題，因而毫無結果。

1860 年，普王威廉一世、奧皇及俄皇亞歷山大二世會晤於華沙，就波蘭問題交換意見。俄皇雖警告波人勿作任何「夢想」，但其對波政策已較其父寬大。華沙大學重新開放，政府改由波籍官員主持，並自兼波蘭國王，

借重波蘭籍的保守派政治家維羅包爾斯基 (A. Wielopolski) 侯爵執行政務。
成立「國民政府」(National Government)，由特洛加 (R. Traugutt) 為「獨裁
者」(Dictator)。

　　是時，波蘭的民族主義者分為兩派，保守一派時人稱為「白黨」
(Whites)，激進一派稱為「紅黨」(Reds)，兩派均反對與俄合作。紅黨組成
「革命委員會」擬將農民武裝，全面行動。維羅包爾斯基為分散革命勢力，
1863 年 1 月下令徵召城市青年入伍，共同維持各地秩序，不料此舉反而激
起暴亂（1 月 22 日）。曾經參加義大利加里波底革命的波人藍吉耶維契
(M. Langiewicz) 將軍原本希望占領加里西亞，使其變成「西西里」，但因準
備不周，卒致失敗。

　　在外援方面，革命者成立的「國民政府」指派代表在英、法進行活動，
英、法、奧向俄國提出抗議，指其破壞了 1815 年維也納會議之決定，但俄
國立場堅定，決定嚴懲叛亂分子，首要分子特洛加等人被公開吊死於華沙，
貴族土地一律沒收，規定俄文為唯一合法之官方語文，積極推行俄化政策。

　　1864 年取消「波蘭王國」稱號，改名為「維斯杜拉區」(Vistula
Land)，或為俄國的行省直轄。

三、保守的民族主義──三方效忠
(1864–1914)

　　波蘭於連續三次革命均告失敗之後，痛定思痛，深感在俄、普、奧三
強聯手統治下，即使冒險犯難，不惜犧牲，因勢力懸殊，成功終恐無望。
於是自 1864 年以後，改變路線，進入保守的民族主義時期。暫時停止激烈
的暴動，轉而安於現狀，向俄、普、奧「三方效忠」(Trojloyalyzm，或
Triple Loyalty)，與占領當局合作。將波人全部精力集中於根本性的改進，
從事文化、經濟及社會的實際工作，以厚植復國之根基，等待國際局勢突
變，再實現復國的理想。此一階段，歷時五十年 (1864–1914)。在波蘭史

中，本期之種種改革與進步，統稱為「基礎工作」(Organic Work)，亦即復國前夕的準備工作。

實行「基礎工作」成績最著的地區，為奧屬波蘭，加里西亞甚至被視為波蘭統一運動的「皮德蒙」(Piedmont)，蓋在同一時期，義大利之統一正在皮德蒙王國領導下逐漸完成，波蘭亦可循同一路線前進。

是時，奧帝國連續在對外戰爭中遭受失敗，南敗於發生在義大利北部的「奧薩戰爭」(1859)，北敗於「普奧戰爭」(1866)。每次失敗之後，政府即將內部的專制統治放鬆一步，對於治下之少數民族，給予或多或少的自治權利。其間，匈牙利所獲最多，波蘭、捷克及南斯拉夫各民族則所獲較少。但對波蘭而言，奧國的讓步，已比俄、普之高壓有利多多。在第一次大戰前夕，奧屬波蘭人所享受的待遇均優於其他二區。

奧、薩戰爭以後，簽訂〈維拉弗朗加和約〉(*Peace of Villafranca*)。奧國受到來自三方面的威脅：法國拿破崙三世早在 1848 年當選總統時，即以協助義大利、日耳曼、波蘭、匈牙利之民族運動為號召，將來如一一實行，奧國均受其害，此其一。普魯士的民族運動，以排除奧國於日耳曼邦聯之外為目標，此其二。俄國力圖打破克里米亞戰爭以後之約束，向巴爾幹進軍，亦以奧國為對象，此其三。外界情勢既對奧不利，奧皇即欲利用內部之改革來加強本身的地位。 1859 年 7 月， 惡名昭著的內政部長巴克 (A. Bach) 去職，改由波籍保守分子基魯喬弗斯基 (A. Geluchowski) 繼任，將內政部改稱「國務部」(Ministry of State)，以示提高所屬各省之地位，其意義略似二十世紀英國將內政部 (Home Ministry) 改為 「自治領部」 (Ministry for the Dominions)。基氏雖為一保守分子，究係一波蘭人，藉此表示奧國政府與波蘭屬民之合作。基氏主張，雖給予奧屬波蘭自治，但仍在帝國體系之內，以抵制俄普之壓力。

1860 年 10 月 20 日，奧政府頒布所謂〈十月詔令〉(*Diploma of 1860*)，決定由中央集權制走向 「聯邦制」， 提高各少數民族省議會 (Diets of Provinces) 及各民族中貴族階級的權利地位。擴大帝國議會 (Reichsrat) 的基

礎，將議員人數增至一百人，部分由各少數民族省議會選出。今後之法律，必須透過帝國議會與省議會之「合作」方予通過。1861 年 2 月，奧皇再頒所謂〈特許狀〉(Patent of 1861)，將帝國議會的席位增為三百四十三席，分貴族院 (House of Lords) 及眾議院 (House of Representatives)，但均由政府提名，而非人民普選。表面上是加強「民主」的色彩，實際上則為對〈十月詔令〉之修正，由是，各省議會之權利反而削減，地方分權的色彩反而轉淡。

1867 年「奧匈雙元帝國」成立，匈牙利獲得完全自治，其他各民族則未能享受同等之待遇。雖則如此，波蘭知識分子，仍保持忍耐，不作激烈之要求。加里西亞保守主義的代表人物包比爾 (P. Popiel)，一再警告同胞，放棄暴亂，集中力量於本身之基礎建設。另一波蘭歷史家蘇伊斯基 (J. Szujski) 甚至指責 1830 至 1863 年間之連續暴亂為「自由叛亂」(Liberum Consprio)，其所造成的損害，等於過去的「自由否決權」(Liberum Veto)，勸告同胞不可濫用。

在上述認識之下，奧屬波蘭於十九世紀 60 年代後期以迄二十世紀初期，在「基礎工作」上，獲得如下成果：

1.社會結構漸臻健全，貴族、中產階級及農民三級之間的利害關係漸趨調和。貴族因參加叛亂，多人遇害或逃亡國外，土地被沒收，特權受限制，漸漸轉變為中產階級。其次，由於農奴之解放，及大批農民由農村走向新興工業都市，產生了一批勞工階級。同時，知識分子的人數也大為增加，此則得力於教育之改善。

2.加里西亞之省議會，獲准恢復，省政機關中的官員，多由波人自行擔任。甚至奧帝國中央政府中之高級職位亦有由波人出任者，上述之基魯喬弗斯基父子，先後出任國務大臣、加里西亞總督及外交部長。在奧帝國中，波蘭人的影響力，僅次於日耳曼人及匈牙利人。

3.在文化活動方面，加里西亞成為全波蘭知識活動之中心。克拉科大學、洛夫大學不僅繼續維持，且成為波人之學府。而同時的華沙大學，則

已完全俄化。在洛夫大學中，以李斯克 (X. Liske) 為首的史學家，創立科學的研究方法，注重史料之搜集，排除過分強烈的政治或哲學觀點。

除奧屬外，其他兩地——俄屬及普屬——之遭遇，則極為不幸。就俄屬東波蘭而言，在莫拉維岳夫 (M. N. Muraviev) 總督之高壓統治下，禁止使用波蘭語文，禁止貴族擁有田產，沒收叛變者之土地，劃歸俄國官員公有，學校完全俄化，聯合教派亦受壓制。但俄區之工業發展，則在此五十年間急速進步，尤以紡織業為甚。1864 年的農奴解放令更使波蘭農民由農村走向都市，改變了全盤的社會組織。

在這種政治環境中，產生了波蘭的實證主義 (Positivism)，代表人物為史維耶托喬弗斯基 (A. Swietochowski)。史氏於 1873 年發表了《基礎工作論集》(*Work at the Foundations*) 中，主張只能透過自力的進步方能獲得民族的解放，要求放棄叛亂的傳統，致力於農村下層社會經濟及教育之改進，以厚植復興之根基。

在普屬西波蘭方面，此時正在俾斯麥當政期間，普魯士連續對外作戰獲勝，統一北日耳曼，1871 年並成立德意志帝國。對外地位提高之餘，同時加強對內的壓力。俾氏的波蘭政策，一如俄國，目的在完成「日耳曼化」。1872 年，俾氏提出所謂「文化鬥爭」(Kulturkampf)，反對在統一的德帝國之內另有一支波蘭勢力。因此首先在西里西亞及西普魯士兩地，限制波蘭語文之使用。波蘭貴族的土地多以廉價轉售於日耳曼地主手中。德國為新教國家，反對天主教，由是反而促使波蘭貴族與農民之間的團結。西波蘭人也和加里西亞的波蘭人一樣，反對在當時環境下促成三區之合併，只盼維持現狀，集中力量於基礎工作之推展。波森區著名農業家亞科夫斯基 (M. Jackowski) 即一再勸告同胞，放棄民族革命及藉助外力以求獨立的幻想，勉其「持續而又沉默的致力於內政之改進，小心而又謹慎的遵守先烈先賢的信念，保持波蘭的語文和習慣，促使經濟建設及教育進步，並全力維護民族的尊嚴。」

四、革命政黨的成立

　　十九世紀 80 年代起，波蘭的民族運動，表面上雖仍維持保守作風，實際上已經孕育了新的種籽。因受工業革命的影響，勞工階級人數激增；因受流亡西歐知識分子的影響，西方思潮傳入國內。因此，各種革命政黨紛紛成立。

㈠社會主義政黨

　　80 年代初期，李曼諾夫斯基 (B. Limanowski) 和一批知識分子，組成「波蘭人民黨」（Lud Polski，或 The Polish People），代表波蘭社會主義中的民族主義傾向。他們主張「社會民主」，解放所有階級，然後團結一致共同為獨立而奮鬥。

　　波蘭的馬克思主義者瓦倫斯基 (L. Warynski)，於 1882 年在華沙秘密組織「勞工無產階級黨」(Proletariat Party)，反抗沙皇政府，並與俄國國內民粹主義 (Populism) 分子倡導的 「走向民眾」 運動 （V narod ，或 To the People） 互通聲氣。這些早期的社會主義者，不太重視民族界限，瓦倫斯基在 1881 年紀念 1830 年叛亂五十週年的會議上宣稱 ：「我們的祖國是整個世界。」這一支「勞工無產階級黨」不久即因沙皇政府之高壓而消滅。

　　「波蘭社會黨」(Polish Socialist Party, PPS) 於 1893 年在國內成立，這是前一年由四個小黨派在巴黎會商合併的結果，其中包括正統的馬克思主義者、無政府工團主義者和民族社會主義者。新黨主張建立一個波蘭「獨立民主共和國」，境內各民族地位完全平等，並在志願條件下加入聯邦。新黨總部設於俄區，但在普、奧區亦分設支部，至於立陶宛及烏克蘭等地，則另有俄國之社會革命黨建立分支機構，彼此合作。日後完成波蘭獨立的畢蘇斯基 (J. Pilsudski, 1867–1935) 就是一位波蘭社會黨的領袖。

　　同年，波籍馬克思主義者羅莎‧盧森堡 (Rosa Luxemburg) 在俄屬波蘭

另組 「波蘭社會民主黨」 (Social Democratic Party of Congress Poland, SDKP)，主張以推翻沙皇政府為優先，目前不必汲汲於波蘭本身之獨立，因為在社會革命成功之後，國界已不重要，俄國的勞工無產階級和波蘭，乃至德、奧的勞工無產階級，皆兄弟也。既為兄弟，即無國籍之分。盧森堡指責波蘭社會黨是一批「社會主義的愛國分子」，屢予抨擊。而波蘭社會黨人則不同意盧氏的批評，畢蘇斯基於 1903 年曾說：「一個波蘭的社會主義者必須為祖國之獨立奮鬥──獨立是波蘭社會主義勝利的特殊條件。」此種將社會主義與民族主義列為共同目標的觀念，就是波蘭若干知識分子所以加入波蘭社會黨的理由之一。畢蘇斯基即其代表人物。他們反對盧森堡一味附和俄國的觀點。

㈡農民黨

十八世紀中葉以後，若干青年知識分子盼能自波蘭農民大眾爭取助力。因受俄國「民粹運動」的影響，維斯勞契 (B. Wyslouch) 在加里西亞組織農民，使其加入復國運動行列，1895 年，組成「農民黨」(Peasant Party)。

維斯勞契認為「波蘭」不是專指地理疆界，而是泛指波蘭民族，亦即「人種的波蘭」(Ethnographical Poland)，因此波蘭除 1772 年瓜分時之領域外，並包括過去已失去「上西里西亞」和馬蘇里亞（東普魯士南部）等地波人在內。為波蘭的未來領域，又提供了一種更為廣泛的解釋。

㈢國家民主黨

國家民主黨（ENdecja，或 National Democratic Party）的前身為「波蘭聯盟」(Polish League)。聯盟是 1863 年參加 「正月革命」 的流亡分子於 1887 年在瑞士組成的，領袖為高齡作家米爾洛夫斯基 (Z. Milkowski)，以重建 1772 年波蘭為目標。參加分子包括自由民主分子、民粹主義者以及具有民族主義色彩的社會主義分子，其中且有一批猶太知識分子。1893 年，波蘭聯盟改組為「民族聯盟」(National League)，由馬志尼式的自由民族運

動轉變為波蘭沙文主義。領袖三人：德莫夫斯基 (R. Dmowski)、包伯拉夫斯基 (J. L. Poplawski) 與白里斯基 (Z. Balicki)，以 1895 年在洛夫出版之《全波雜誌》(*All-Polish Reviews*) 為宣傳機關，1897 年，德莫夫斯基組成「國家民主黨」(National Democratic Party)，鼓吹革命。他認為波蘭的敵人並非俄國，而是德國。當日、俄戰爭及 1905 年俄國革命爆發時，德莫夫斯基並不贊成立即發動獨立運動，僅願在俄國新成立的「都瑪議會」(Duma) 中提出波蘭自治要求。

五、波蘭共和國的建立

　　1914 年第一次世界大戰爆發，為波蘭復國運動帶來新的希望。波蘭各政黨，希望在戰時加入勝利一方助其作戰，則戰後即可在其支持下重建國家。不幸的是，當年瓜分波蘭的三個敵國——俄、普、奧，分屬兩個敵對陣營，俄國為協約國集團，德、奧為同盟國集團，因此波蘭的抉擇，正像參加一場賭局，押單或押雙，事關將來的勝負。波蘭的困擾，尚不止如此。因為不論參加任何一方，均非萬全之計，有所得亦有所失，在得失之間的取捨，也要加以審慎的衡量。

　　如果投向俄國一方，而協約國集團又獲最後勝利，則德、奧兩國勢必被迫交出其所瓜分占有的波蘭西部與南部，使波蘭分而復合，重歸統一。但這個新的波蘭，不可能完全獨立，必然仍在俄國統治或控制之下，形同傀儡。反之，如果投向德、奧一方，而同盟國集團又獲最後勝利，則俄屬波蘭東部必將被迫交出。但德、奧雖為同盟，究屬兩個國家，德屬波蘭不可能與奧屬波蘭合併，仍是南北分裂之局。

　　主張投向俄國一方者，以「國家民主黨」領袖德莫夫斯基為首，他和捷克的克拉瑪什 (K. Kramář) 一樣，認為俄國是斯拉夫民族的救星，波蘭和捷克欲求解放，必須仰賴俄國的領導。俄國政府對於所屬之波蘭雖多方壓迫，但自 1905 年俄國發生革命之後，已由君主專制改為君主立憲，設置

圖 49　畢蘇斯基

「都瑪議會」，波蘭也可推選代表參加都瑪，並可透過議會的路徑，尋求俄、波關係的改善。而德、奧等日耳曼國家，是波蘭傳統的敵人，如果與其合作，無異和魔鬼握手。

主張投向德、奧一方者，以「波蘭社會黨」領袖畢蘇斯基為首，畢氏出生於立陶宛之維爾納 (Vilna)，因參加革命組織意圖暗殺俄皇而被流放西伯利亞五年，更加深了他對俄國的敵意。返國後即成為社會黨的領袖，創刊《勞工報》，秘密組織地下軍，以反俄為號召，故頗受奧國的重視。大戰爆發，即率一萬人之眾投效奧軍對俄作戰。他之所以投向奧方，是基於以下的幻想。戰後如奧國得勝，至少可將俄屬波蘭南方的加里西亞併入奧屬波蘭之內，如是則在奧帝國所屬各省中，波蘭將成為最大的一省，波蘭籍人口的數目也將超過日耳曼人和馬札耳人，如果再加上捷克、斯洛伐克、克洛特和斯洛汶等，則在奧帝國總人口中，斯拉夫人將躍居最多數地位。此一優勢，自然有利於波蘭的前途。奧匈帝國如改為多民族聯邦，則波蘭至少也可享受與馬札耳人同樣的半獨立地位。

波蘭各政黨對於建立國家和組織政府的計畫，也各自為政，沒有一致的決定。畢蘇斯基於 1914 年 8 月 16 日，首先在克拉科宣布成立「全國最高委員會」(Supreme National Committee)，並率領「波蘭兵團」開始參加德、奧聯軍，比肩作戰，翌年攻占俄屬波蘭全境，屢建戰功。1916 年 11 月 5 日，德、奧政府聯合宣布，願合力支持建立一個獨立的「波蘭王國」，其目的：一在抵銷俄軍總司令尼古拉大公早在 1914 年 8 月 14 日的聲明——表示俄國願在羅曼諾夫王朝統治下促成波蘭的統一與自治；一在討

好波蘭人，使其踴躍應徵，加入德、奧一方作戰。但波人入伍時，規定必須宣誓，視德、奧士兵如「袍澤」，如「同袍」，此一規定引起波人的強烈反感。畢蘇斯基堅持，必先成立獨立的波蘭政府，方可徵兵，而且波蘭兵團只能由波蘭政府指揮作戰。畢氏原已由德、奧當局任命為「波蘭國務會議」(Polish Council of State，成立於 1917 年 1 月 14 日）的作戰部部長，因此也拒絕接受，遂與德、奧決裂，德軍乃將其逮捕，囚禁於馬格德堡 (Magdeburg)（1917 年 7 月）。此舉反使畢氏的聲望大為提高，而波蘭人民對於「波蘭國務會議」的信任也隨之消逝。

1916 年間，參戰的波蘭人將近二百萬，不幸分屬兩個敵對陣營，極可能演出自相殘殺的局面。

大戰的東線戰場主要在波蘭境內進行。俄軍攻勢分南北兩路：南路順利攻入加里西亞，北路最初亦極順利，攻入東普魯士。但不久即被興登堡所率德軍大敗於坦能堡，俘俄軍二十萬之眾。1915 年德、奧軍大舉反攻，8 月攻占華沙，旋即占領波蘭全境，分設德、奧兩個占領區，德區以華沙為中心，奧區以盧布林為中心。

1916 年秋，德、奧兩皇聚議於普列斯 (Pless)，11 月 5 日發表聲明，將合建一個獨立的波蘭國，但國界和組織則未明示，此一籠統的波蘭國，設「臨時國務會議」於華沙。

1917 年 3 月，俄國革命爆發，推翻沙皇，另建臨時政府，新政府隨即宣布（3 月 30 日）波蘭有民族自決的權利，並願承認波蘭的獨立。此舉迫使德、奧必須再作進一步的反應，以資抗衡。同年 10 月，德、奧乃將其設於華沙的「臨時國務會議」撤銷，改設「攝政委員會」(Regency Council)。這個號稱獨立的波蘭國，既無國王，亦無攝政，攝政委員會由華沙大主教卡科夫斯基 (A. Kakowski) 為主席，下設內閣，新閣於 12 月初成立。

在國外方面，巴黎是波蘭復國運動的中心。德莫夫斯基扮演了和捷克的馬薩里克一樣的角色，他們在 1917 年 8 月間，將原設於華沙的「波蘭國家委員會」(Polish National Committee) 經瑞士日內瓦遷至巴黎，與協約國

當局積極聯絡，隨即於同年 9 至 12 月間，分別獲得英、法、義、美等國的承認，承認它是代表波蘭人民的臨時政府。其中尤以美國的承認最為重要。早在 1916 年 11 月間，剛剛當選的威爾遜總統與旅美波蘭領袖著名鋼琴家白德瑞夫斯基 (I. J. Paderewski) 會晤時，即向其表示美願支持波蘭的獨立。及至美國參戰（1917 年 4 月 6 日）之後，美國的政策更足以影響其他盟國的態度。1918 年 1 月 8 日威爾遜總統提出「十四原則」，其中的第十三點即特指波蘭問題，主張「重建波蘭，給予自由而安全之海口，並由國際保證其政治的獨立和領土的完整」。

美國是第一個公開表示支持波蘭獨立的聯軍國家。1918 年 6 月 3 日，英、法、美、義四國再提同樣保證。

1917 年 11 月，俄國發生第二次革命，列寧建立蘇維埃政權，決定退出大戰，繼於 1918 年 3 月 3 日與德、奧簽訂〈布勒斯特·里托夫斯克條約〉(Treaty of Brest-Litovsk)，俄國放棄了對於波蘭的統治權。至此，波蘭的復國已經解決了三分之一，剩下就是德、奧兩國的問題了。

由德、奧兩國設在華沙的波蘭「攝政委員會」，於 1918 年 10 月 6 日發表聲明，宣稱即將召開議會，重建一個「自由而又統一的波蘭」。出席奧匈帝國議會的波蘭代表立即響應，宣稱他們已是「自由而又統一的波蘭」的公民。到了 11 月 11 日，德國向聯軍投降，世界大戰終了，駐守華沙的德軍被解除武裝，由攝政委員會接掌波蘭政權，因此史家均以 1918 年 11 月 11 日為波蘭獨立復國的日期。是時，畢蘇斯基將軍甫由囚禁地獲釋返抵華沙（11 月 10 日），受到國人的熱烈歡迎，攝政委員會立即將政權交其接掌（11 月 14 日），成為波蘭境內的正式政府。

波蘭雖已獨立，同時卻有兩個政府：一為畢蘇斯基領導的華沙政府，一為德莫夫斯基領導的設於巴黎的「波蘭國家委員會」。畢、莫二人黨派不同，政見互異，如何求其妥協合作，煞費周章。幸賴白德瑞夫斯基的居間協調，卒得妥協而合組政府。白氏為馳譽國際的鋼琴家及作曲家，常在美國旅行演奏募款救助波蘭難民，極受各方尊重。統一政府由畢蘇斯基擔

圖 50　白德瑞夫斯基（左）與德莫夫斯基（右）

任「國家元首」，白氏擔任總理兼外交部長，德氏則代表波蘭，出席巴黎和會。

　　波蘭復國運動之所以順利完成，實屬幸運。大戰初期使其左右為難的困境，業已一掃而空。因為波蘭的三個瓜分者均為戰敗國，德、奧固無論矣，即使是協約國中的俄國，也早被德軍擊敗，繼又發生革命，退出戰局，並與德、奧單獨簽約媾和，未能參加巴黎和會。主持和會的美、英、法三巨頭，均對波蘭採友好立場，因此建國所遭遇的種種問題，也一一獲致順利解決。假使俄國並未發生革命，或發生革命而繼續在協約國陣營之內作戰到底，則戰後也必是出席巴黎和會的勝利國家之一員。有俄國在，波蘭的復國就不會如此順利完成了。

　　在歷時四年的大戰中，波蘭人參加作戰的人數高達二百萬人。最具諷刺性的是，他們分別參加俄、德、奧三方面作戰，戰場也多半在波蘭境內，死於戰場者約有四十五萬人。

第十三章　捷克斯洛伐克共和國的建立 (1800–1918)

捷克斯洛伐克共和國建立於 1918 年 10 月 28 日，時在第一次世界大戰結束之前夕，這是一個中東歐的新興國家。它的前身，最早可以追溯到中古時期的「摩拉維亞帝國」和「波希米亞王國」❶。它是一個多民族國家，但以捷克和斯洛伐克兩支民族為主體，我們從這個國家的名稱中即可看出。

捷克人與斯洛伐克人是兩支關係密切的兄弟民族，他們同屬西支斯拉夫人，語文十分接近，九世紀間同屬摩拉維亞帝國的管轄，住地也在同一個地理區內。但自九世紀末年摩拉維亞帝國瓦解後，他們就分道揚鑣，各自走上不同的命運。住在東邊的斯洛伐克人被匈牙利人征服，成為匈牙利王國的領域。住在西邊的捷克人另建波希米亞王國，成為神聖羅馬帝國的附庸。一直到一千年以後，由於奧匈雙元帝國在第一次世界大戰中戰敗而崩潰，這兩支斯拉夫民族才脫離奧匈帝國而獨立，合建新邦。

捷克與斯洛伐克這兩支民族的民族意識和民族運動的淵源以及發展的經過，在 1918 年以前，基於上述原因，必須分別討論。

一、早期捷克民族主義的淵源

捷克人因久受日耳曼民族的統治，原已喪失民族意識，直到十八世紀末年才有所謂捷克的 「民族復興」（Narodni Obrozeni，或 National Revival），十九世紀中葉起才有捷克的民族運動。雖則如此，捷克民族主義的最早根源卻可追溯到十五世紀。

---

❶ 參閱本書第三章。

　　海斯 (C. J. H. Hayes) 在其《現代民族主義的歷史演進》一書中，嘗將現代民族主義的發展過程，劃分為「傑可賓式的」(Jacobin)、「傳統的」(Traditional) 和「自由的」(Liberal) 等三個階段，捷克史家沙塞克 (J. F. Zacek) 即據此將捷克的民族主義也分為下列三期：

　　1.傑可賓式的民族主義時期：以十五世紀的「胡斯戰爭」(1419–1434) 為本期的起點，它的特徵是以廣大平民群眾為基礎，一方面狂熱的抵抗外族的侵略，一方面向國外傳播革命的福音，其行徑和法國大革命時的傑可賓黨人一樣。

　　2.傳統的民族主義時期：興起於十八世紀末年，因受啟蒙運動的影響，以波希米亞貴族為主體，爭取貴族階級的傳統特權，依然承認哈布士堡帝國的統治地位。

　　3.自由的民族主義時期：興起於十九世紀初年，以資產階級為主體，主張以漸進而非激進的方式，爭取個人的自由、捷克的自治。其最高目標，是把哈布士堡帝國改組為多民族的聯邦，使捷克民族的地位提升到與奧地利人和匈牙利人的同等地位。至於完全脫離帝國而獨立的意念，此時尚未發生。

　　捷克位於歐洲心臟地帶，正當斯拉夫世界 (Slavdom) 與日耳曼世界 (Germandom) 的分界線，所以一部捷克史也就是這兩支民族關係史的縮影，其中有妥協，有融合，也有衝突與對立，但以後者為多。捷克建立的波希米亞王國，自九世紀末向神聖羅馬帝國皇帝阿爾諾夫在雷根斯堡行臣服禮之後，便成為後者的附庸。但在帝國所屬諸邦中，地位頗為重要，十二世紀初起波希米亞王國便是帝位的選侯之一。十四世紀查理四世同時兼任帝國皇帝及波希米亞國王，駐節布拉格，雙方關係之密切達於頂點。接觸既多，乃有兩種結果，一是文化的揉合，一是利害的衝突。捷克人在日耳曼人的強大壓力下，一方面要保持傳統的政治權利，同時也要保持斯拉夫民族的文化傳統。關於政治權利方面，捷克頗有收穫，1212 年斐特烈二世皇帝頒布的〈西西里金皮詔令〉，確認了波希米亞王國的半獨立的自治權，波

王由當地貴族選舉產生。

自「胡斯戰爭」於十五世紀初爆發以後，雙方關係轉趨惡化，1415 年胡斯以異端罪名被焚後，捷人即以「上帝的戰士」自命發動叛亂，多次擊退日耳曼人發動的十字軍攻擊。最後在里班尼之役 (1434) 被聯軍擊敗，惟胡斯精神所代表的反日耳曼傳統則始終維持不輟，二百年後又引發「三十年戰爭」。

波希米亞王位，自 1526 年「莫哈契之役」以後，即由哈布士堡王朝兼任，日耳曼人的壓力逐漸增強，大批日耳曼人移入，德文取代捷文。十六世紀初宗教改革運動興起，捷人改信新教者日多，在「徐瑪加爾迪克戰爭」(1546–1547) 中，波希米亞參加新教陣營作戰，失敗之後，信仰新教的「捷克兄弟會」被迫改信天主教，雙方形同水火。「三十年戰爭」的導火線，也由捷克點燃，「白山之役」(1620) 捷軍大敗，捷克民族的命運自此進入低潮時期，原有的自治地位取消，天主教成為唯一的合法信仰，耶穌會奉命剷除異端，捷克傳統文化成為打擊對象，德文更居優勢，變成官方和上層社會的通用語文，捷克語文只能流行於鄉野農民社會之間。經過了三十年的劇烈戰爭，波希米亞的捷克人口，由戰前的三百萬人，降為戰後的一百萬人。

二、捷克的民族復興運動與革命政黨的成立

十八世紀下半期起，捷克的「民族復興」開始萌芽。促成的原因約有下列數端：

1.十八世紀是啟蒙運動和開明專制時期，法國革命的理性主義和浪漫主義的精神傳入中東歐。北鄰波蘭被瓜分後，激起了波蘭的民族意識，間接也影響到波希米亞地區。拿破崙征服日耳曼諸邦後，日耳曼人的愛國精神與民族觀念滋長，日耳曼學者哥德、赫德的學說，更為捷克指出了光明的遠景，增加了對於前途的信心。

2.奧皇約瑟夫二世 (Joseph II，1780–1790 年在位) 是著名的開明專制君主，他的種種改革，開啟了捷克復興的門徑。1781 年頒布〈寬容令〉(*Patent of Toleration*)，准許胡斯派與路德派等新教恢復教會，自由信仰，乃使胡斯精神復活。約瑟夫二世對於思想的管制放鬆，由耶穌會士主持的書刊檢查工作停止，新教學校亦准恢復。此外，約瑟夫及其繼任者更獎勵學術文化活動，先後成立「波希米亞皇家科學院」(Royal Bohemian Society of Science, 1784)、「藝術研究院」(Academy of Fine Arts, 1799)、和「波希米亞博物館協會」(Bohemian Museum Society, 1818)，提升了捷克的文化水準。約瑟夫積極推行中央集權，但此舉反而激起波希米亞「地方觀念」的新生，捷克學者為了發掘過去所享受的半獨立地位的證據，不得不加強捷克古史的研究，從而喚醒了民族意識。

3.在經濟社會方面，由於約瑟夫二世積極推動奧國的工業化和貿易活動，城市漸趨繁榮，中產階級和勞工階級興起，社會組織發生變化。1781年下令廢除農奴制，農民乃得自由活動，年輕的農民子弟，或則走向城市，或則出國學習技藝乃至進入大學探求高深的學術，新生代的知識分子於是產生。在此期間，波希米亞的人口增加四倍。

捷克「民族復興」的初步表現，是「波希米亞鄉土愛國觀念」(Bohemian Landes Patriotismus) 的產生，這是一批愛國的貴族和歷史學者共同努力的結果。第二步便是一批出身於中產階級和富農子弟的所謂「覺醒者」(Awakeners) 的出現。他們充滿了樂觀進取的精神，從文化復興的奠基工作著手，編寫捷克文法和字典，發揚方言文學，出版報紙期刊，充實或增建文化機構。捷克的文化復興也刺激了東鄰斯洛伐克民族的文化啟蒙運動和民族意識。是時，斯洛伐克仍屬匈牙利管轄，「馬札耳化」的壓力極強，反而加強了捷克與斯洛伐克這兩支斯拉夫人的關係。

在十八至十九世紀期間有助於捷克「民族復興」的重要人物，有世界知名的斯拉夫語文學者杜布洛夫斯基 (A. J. Dobrovsky, 1753–1829)，杜氏著有《捷克語文史》，捷克文學史家及《捷德字典》編者榮曼 (J. Jungman,

1773–1847)、和有 「民族之父」 美譽的歷史學者兼政治家白拉斯基 (F. Palacky, 1798–1876)。斯洛伐克的啟蒙學者則有斯洛伐克語文的創始人史特 (L. Stur, 1815–1856)、詩人科拉 (J. Kollar, 1793–1853)（模仿但丁的《神曲》,《史拉瓦的女兒》 (*Slava's Daughter*)） 和 《斯拉夫古代制度》 (*Slav Antiquities*) 的作者沙法利克 (P. J. Safarik, 1795–1861) 等。這些作品大多用捷克文寫作。

在以上人物中,影響最大者為白拉斯基。白氏出生於一個摩拉維亞的富有農家,具有胡斯精神和「捷克兄弟會」的傳統,在布萊斯堡神學院受教時, 即已成為狂熱的民族主義者。 1823 年赴布拉格攻讀胡斯時代的歷史,受教於杜布洛夫斯基。其後奉派為政府史官,主編波希米亞歷史,乃以一生精力,以捷文和德文分別寫作,完成鉅著《波希米亞及摩拉維亞之捷克民族史》(*History of the Czech Nation in Bohemia and Moravia*),書中充滿了民族意識和愛國情操。白氏還擔任皇家科學院及國家博物館會員,擬主編捷克百科全書。

白拉斯基的歷史哲學,認為民族 (Nation) 為思想與主義之傳播者,透過民族的活動, 人類方能逐漸進步, 達到 「神性」 (Deiformity, Likeness to God) 的最後境界。世間原有精神與物質兩種力量,有所謂 「兩極性的自然法」(Natural law of Polarity)。一個民族的價值判定, 須視其發揚了思想的價值及其對於人類進步貢獻的大小而定, 並非依其國土之大小及力量之強弱而定。捷克雖為一小民族,波希米亞亦為一小國,但胡斯革命的精神,即在以小抗大, 爭取個人權利以反抗教會與帝國之專制。 胡斯革命亦為西

FRANTIŠEK PALACKY.

圖 51　白拉斯基

方世界走向進步與民主行程之中的起點，由是確定了捷克民族的崇高價值地位。

白拉斯基也是一位活躍的捷克政治家，當 1848 年的「二月革命」浪潮由法國傳到奧帝國境內以後，白氏和一批知識分子在布拉格的「聖·文塞斯勞斯浴場」召開會議（3 月 11 日），提出很多政治主張：出版自由、解放農奴、語文平等，提高波希米亞議會的權力等，已獲奧帝斐迪南的同意。後來大局變化，斐迪南被迫離京，日耳曼代表另開法蘭克福議會。白拉斯基及史特等斯拉夫領袖，乃另行召開「泛斯拉夫會議」於布拉格（1848 年 6 月 2 日），參加的代表，以奧帝國國內的斯拉夫民族為主體，另又邀請其他各地的斯拉夫人派代表參加，其中包括巴爾幹區的塞爾維亞人、克洛特人、斯洛汶人，和俄國與波蘭的代表，主張無政府主義的巴古寧 (M. Bakunin) 即為俄國代表之一。

會議由白拉斯基主持，沙法利克致開幕詞。是時，1848 年革命的浪潮已迫使梅特涅下臺，匈牙利正在醞釀獨立。在此大環境下，白拉斯基仍然維持比較溫和的立場，並未要求捷克脫離奧帝國而獨立，他只建議將哈布士堡王朝統治的帝國，改組為聯邦，境內各民族——包括日耳曼人、馬札耳人、捷克人、斯洛伐克人、波蘭人、魯森尼亞人 (Luthenians)、克洛特人、斯洛汶人及塞爾維亞人等——一律平等，分劃為八個自治邦國。除了巴古寧等激進分子主張徹底推翻奧帝國以外，其他代表多接受白拉斯基的主張。

十九世紀上半期是中歐的民族覺醒時期，民族主義興起，凡操同一語言和有共同文化的人群就屬於一個「民族」，此一民族如在異族統治之下，就尋求獨立或自治，波希米亞的捷克民族也受到相同的影響。

1804 年神聖羅馬帝國解散後，波希米亞改屬奧帝國統治。維也納會議以後，梅特涅的高壓政策限制了捷克民族運動的發展。及至 1848 年革命浪潮沖擊到中歐之後，波希米亞的政情方起變化。

奧政府為了挽救危局，亦在維也納召開制憲議會　（Constituent

Reichstag，1848 年 7 月），憲法起草委員會通過新憲草案（1849 年 2 月），內容與白拉斯基的方案相符，如獲實施，波希米亞的「民族復興運動」即可完成。不幸政局又起變化，斐迪南一世（1835–1848 年在位）退位，繼任之法蘭西斯・約瑟夫（Francis Joseph，1848–1916 年在位）在保守分子巴克 (Alexander von Bach) 的建議下，突將制憲議會解散，捷克重建民族國家的希望又告落空。

1867 年「奧匈雙元帝國」成立後，捷克民族的地位並未和馬札耳人一樣的提升，匈牙利治下的斯洛伐克人處境反而更加艱苦。因此，捷人對於奧國政府改採杯葛手段，在帝國議會中爭取比例代表制。其後，在克拉瑪什等人領導下，組成「青年捷克黨」(Young Czechs)，放棄消極的杯葛，改採積極的立場，與「基督教社會黨」(Christian Social Party) 及波蘭議員代表合組聯合陣線，稱為「鐵環」(Iron Ring)。是時，正由捷人塔菲 (E. Taaffe) 擔任帝國首相 (1879–1893)，塔菲獲「鐵環」全力支持，捷人亦在其庇蔭之下頗獲實益。布拉格大學原本完全使用德文教學，1882 年改為德文與捷文分立，因此為捷克造就了不少高級知識分子。

十九世紀末，由於工業發達，社會主義的政黨紛紛出現，有信仰馬克思主義的「社會民主黨」（創立於 1878）、有「國家社會黨」(Nationalist Socialist Party)。較為溫和或右傾的政黨，則有天主教「人民黨」(People's Party) 和由「青年捷克黨」轉變而成的「國家民主黨」(National Democratic Party)，後者領袖為克拉瑪什，他也是一位著名的泛斯拉夫主義者，主張奧帝國所屬的斯拉夫民族團結一致，1908 年 7 月再度召開「泛斯拉夫會議」於布拉格。

第一次世界大戰之後建立「捷克斯洛伐克共和國」的馬薩里克 (Thomas G. Masaryk)，於此時開始嶄露頭角。馬氏的父母分別是捷克人和斯洛伐克人，他代表中產階級和知識分子的勢力，初於 1882 年出任布拉格大學捷克語文部分的哲學教授，一度擔任帝國議會的捷克代表，1905 年脫離青年捷克黨而另創一個規模既小又不顯著的「務實黨」(Realist Party)，

但馬氏與各斯拉夫民族和西方國家如法國與美國等則頗多聯繫，成為奧匈帝國之內聲望最高的捷克代表人物，大戰之後，即在西方國家支持和馬氏的領導下，建立新興的獨立國家。

三、斯洛伐克民族主義的萌芽

斯洛伐克 (Slovak) 的民族主義，歷史遠較捷克為短，興起於十八世紀末年。民族運動之鼓吹者，只有極少數的知識分子，其中主要為路德派教士。當 1914 年大戰爆發前夕，絕大多數的斯洛伐克人，無論就文化程度來說，抑或就政治意識來說，均極落後。斯洛伐克人自九世紀末被匈牙利征服之後，在匈牙利王國統治下歷時已有一千年左右，其間從未獨立建國。依據近代學者之研究，確信斯洛伐克民族之形成，係在十一至十三世紀之間，十九世紀時，始由斯洛伐克語言進步到以斯洛伐克文字寫作的作品。斯洛伐克因受捷克之影響而改信新教，所以他們所使用的教會語文和一般語文與捷克人完全相同。首創斯洛伐克文字者為史特，其目的在團結當地之新舊兩派信徒以抵抗匈牙利的「馬札耳化」運動，史特所創的斯洛伐克文字一直到現在仍在使用，它和捷克語文的差異極小，雙方可以溝通。

1848 年，斯洛伐克人和捷克人一樣，均曾短期參與革命，米古拉什 (L. sv. Mikuláš) 曾向政府提出請願書，並在布拉格的泛斯拉夫大會上發言，要求承認斯洛伐克民族的存在（匈牙利之高舒資〔L. Kossuth, 1802–1894〕常否認斯洛伐克之存在），在斯洛伐琪亞地方建立自治政府，准許使用斯洛伐克語文並將其定為官方語文，此外更要求普及教育，建立斯洛伐克大學一所，以及擴大人民的參政權。但以上這些要求並未實現，斯洛伐克的民族運動，在匈牙利政府的高壓統治和天主教會的嚴密控制之下，迄無重大成就。一直到二十世紀初年，斯洛伐克雖有二百萬人之多，但在匈牙利議會中所占的席位仍為數極微，布達佩斯政府有一套怪異的投票比率，所以斯洛伐克籍的議員，最多時有七人，通常則只有一、二人，乃至空無一人。

　　把「捷克」和「斯洛伐克」這兩支兄弟民族聯為一體，形成所謂「捷克斯洛伐克」民族的觀念，在十九世紀期間已漸成熟，而且獲得雙方領袖人物的共同支持，白拉斯基、史特、馬薩里克等人均作同樣主張，與馬薩里克和貝奈施 (E. Beneš) 齊名，合稱捷克建國三傑之一的史提凡尼克 (M. Stefanik) 曾說：「誰是捷克人？捷克人就是操捷克語的斯洛伐克人。誰是斯洛伐克人？斯洛伐克人就是操斯洛伐克語的捷克人。」因為這兩支西斯拉夫民族，人種相似，語言相似，且在同一地理區內共同生活已達千餘年之久，自然加深了二者之間的關係。就在上述基礎上，於 1918 年產生了一個新興國家。

四、捷克斯洛伐克共和國成立的經過

　　捷克斯洛伐克共和國（以下簡稱「捷克共和國」）是第一次世界大戰以後建立的新興國家。它的領域，在 1914 年以前屬於奧匈帝國，奧匈帝國因戰敗而瓦解之後，捷克共和國方始脫離母體而獨立。

　　在以上各節中，我們已經看到，在大戰爆發之前，無論是捷克人，抑或是斯洛伐克人，他們最高的政治理想，只限於追求自治，希望將奧匈雙元帝國改組為「多元」的聯邦，使這兩支斯拉夫人的地位，提高到與匈牙利人同樣的水平。即使是最激烈的人物，也不曾奢想到獨立建國的境界。

　　大戰爆發之後，情勢頓然改觀，因為奧匈帝國與德國併肩作戰，捷克與斯洛伐克人的奮鬥目標，乃由追求自治而追求完全的獨立。不過對於獨立以後的政體，卻有兩派不同的主張。馬薩里克一派，主張建立一個西方式的民主共和國；而克拉瑪什一派，則主張成立一個王國，並與俄國密切合作，由一位俄國王室的大公出任國王。

　　大戰的導火線，是奧國與塞爾維亞的戰爭，也就是日耳曼人與斯拉夫人之間的戰爭。奧政府在戰爭前夕對塞國所採取的外交高姿態和開戰後在戰場上對塞人所採取的趕盡殺絕的暴行，引起了奧屬斯拉夫人，尤其是捷

克人的強烈反感，因此對於奧匈政府均持消極抵制立場，被徵入伍的捷克士兵更無戰鬥的意志。俄國參戰後，因為同屬斯拉夫民族，所以每當捷軍面對俄軍時，即思集體逃亡，投入俄軍陣營之內。被俄軍俘擄的捷克士兵，更被視為幸運兒。這些被留置在俄國戰俘營裡的捷克人和斯洛伐克人的最大願望，是能在俄國將帥指揮下，對奧匈作戰，此項願望一直到 1917 年間方告實現。是時俄國「二月革命」爆發，沙皇帝國瓦解，臨時政府成立，馬薩里克勸請克倫斯基 (A. Kerensky) 同意，將上述戰俘組成「捷克兵團」(Czech Legion)，參加戰鬥。兵團的人數，最多時高達八萬人 ❷。他們先前已在 1917 年的夏季攻勢中，創造輝煌戰績，擊潰奧軍在加里西亞的防線，俘獲奧軍四千人 ❸，因此獲得協約國當局的重視，視為一支可用的武力，法政府並與設於巴黎的「捷克國家委員會」簽署協議，決定將捷克兵團調離俄國，轉送到法國戰場，繼續對德作戰。

就捷克的獨立運動而言，「捷克兵團」也成為一項有力的資本。

捷克獨立運動的完成主要得力於兩項因素：一為革命領袖的領導與團結合作；二為協約國當局的支持，其中尤以美國總統威爾遜的鼎力協助更具決定性。

領導捷克和斯洛伐克獨立運動的主要人物有三：一為馬薩里克，二為貝奈施，三為史提凡尼克。前二人為捷克人，後者為斯洛伐克人，三人通力合作。他們的歷史地位，約與義大利的馬志尼、加富爾與加里波底相當，同為「開國三傑」。馬薩里克有捷克共和國的「國父」之稱，大戰爆發後，他確信協約國終將獲勝，而決勝的因素在西線而不在東線，此一見解，與其他捷克領袖不同，後者將希望寄託於俄國的勝利。他在流亡國外期間，遍訪俄、英、法、美等國，在俄曾協組捷克兵團。1915 年 5 月訪英時，即向英國外相葛雷 (E. Grey) 提出一項備忘錄，說明未來的建國計畫和疆域藍

---

❷　參閱 Palmer, A. W. *Independent East Europe*. London: Macmillan, 1962, Chap. I, p. 71.

❸　參閱 Heymann, G. F. *Poland and Czecho-slavakia*. N. J.: Prentice Hall, 1966, Chap. VII, p. 124.

圖。翌年 2 月，馬氏在巴黎謁見法國總理白里安 (H. Briand)，勸請同意戰後瓦解奧匈帝國，支持捷克的獨立。但英、法對於戰後的計畫尚無具體的方案，例如英國首相亞斯奎茨 (H. Asquith) 於 1916 年夏囑外交部提出的未來和約草案中，竟主張將捷克併入波蘭王國之內，不必單獨建國❹。

　　真正有助於捷克之獨立者為威爾遜。美國參戰後，戰局逐漸好轉，對於戰後的大局，美國的態度舉足輕重，威爾遜在其於 1918 年 1 月間揭示的「十四原則」的第十點中，主張「奧匈帝國所屬各民族，均給予最自由的民族自決之機會」，捷克獨立之前途已露曙光。馬薩里克於 1918 年 4 月抵美，威爾遜邀見於白宮（6 月 19 日），備極禮遇。是時，捷克兵團奉召經西伯利亞出海參崴開往歐洲，俄國內戰正熾，兵團東行的艱苦歷程，報章騰載，極獲美國人民的同情與崇敬，此亦有助於馬氏與威爾遜的會談。

　　大戰初起，馬薩里克即會同各地捷克僑領發表聲明（1915 年 11 月），表示捷人將站在協約國一方對德、奧作戰。1916 年 1 月初，在巴黎成立「捷克國家委員會」 (National Czechoslovak Council)，由馬薩里克擔任主席，農民黨領袖杜瑞克 (J. Durich) 為副主席，貝奈施為秘書長。在巴黎的外交活動中，貝奈施扮演了重要的角色。貝氏為馬氏學生，亦是布拉格大學教授。1918 年 6 月 29 日，貝奈施爭取到法國政府的支持，承認「捷克國家委員會」為捷克未來政府的最高機構，並允在捷克的「歷史疆域」範圍內建立國家，此後貝氏即成為經常出席盟軍聯合委員會的捷克代表。8 月 9 日，英國政府也給予捷克國家委員會以承認。9 月 2 日，在威爾遜授意下，美國國務院發表聲明，承認捷克國

圖 52　捷克國父馬薩里克

---

❹　參閱 Macartney, C. A. & Palmer, A. W. *Independent East Europe*. London: Macmillan and St. Martin's Press, 1962, Chap. I, p. 64.

家委員會為「事實上已經存在的敵對政府」(de facto billigerent government)，捷克的獨立地位至此已獲確認。

捷克開國三傑的第三者史提凡尼克，是唯一的斯洛伐克代言人，早年即離家遠去法國，他是一位著名的科學家，從事天文氣象工作，大戰之後投效空軍，因功升任准將，且在法國與義大利境內協組捷克兵團。對馬薩里克極為崇拜，合作無間。

馬薩里克旅美期間，曾分別與斯洛伐克人和魯森尼亞人的僑領接觸，爭取二方的合作。1918 年 5 月 30 日馬氏與斯洛伐克旅美代表簽署〈匹茲堡協定〉(Pittsburgh Agreement)，雙方同意合建一國，斯洛伐克保留若干自治權，具有自己的議會、政府和法院，並以斯洛伐克語文為教學及公文書的官方語文。馬氏與魯森尼亞代表所獲之協議，也和前者類似，惟須保證魯森尼亞的自治地位。對於上述兩協議，日後頗有爭執，若干捷克人士對此頗表異議，認為簽訂協議者只是少數的旅外僑民，不能代表國內多數人民的立場。

上述馬薩里克、貝奈施和史提凡尼克三人的活動，均在國外進行。在奧匈帝國境內的捷克志士，也配合時機，爭取新國家的建立。

1917 年 5 月間，捷克文藝作家發表聯合宣言，同時出席維也納帝國議會的捷克代表也在會中發表聲明，一致要求將帝國改制為聯邦，各民族均享受平等地位。6 月間，「社會主義者和平大會」在瑞典的斯德哥爾摩舉行時，應邀出席的捷克社會民主黨代表即席表示，支持民族自決原則，要求在將來的多瑙河邦聯中建立一個屬於捷克的主權國家。是時，統治奧匈帝國已歷六十八年的年老皇帝法蘭西斯·約瑟夫已於 1916 年逝世，年事較輕的查理 (Charles) 繼位，鑑於情勢逐漸逆轉，乃思以懷柔手段維持政局的安定，遂於 1917 年 7 月下令大赦，將已判死刑的捷克領袖如克拉瑪什等多人釋放，翌年 10 月 16 日更進一步宣布將帝國改組為聯邦。惜此時大戰已近尾聲，帝國之分裂已成定局，這些補救措施，為時已經太晚了。

1918 年 10 月 14 日，貝奈施通知協約各國，宣告業已成立捷克臨時政

府於巴黎，馬薩里克為總統，貝氏本人為外交部長。翌日，法國即予承認。設於布拉格的「國家委員會」鑑於情況急迫，派克拉瑪什等為代表，遄往日內瓦與貝奈施會商，但在代表團尚未返國之前，即迫不及待的在布拉格宣布（10 月 28 日）：獨立的捷克斯洛伐克國業已成立，是即捷克的獨立日。兩天以後（10 月 30 日），斯洛伐克各黨代表在杜施安斯基·斯瓦臺·馬亭 (Turčiansky Svätý Martin) 地方集會，發表聯合聲明，表示斯洛伐克民族基於語文的共同性，願與捷克民族共組一個國家。11 月 1 日，匈牙利脫離雙元帝國宣告獨立後，捷克即出兵占領斯洛伐琪亞，並獲聯軍同意以多瑙河及伊柏爾河 (Ipel R.) 為捷、匈兩國的邊界。11 月 15 日，捷克斯洛伐克共和國全國代表大會一致推選馬薩里克為總統，並且依照臨時約法，組成臨時政府，由克拉瑪什為總理，貝奈施為外交部長，史提凡尼克為國防部長。巴黎和會舉行時，由克、貝二人代表參加，和會也正式同意捷克共和國的建立。

第十四章　匈牙利的民族獨立運動

匈牙利的民族獨立運動，在十九世紀上半期並無顯著的發展。匈牙利是一個多民族國家，除了馬札耳人以外，還有斯洛伐克人、魯森尼亞人、羅馬尼亞人、克洛特人和少數的塞爾維亞人。在 1844 年以前，以拉丁文為通用的「國語」；1844 年以後，才改用馬札耳文為國語。

1806 年，拿破崙於擊敗普奧聯軍之後，宣布解散神聖羅馬帝國，法蘭西斯一世 (Francis I, 1792–1835) 不再擁有神聖羅馬帝國皇帝的頭銜，改稱奧帝國皇帝，仍兼匈牙利國王。1809 年法軍占領維也納，建議匈牙利人放棄哈布士堡王朝，改選一位本國籍的新君，但匈牙利議會此時仍由保守的地主貴族把持，對於拿破崙的新秩序並無好感，因此將法國的上述建議置之不理，失去了一次獨立的機會。

在這一批保守的匈牙利領袖之中，比較開明而且具有代表性的人物，是席申尼 (S. Szechenyi, 1791–1860) 伯爵。席氏有「最偉大的匈牙利人」之譽，主張經濟與社會改革居先，政治改革不妨列於次要地位，他忠於王室，

圖 53　席申尼籌建的布達佩斯大橋 (Shutterstock)

反對脫離奧帝國而獨立。他利用自己所擁有的廣大財富，再加上徵集所得的資金，全力推動匈牙利的現代化建設，廣建工廠，修築鐵路，疏濬多瑙河河道以通航黑海，成立輪船公司發展航業。他更促使議會通過決議案，興建一座跨越多瑙河東、西兩岸的鋼索大橋（1849 年完成，今仍存在），將布達 (Buda) 與佩斯 (Pest) 兩個城市聯為一座雙子城。初，匈牙利王國的首都設於布萊斯堡 (Pressburg)，1867 年始遷都布達佩斯。

一、獨立革命 (1848–1849)

在民族主義的衝擊下，匈牙利另有一批較為激進的政治人物，主張完全脫離奧帝國的統治，建立一個獨立的匈牙利國家。此派之代表人物為高舒資，是 1849 年獨立革命的領導人。

席申尼和高舒資是近代匈牙利史中的兩個重要人物，但其作風和所致力的目標並不相同。席氏主張由上層發動改革，高氏主張由下層發動革命；席氏主張教育群眾，高氏則主張鼓動群眾。席氏是一位實際主義者，高氏則是一位理想主義者。席氏主張英國式的漸進政策，高氏則主張法國式的革命。

高舒資亦屬貴族階級，出席議會，將開會情形編為〈議會公報〉公開發行，觸怒奧國當局，監禁四年 (1837–1840)。1840 年出獄後聲名大噪，翌年創辦《日報》，鼓吹取消封建特權，法律之前人人平等。當時法國的狄耶 (L. A. Thiers)、雨果 (V.

圖 54　高舒資像 (Shutterstock)

Hugo)、拉瑪丁 (A. Lamartine) 和托克維拉爾 (de Tocqueville) 等人的民主共和思想，在匈極為流行，高舒資亦受其影響，故其奮鬥目標，在於建立一個法國式或美國式的國家。

1848 年，法國二月革命爆發，在全歐引起連鎖反應。惟西歐與東歐之革命性質不同，西歐以社會革命為主流；中東歐則以民族革命為主流，波蘭、日耳曼各邦與匈牙利，均以爭取民族獨立為第一目標。換言之，東歐的革命只走到 1789 年法國革命的階段，比西歐遲了五十年。

匈牙利議會中的保守派與自由派議員，原本勢均力敵，不相上下，及至法國二月革命消息傳來，自由派席次增加。高舒資遂於 3 月 3 日向奧政府提出一項備忘錄，要求實行進一步的憲政，議會民選，出版自由。由於上院的延擱，備忘錄尚未送達奧帝兼匈王時，維也納已於 3 月 13 日發生革命，梅特涅下臺，化裝為英國紳士逃出國外，奧帝國建立議會政府。翌日，匈牙利議會上下兩院再以共同名義向國王提出備忘錄。同時，匈牙利青年於 3 月 15 日在佩斯舉行示威，提出十二點要求，並將愛國詩人比托菲 (A. Petöfi, 1823–1849) 所寫的革命詩章——日後即成為匈牙利的〈馬賽進行曲〉，散發全國。3 月 15 日自此成為匈牙利的國家紀念假日。

惟匈牙利與法國的情況不同，佩斯也不能與巴黎相比。佩斯之示威，未即引起全國的響應，鄉村農民仍極保守。事件發生後，維也納聞訊震驚，但反應亦不一致。佩斯大主教史蒂芬 (Stephen) 同情革命，要求國王接受革命分子的主張。斐迪南五世同意接受，隨即於 3 月 17 日任命巴特顏尼 (L. Batthyány) 伯爵為第一任匈牙利首相，議會於三週之內亦將改革法案一一通過，經斐迪南於 4 月 11 日簽署生效，匈牙利的不流血「光榮革命」竟然在短期之內順利完成。

1848 年頒布的改革法案，並未改變奧匈之間的原有基本關係，1723 年〈國事詔書〉中「奧皇兼任匈王」的條款並未取消。但匈牙利已由封建國家轉變為民主議會的憲政國家，具有相當教育水準並繳納限定標準以上稅金且年滿二十歲的公民均有參政權。議員任期三年，內閣向議會負責，國

王頒布之命令須有閣員之副署方始有效。貴族特權作廢，納稅義務平等，農民獲得解放。

匈牙利新政府，在巴特顏尼領導下，由高舒資任財政部長，伊斯特哈齊 (P. Esterházy) 任外交部長，席申尼任交通部長，戴克任司法部長，均屬一時之選。新政府中，即使最激進的高舒資，此時亦未想到就與奧國完全切斷關係，大多主張雙方和平相處。西方國家如英、法等國均對奧國的改革加以讚揚，認已走上革新之路。

但哈布士堡統治下的奧國，仍有一批極端反動保守分子，準備發動一次反革命，以高壓手段摧毀新憲。

繼梅特涅出任首相之反動分子高勞夫拉特 (Kolowrat) 在國防部長拉圖 (Latour) 支持下，決定利用匈牙利境內之少數民族——克洛特人、斯洛伐克人及外息爾凡尼亞的羅馬尼亞人與日耳曼人——打擊匈牙利的新政府。1848 年 3 月底，派耶拉乞契 (J. Jellachich) 為克洛琪亞總督 (Ban of Croatia)，耶氏為克洛特人，忠於維也納，乃以 1848 年改革案損及匈、克關係為藉口而發動武裝叛亂。匈牙利新政府與耶氏進行磋商，允予克洛特人自治權，8 月 27 日的匈牙利內閣會議中，甚至準備改採聯邦制度，以滿足克洛特人的要求。但所有努力均無效果，因耶氏只是奧政府中保守集團所利用的一個工具。奧國之目的，只在摧毀改革，恢復特權。

奧政府除鼓動克洛特人叛離匈牙利外，並掀動塞爾維亞人自治，匈屬塞人定居匈境已歷一百五十年之久，但在塞人的代表大會中，竟決議要求完全獨立，這也超越了維也納預計的範圍。1849 年夏，匈牙利議會通過〈民族法案〉(Nationality Act)，承認境內少數民族的民主權利，以反擊奧國之挑撥。此一〈民族法案〉，實為中、東歐最早也是最進步的少數民族權利法案，較之威爾遜於第一次大戰後提出之主張，早七十年。

1848 年建立的匈牙利新政府中，另有少數的激進分子，並不以改革為滿足，進一步要求完全獨立。而維也納政府不辨是非，將溫和分子與激進分子相提並論，乃使激進派轉占上風，故今後爆發的獨立革命，實為奧國

所造成。

　　1848 年 3 月 18 日至 22 日，義大利之「米蘭五日叛亂」爆發，欲推翻奧國在北義之專制統治，威尼西亞宣布共和，皮德蒙王國對奧宣戰（3 月 22 日）。皮德蒙與奧國皆向匈牙利求援。巴特顏尼政府依照〈國事詔書〉之規定，同意援奧；而一般匈牙利人民則同情義大利的革命分子。但是巴特顏尼的臨危相助，仍未獲奧國諒解。9 月間，奧政府公開支持耶拉乞契對匈攻擊。巴特顏尼總理辭職。奧國派蘭堡 (Lamberg) 將軍為特使前往匈牙利與耶氏議和，而蘭堡將軍之任命匆忙中未及事先商得匈牙利議會的同意，成為「違憲」之舉，激憤的匈牙利群眾竟將蘭堡將軍在佩斯私刑毆辱，至此奧、匈之間的關係，已經走到懸崖的邊緣，戰爭幾乎無法避免。

　　匈牙利在奧軍四面圍攻之下，決定武裝自衛。1848 年 9 月 20 日成立國防委員會，以高舒資為主席。匈軍首先擊敗耶拉乞契之大軍，迫其退往維也納。維也納於 10 月 5 日又起革命，同情匈牙利的青年學生騷動示威，高舒資於是利用機會攻向奧京，但為守軍擊敗於東郊（10 月 30 日）。高舒資遂將匈軍指揮權交予三十餘歲之青年將領葛傑 (A. Görgey)，葛傑畢業於烏姆 (Ulm) 軍校，曾在帝國部隊服役，隨即成為匈牙利獨立戰爭的英雄人物。

　　匈牙利堅持，其作戰目標為維護已奉斐迪南五世簽署的法案，為合法之戰爭。奧國由史瓦森堡 (Schwarzenberg) 組成的內閣乃迫使斐迪南五世退位，改由其姪法蘭西斯・約瑟夫 (1848–1916) 繼位，匈方視此為非法。奧軍於 1848 年底攻入匈境，首都佩斯失守（1849 年 1 月 5 日）。政府遷都後，匈牙利議會於 1849 年 4 月 13 日通過決議，宣布成立「匈牙利共和國」，高舒資被選為總統 (Governor-President)，遂即展開反攻。5 月，收復布達佩斯。

　　是時，歐洲之動亂局勢已告安定。法國二月革命之後，路易拿破崙當選為總統，義大利的亂事已為奧軍平定，如無事故發生，匈牙利之獨立即可確保。不料奧國在被匈軍擊敗之後，向俄求援，俄皇尼古拉一世向有歐

洲的「憲兵司令」之稱，深恐匈牙利革命之成功，將會影響到俄屬波蘭，為了維護「神聖同盟」的新秩序，派大軍二十萬越過喀爾巴阡山攻入匈境，奧軍亦由西向東配合反攻。8月9日，匈軍在蒂米什瓦拉 (Temesvár) 為俄軍擊潰，形勢陡然逆轉，高舒資遂辭總統職（8月11日），將政權交予葛傑，翌日匈牙利向俄軍投降。高舒資逃往土耳其，其後再轉美英等國，繼續為匈牙利之獨立在海外宣傳鼓吹，普受讚響。

匈牙利亂事平定後，奧政府即以殘酷手段報復，俄國及英、法之調停均無效，1849年10月6日，奧軍將被俘之匈牙利前任總理巴特顏尼及高級官員十餘人均處死，匈牙利淪入反動的「巴克制度」(Bach System) 統治之下。

巴克 (Alexander von Bach) 是一個和梅特涅不相上下的奧國反動保守分子，1849年由司法部長轉任內政部長，1852年升任首相。他認為匈牙利既已公開反叛，今後即不必再有顧慮，可以放心施壓，為所欲為。奧政府把匈牙利看作一個軍事占領區，另建臨時性行政體系。為了摧毀匈牙利的傳統完整性，將其劃分為下列幾個行政地區，由維也納直接管轄：

1.匈牙利本身劃為五區。

2.外息爾凡尼亞為直轄省。

3.匈牙利東南部毗鄰塞爾維亞地方另設獨立行政區 (Vojvodina)。

4.匈牙利的西南部毗鄰克洛琪亞地方，連同阜姆港在內，劃為軍事區。

艾爾伯特 (Albert) 大公奉派為匈牙利總督，大批日耳曼人接任各級政府官職，原有的匈牙利憲政權利一律停止，另設憲兵團，實行恐怖統治。

二、奧匈〈妥協方案〉與雙元帝國的建立 (1867)

在匈牙利的獨立革命前後，政治體制歷經三變：革命之前為《1847年憲法》，革命期間為《1848年4月憲法》，獨立戰爭爆發後為〈1849年獨立

宣言〉。這三個文件所代表的思想，在 1849 年以後形成了三個政治集團：

1.「老保守黨」(Old Conservatives)，主張恢復《1847 年憲法》，匈牙利仍然依附於奧帝國之內，實行自治。此輩保守分子，既與革命無關，且與奧國統治階層深具淵源，照理應該有所成就。但巴克政府則一味堅持既定專制政策，拒作絲毫之妥協。

2.激進派，以高舒資為首，多由逃亡國外之匈人組成，主張成立獨立的匈牙利共和國，數以千計的匈人逃往土耳其，依附高舒資，欲以土耳其之維丁為基地再度發動革命。俄國與奧國聞悉後即要求蘇丹將高舒資等人引渡，幸賴英、法派艦在達韃尼爾海峽示威反對，方未得逞。西方國家雖同情匈牙利之遭遇，但未作進一步的實際干涉。

3. 中間派，以戴克 (F. Deák, 1803–1876) 為首，戴克是僅存的穩健政治家，後被稱為「祖國的賢哲」(Sage of the Fatherland)，他既不贊同老保守黨，也不同意高舒資的主張。他認為《1848 年 4 月憲法》依然有效，並以恢復其所規定之權利為目標。保守及激進分子雖一致反對，奧政府亦一再恐嚇，但戴克則依其學術良知，傲然不屈，以消極抵制之方式，獲得「勇敢的悲觀主義者」 (Courageous Pessimist) 雅號。未及逃出的知識分子，包括歷史學者、哲學家、文藝作家及新聞作家等，一一集合於戴克左右，共同為復國而努力。

50 年代起，歐洲國際局勢動盪不安，為匈牙利帶來了復國的機會。克里米亞戰爭 (1853–1856) 發生後，英國參戰，其時旅居英國之高舒資與同時旅英的義大利革命家馬志尼即有所接觸，盼能掀動義大利的反奧戰爭。但因維也納宣告中立，遂使機會喪失。

1859 年，「薩奧戰爭」爆發，薩丁尼

圖 55　有「祖國的賢哲」之稱的匈牙利政治家——戴克

亞王國之加富爾聯法對奧作戰。自克里米亞戰後，奧、俄關係惡化，維也納在國際間陷於孤立。高舒資與德列基 (Teleki) 及克拉普加 (Klapka) 等在義組成「匈牙利民族委員會」(Hungarian National Board)，並成立一支「匈牙利兵團」(Hungarian Legion) 協助義軍之加里波底 (Garibaldi) 作戰。奧軍在索弗里諾 (Solferino) 之役為薩、法聯軍擊敗後，喪失北義諸邦，帝國聲威大減。但因法國臨時退出戰局，與奧迅簽和約，奧國方得喘息機會。

奧政府由於內外之挫折，自 1860 年起就漸漸改弦更張，放棄原有的絕對專制政策，此時巴克已被免職 (1859)。1860–1861 年間，連頒詔令，恢復匈牙利之議會制度。設於維也納之帝國議會，增設議席為三百四十三席，由匈、捷等屬地議會推選代表組成，其中奧地利各省占一百六十九席，匈牙利各省占八十五席，波希米亞各省占五十四席，外息爾凡尼亞占二十六席，克洛琪亞占九席。匈牙利之自由分子在戴克領導下，仍堅持 1848 年憲法之立場，認為奧、匈之聯合僅為君主共戴之王位聯合，匈牙利並非奧國的屬地。奧皇拒絕接受，乃將議會解散。

1865 年，戴克決定對奧稍作讓步，準備在涉及兩國的「共同政務」——即國防、外交與財政——方面，同意由雙方協調諮商。1866 年奧國在「普奧戰爭」中又為普、義聯軍擊敗，戰時俾斯麥同意匈牙利將領克拉普加組織的匈籍兵團助戰。戰後，奧國在日耳曼及義大利半島兩方面的勢力，均被排除，領土縮小，匈牙利遂一躍而成為地方最大、人口也最多的屬地，必須對匈讓步，爭取它的支持。

此時，戴克所握的籌碼已大為增加，他的談判地位也隨之提高，但戴克仍然維持原議，不作更上層樓之要求。

此時，奧屬斯拉夫人亦圖改變現狀，彼等推舉代表，在維也納舉行會議（1866 年 7 月），建議將帝國改為「五元帝國」(Pentarchy)，下屬五個地位平等的自治邦：

　　1. 日耳曼人之奧地利。

　　2. 馬札耳人之匈牙利。

3.捷克人之波希米亞。

4.波蘭人之加里西亞。

5.由克洛特、塞爾維亞及斯洛汶人合組之南斯拉夫。

如照此計畫實施，則斯拉夫人在帝國中所占邦國有三，形成多數優勢。

奧皇法蘭西斯‧約瑟夫衡量當時情勢，與其變成「五元」，不如成為「雙元」，於是決定向匈牙利讓步。經數月之談判，獲致協議。1867 年 6 月 8 日，法蘭西斯‧約瑟夫在布達佩斯依照古老儀式加冕為匈王。10 月，奧、匈簽訂〈妥協方案〉(Ausgleich of 1867)。

奧匈〈妥協方案〉使歷時三百五十年 (1526–1867) 的奧、匈敵對關係為之終止。其詳細方案如下：

1.奧地利帝國與匈牙利王國均為獨立主權國家，地位完全平等。奧國屬地包括奧地利本土、波希米亞、加里西亞、加尼歐拉 (Carniola) 及泰羅爾 (Tyrol) 等地。匈牙利屬地包括過去所有的「聖‧史蒂芬王冠的領地」，即匈牙利本土、斯洛伐琪亞、克洛琪亞、巴納特及外息爾凡尼亞等地。

2.依照 1723 年〈國事詔書〉之約定，兩國共戴哈布士堡王朝為君主，並有互相軍援之義務。

3.兩國各有本身的議會與內閣，各有自己的憲法。由於兩國有互相軍援之義務，故將國防、外交與財政三者列為「共同政務」(Common Affairs)，特設三個「聯合部」(Joint Ministry) 主持其事，三部部長並不向兩國議會負責，亦不設中央議會，而由兩國議會各自推選代表六十人，合組「代表團」(Delegations)，每年舉行聯席會議一次，會議地點在維也納與布達佩斯兩地輪流舉行。平時，雙方以換文磋商方式交換意見，如經三次換文仍未達成協議，再在聯席會議中投票表決。有

圖 56　奧皇法蘭西斯‧約瑟夫

關「共同政務」的預算，則由「配額委員會」(Quota Committee) 決定分擔之比率。

　　4.兩國間有關商務及關稅之協定，每十年修正一次。

　　5.奧地利國家銀行，改稱「奧匈銀行」(1878)，貨幣亦逐漸統一。

　　6.國防部隊之總司令，由皇帝（國王）擔任，但兵員之徵調、役期及其他有關國防事宜，則仍須經過雙方議會之同意。

　　〈妥協方案〉是匈牙利民族主義的一大勝利，雖未實現 1849 年的完全獨立，但就當時之環境而言，實已達到比較理想的目標。此一高度政治藝術之成就，為戴克之不朽貢獻，因此匈人稱之為「祖國的賢哲」。奧、匈兩國即在此一〈妥協方案〉下，維持和諧關係五十二年之久，至 1919 年才分裂為兩個國家。

　　〈妥協方案〉對兩國均有利益，而匈牙利獲利尤多。它可以藉助於奧國的聲望與武力，維護本身之安全；匈牙利的領域，已恢復古王國時代的規模，馬札耳人以多數民族之地位，統治境內的其他少數民族。

三、十九世紀下半期的政局與獨立運動

　　匈牙利在〈妥協方案〉以後的發展，一般尚稱平順。戴克雖為妥協案的建立者，但不願接受政府職位，寧願擔任幕後政黨——所謂「戴克黨」(Deák Party) 的領導人。新政府之總理一職，則由安德拉西 (J. Andrassy) 擔任。若干民族領袖如克拉普加 (Klapka) 將軍、波柴爾 (Perczel) 將軍、史學家郝爾瓦茨 (M. Horváth) 等人，紛紛返國，佐襄大業。

　　比較激進的一派，仍不以〈妥協方案〉為滿足，另組「獨立黨」(Independence Party)，以實現〈1849 年獨立宣言〉為奮鬥目標。另有一批中間偏左的人士，以提薩 (K. Tisza) 為首，另組「決議黨」(Resolution Party)，以 1861 年議會通過之決議案命名，主張建立獨立的武裝部隊，商務與財政亦與帝國分開。在 1872 年的議會大選中，戴克黨獲二百四十五

席，提薩黨獲一百十六席，獨立黨獲三十八席。

　　1875 年提薩黨與戴克黨部分分子合併，改稱「自由黨」(Liberal Party)，以提薩為領袖，提薩並擔任總理一職達十五年 (1875–1890) 之久。由是逐漸形成兩黨制，一為在朝之「自由黨」，一為在野之「獨立黨」，但因後者實力尚弱，未能像英國一樣的交互輪流執政。

　　自由黨之組成分子，代表中級地主及新興資產階級，提薩的長期執政，雖為匈牙利帶來十五年的安定，但並未普受匈牙利人民之支持，尤以聯合部隊中規定以德文為下達命令的唯一語文一節，更為匈人所反對，1890 年竟因此引起首都市民之示威而被迫辭職。提薩雖辭，而自由黨之統治則持續不墜，又歷十五年，至 1905 年大選時，情勢始徹底改觀。自由黨退居少數地位，繼之而起者為獨立黨。

　　各政黨爭辯的主題，集中於奧匈之間的法律地位問題，但對極為重要的經濟社會問題，反而較少注意，是其缺點。匈牙利的經濟結構，十九世紀下半期仍以農業為主，穀類生產數量，僅次於美、俄，居世界第三位，年產量接近二億蒲式耳，不僅可供匈、奧自用，且有餘額輸出。但自 1890 年以後，麥產地除美國外，加拿大與阿根廷亦全力外銷，引起糧價低降，對匈牙利農民為一嚴重打擊，小農破產，亟待救濟，於是自 1891 年起，農民社會主義運動開始發生，有所謂「農業工人聯盟」(Federation of Agrarian Workers)，這就是匈牙利「農民黨」的前身。

　　匈牙利工商業於十九世紀頗有發展，紡織、麵粉、製糖、釀酒、製皮等工業均紛紛建廠，城市勞工人數增多，組織工會，接受奧國「社會民主黨」之指導。工人之增加，影響到匈牙利社會結構的變化，故晚期的民族主義亦有社會主義色彩。

　　在外交政策方面，匈牙利大致均能配合奧國立場，合作無間。原任匈牙利總理之安德拉西，於 1871 年起改任奧匈帝國的聯合外交部長，其外交政策亦兼顧匈牙利的利益。當普、法戰爭爆發時，奧國將領曾擬助法攻普，報復「七週戰爭」失敗之恥辱，但在安德拉西運用下，未曾參戰。安氏有

兩層顧慮：一為俄國可能出兵干涉，對帝國不利；二為如獲勝利，奧必再度捲入日耳曼領導權之爭，國勢轉強，對匈反而不利。安德拉西的另一活動，則為反對帝國郝亨瓦特 (Hohenwart) 內閣的擴大聯邦的計畫——給予捷克較大政權，因捷克地位提高後，匈牙利的權力就會相對受損。

安德拉西將其全部注意力集中於應付俄國的威脅，此時所謂俄國的威脅，並非自東方而來，而是來自南方。因俄國在巴爾幹的影響力劇增，塞爾維亞已成為「泛斯拉夫主義」的核心。塞爾維亞亟思向西北擴張，伸入波士尼亞及赫塞哥維納兩州，甚至匈牙利境內。安氏雖認清上述威脅，但不願與俄國正面為敵，於是採取和俾斯麥同樣手段，一方面與俄合作，一方面爭取本身的利益。1877 年，奧匈與俄商獲協議：俄取比薩拉比亞，奧匈取波、赫兩州。安德拉西的目的，不在向外擴張，而在本身之防禦，藉以打破俄國對奧匈帝國的半圓形包圍圈。俄、土戰後，簽訂〈聖·斯提凡諾條約〉，俄國兼併比薩拉比亞的目的已達，但對波、赫二州問題則故意避而不提。當柏林會議繼之召開時，安德拉西即利用英、俄之對立而取得波、赫兩州的管轄權。

1879 年，安德拉西接受俾斯麥邀請，締結德、奧盟約，造成「三國同盟」的基礎。1908 年，再乘土耳其革命的機會，將波、赫二州正式兼併。

1914 年 6 月，奧匈帝國王儲斐迪南夫婦遇刺於波州首府薩拉耶佛，此一陰謀，與十一年前傾向奧國的塞爾維亞王亞歷山大之被刺，同出一源。幕後之主持者皆為親俄的大塞爾維亞主義者，目的在瓦解奧匈，奪取以斯拉夫人為主要居民的波、赫二州。當時擔任奧匈帝國外交部長的白克托德 (Berchtold) 及參謀總長康拉德 (Conrad)，決定對塞施加壓力，以期徹底解除此一威脅。但匈牙利籍的帝國首相史蒂芬·提薩 (Stephen Tisza) 則反對作戰，7 月 1 日上書奧皇要求審慎處理，提薩的顧慮，是俄國及羅馬尼亞可能參戰，而德國則必須全力對付法國，無力分援，奧將處於不利地位。其後由於主戰派獲勝，奧匈帝國在 7 月間對塞發動攻擊，終於引發了第一次世界大戰。

圖57　薩拉耶佛事件——奧國王儲遇刺，兇手被捕

　　在第一次大戰期間，匈牙利動員三百八十萬，損傷數字高達56%。在奧屬波蘭及喀爾巴阡山一線，損失尤為嚴重，在巴爾幹方面，則將塞爾維亞等地占領。義大利參戰 (1915) 後，匈軍在伊松左 (Isonzo) 河谷抵制其攻擊；羅馬尼亞參戰 (1916) 後，即向匈屬之外息爾凡尼亞猛攻，後亦在德軍協助下將其逐退，是年12月攻占羅京。同年11月21日，法蘭西斯·約瑟夫逝世，結束了六十八年的統治，查理四世繼位後，即待機求和。是年12月18日德奧匈等國首次提出之和議，為聯軍拒絕，聯軍在1917年1月12日的覆文中，要求將「外族統治下」之義大利、南斯拉夫、羅馬尼亞及捷克人等一律解放。換言之，即奧匈帝國之全盤瓦解。

　　1918年秋，中歐國家之敗局已定，奧皇頒布十月上諭改雙元帝國為聯邦後，匈總理維克爾 (Wekerle) 遂即於16日向議會宣布：雙元關係終結，匈牙利脫離奧國而獨立，惟兩國仍共戴一君。不久，再宣布切斷與德國關係。11月3日奧匈軍總司令與聯軍簽訂停戰協定於帕杜亞。維克爾辭總理職，在國王尚未決定新命之前，反對黨——獨立黨之凱洛里伊 (M. Károlyi) 即自行組成「全國委員會」(National Council)（10月23日），在社

會主義分子及散兵激勇支持下，在首都發動所謂「紫菀花革命」(Aster Revolution)，其後，凱洛里伊經國王任命為總理。

1919 年 3 月，凱洛里伊政府瓦解，貝拉孔 (Belá Kun) 繼組共產蘇維埃政權。

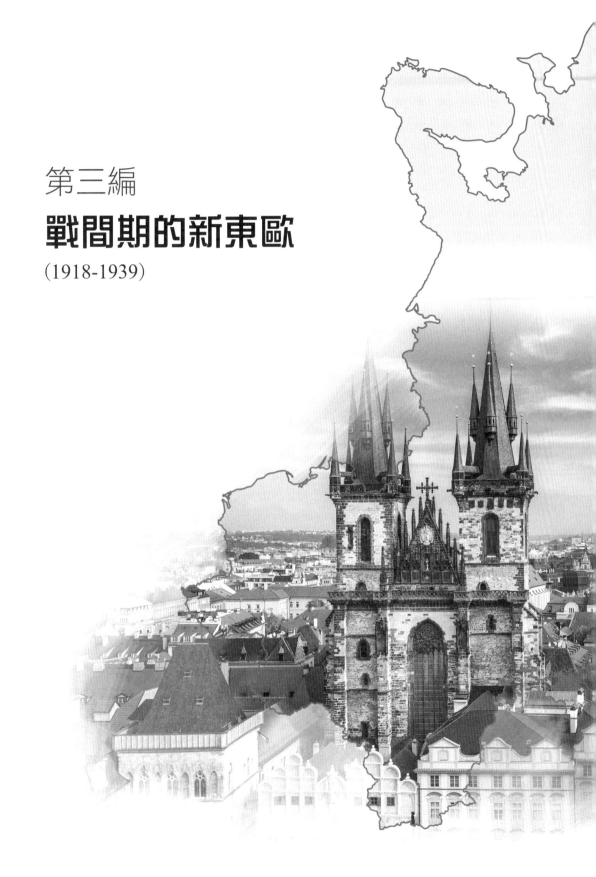

第三編

戰間期的新東歐

(1918-1939)

第十五章 戰間期的波蘭

1918 年 11 月 11 日，第一次世界大戰結束。同日，波蘭在慘被瓜分一百二十三年之後重新出現於東歐，成為戰後東歐的第一大國。在波蘭史中，稱為「第二共和」(1918–1939)❶。

國家雖已再建，但所面臨的問題則極為複雜，必須一一加以解決，方能步上康莊大道。而戰後一般的國際環境風起雲伏，動盪不安，且為時不過短短的二十一年，第二次世界大戰的戰火又自波蘭燃起，此一東歐古國又遭強鄰瓜分的厄運。

在戰間期二十一年 (1918–1939) 之中，波蘭面臨的主要問題，一為疆域的重劃，二為政府的重組與政局的演變，三為經濟的改革與重建，四為少數民族問題，五為外交問題。

一、疆域的重劃

波蘭復國以後的面積，約有三十八萬平方公里，而其於 1772 年瓜分前夕的面積，約為七十五萬平方公里。換言之，新疆比舊疆減少了三十七萬平方公里，將近 50%。

波蘭的疆界，主要決定於 1919 年 6 月 28 日簽訂的〈凡爾賽條約〉，約中對於西界、南界和北界均已大致劃定，只有與蘇聯毗鄰的東界尚未決定。所謂「大致劃定」，意指還有一些爭執的枝節問題。

在西疆方面，當大戰結束時，波茲南和西北方的波摩蘭尼亞等地仍在德軍手中，幸賴波軍將其擊潰，始得在〈凡爾賽條約〉簽字時獲得國際的

❶ 「第一共和」指十六至十八世紀波蘭與立陶宛共同建立的「波立聯邦」(1569–1795)。

支持，將西界推到 1772 年瓜分之前的原狀。

　　在南疆方面，有下列三處地區發生爭執：

㈠西南方的上西里西亞區

　　面積約有一萬平方公里，人口二百萬，盛產煤鐵。此地原屬波蘭，但在十五世紀間已併入日耳曼，而當地人口絕大多數仍為波蘭人，因此波蘭向巴黎和會要求將其劃歸波蘭，遂在法國支持下，列入〈凡爾賽條約〉條款之內。但德國以其攸關本身經濟命脈，堅決反對，因此和會決定將其交由公民投票解決。投票遲至 1921 年 3 月方始舉行，但結果又發生爭議，法國支持波蘭，英國支持德國，恐其危及德國的復建。聯軍當局最後決定將其留交新近成立的國際聯盟理事會處理。1922 年 5 月，國聯理事會參照投票結果將上西里西亞分割為兩半，東部歸波蘭，西部歸德國。波蘭所得面積雖比德國為小，但主要煤礦及煉鋼廠均在其內，由是奠定了波蘭工業的基礎。

㈡南方的德欽區

　　面積約二千二百平方公里，人口四十餘萬，此地介於波蘭與新成立的捷克共和國之間，正當摩拉維亞走廊北口，古時為一小公國。居民以波蘭人占多數，捷克人占少數，也盛產煤礦。布拉格政府認為在歷史上它屬於捷克，故出兵將其強占（1919 年 1 月），波、捷雙方遂起衝突。聯軍當局原擬將其經由公民投票解決，但是時波蘭正以全力進行對付蘇聯的戰爭，乃自動讓步，聽憑聯軍外長會議（1920 年 7 月）決定，結果波蘭分得東區不及半數的土地，西部及所有礦區包括火車站在內均給與捷方，其中的人口以波蘭人居多數。波蘭對此自感不滿，屢思奪回，成為日後波、捷關係的絆腳石。1938 年慕尼黑危機發生時，波蘭即乘機將德欽兼併。

(三)東南角上的東加里西亞區

　　面積遠比前二者為大，約有四萬六千六百平方公里，人口四百七十萬，大多為烏克蘭人，波蘭人只占 40%。在中古時期，其中有一部分屬於「基輔公國」。十八世紀瓜分波蘭時，改歸奧國統治，1918 年奧匈帝國崩潰時，維也納政府將其交與臨時組成的一個「西烏克蘭共和國」接管，波蘭居民反對，遂起戰爭，成為涉及波、俄、奧三國的領土糾紛。在此一糾紛中，英、法最後一致支持波蘭，同意由華沙政府全部接管（1923 年 2 月）。

　　波蘭的北疆，涉及但澤和東普魯士兩個問題，均與德國有關。波羅的海的南岸，自波蘭被瓜分以後，就全屬普魯士的領域，普魯士的東、西之間已經打通。但澤更全是日耳曼人聚居的城市。依照威爾遜「十四原則」中第十三點的呼籲以及〈凡爾賽條約〉中的有關規定，波蘭必須擁有一條通往波羅的海的通路，因此決定在德屬東普魯士和它的本土之間，劃出一條所謂「波蘭走廊」（Polish Corridor，長約一百四十四公里，寬約四十至八十八公里）。走廊沿維斯杜拉河下流以迄但澤。波蘭對於「走廊」極為滿意，1920 年 1 月 20 日條約生效時，大批波蘭人跳入波羅的海的冷流中，高舉雙手，慶祝波蘭再度「與海訂婚」(Betrothal to the Sea)。但德國則深恨其領域被走廊分割，必欲收復。

　　和約決定將但澤變成一個自由市，自訂憲法，設一民選議會，受國際聯盟的保護，國聯置一高級專員加以監督，但波蘭可以自由使用該港的一切水陸交通設備，其對外關係亦由波蘭負責。波蘭對於此種安排並不滿意，而德國也從未忘懷這一個將近四十萬日耳曼人口的都市。因此埋下了未來的危機，但澤問題和波蘭走廊成為德、波關係日後惡化的主因。但澤在國際聯盟保護下，歷時二十年 (1919–1939)。

　　東普魯士南部與波蘭毗鄰的兩處地方——阿倫斯坦 (Allenstein) 和馬利安威德 (Marienwerder)，波蘭要求割予，但經公民投票，絕大多數贊成仍屬德國，時在 1920 年 7 月。

　　波蘭的東疆問題最為複雜，極難確定，因為就歷史背景而言，這是一個爭議的焦點。俄國十月革命成立的新政府，在 1918 年 3 月簽訂的〈布勒斯特·里托夫斯克條約〉中，已宣布放棄波蘭等地，波蘭自然希望恢復 1772 年第一次瓜分以前的原界，其中包括白俄羅斯和烏克蘭的西部，惟當地居民絕大多數是俄羅斯人。這一片地方原是「基輔公國」的領地，於十四世紀上半期被立陶宛大公國占有，及至立陶宛與波蘭合併之後，即成為波立聯邦的領地。經過了十八世紀的三次瓜分以後，在俄國治下已歷一百餘年，所以這一片地區究應屬於波蘭抑或屬於俄國，殊難作持平的決定。

　　巴黎和會，俄國並未參加，同時在和會舉行時，波蘭與蘇聯的戰爭仍在進行之中，所以〈巴黎和約〉對於波蘭的東界懸而未決，想留待局勢澄清後再由有關國家自行解決。當大戰結束，東線德軍向西撤退時，紅軍即隨後跟進，到了 1919 年初春，紅軍已推進到波蘭東疆的布格河一線，攻向華沙。列寧等人此時充滿了希望，以為可以穿越波蘭，一直攻入德國境內，然後與德國工人握手，在柏林建立第二個共產政權，實現赤化歐洲的夢想。不料波蘭的部隊在畢蘇斯基將軍率領下，全力抵抗，且於翌年全面反攻，最後且攻占基輔（1920 年 5 月 7 日）。不過自同年 6 月份起局勢即告逆轉，紅軍全線反攻，不僅逐退波軍，且又於 8 月初攻至波蘭心臟地帶，華沙岌岌可危。當時擔任南線紅軍政治委員的史達林，此時致函列寧，主張將東歐併入蘇聯之內。波蘭向聯軍求助，聯軍插手調停，英國外相寇松爵士 (Lord Curzon) 為雙方提出了一條分界線，習稱「寇松線」(Curzon Line)，此線大致按照民族的分布和當時的交戰前線劃定，但俄、波均拒接受。正磋商間，波方忽傳捷報，畢蘇斯基和西考斯基 (W. Sikorsky) 的部隊，在法國名將魏剛 (M. Weygand) 協助之下，於 8 月 15 日在華沙獲得決定性勝利，紅軍十萬被俘，全線潰敗。此役史稱「維斯杜拉河的奇蹟」。波軍乘勝追擊，白俄羅斯及北烏克蘭全被占領。列寧和史達林等的西進狂想乃為之破滅。當時的英國駐德大使達伯能爵士 (Lord D'Abernon) 曾作下列評論：「如果早年查理·馬特 (Charles Martel) 未能在杜爾 (Tours) 阻止薩拉森的西征

大軍，那麼現在的牛津大學裡就要講授《可蘭經》的教義了。同樣，如果畢蘇斯基和魏剛沒有在華沙抵制住乘勝西進的紅軍，那麼西方文明也就早已毀滅了。」

列寧見情勢危殆，乃向波蘭倉促求和，10 月 12 日停火，1921 年 3 月 18 日簽訂〈里加條約〉(*Treaty of Riga*)，確定了波蘭的東界。此一疆界對波方頗為有利，因為它已超越了寇松線，此線一直維持到 1939 年第二次大戰波蘭再被俄、德兩國瓜分為止。

波蘭與立陶宛爭執多時的維爾納（Vilna，或 Wilno），最後也併入波蘭版圖之內。

二、政府的重組與政局的演變

波蘭復國之初，情況十分混亂。三個不同的瓜分區必須重新整合，最初有六種不同的貨幣，四種軍用口令，三種法典，兩種鐵路的軌距，十八個註冊的政黨。凡此種種，均須加以調整統一，所以建國工作十分艱鉅。

波蘭在戰間期先後制訂了兩部憲法，名義上雖然實行政黨和議會政治，但因政黨過多，政見分歧，不易建立英、美式的兩黨政治。其紛亂情形略似法國的第三共和或德國的威瑪共和。

㈠第一部憲法之下的五年憲政 (1921–1926)

新政府的制憲議會於 1919 年 1 月 26 日大選，2 月 10 日開始集會，首先通過一項《臨時約法》(*Little Constitution*)，承認畢蘇斯基為「國家元首」(Chief of State) 及其指派的臨時內閣。第一部正式憲法於 1921 年 3 月 17 日制訂。

參加此次大選的黨派多達十四個，其中以農民黨、國民黨、國家民主黨和波蘭社會黨等四個政黨較為重要。農民黨分為兩派：一為維托斯 (W. Witos) 領導的「波雅斯特黨」(Pyäst Party)，立場較為溫和，主要勢力在加

里西亞地區，所獲選票為各黨之冠。二為「解放黨」(Wyzwolenie Party)，立場較為激烈，繼承十九世紀俄國農民運動的傳統。國民黨及國家民主黨(Endeks) 是中產階級的政黨，民族主義色彩較濃，社會政策亦較保守，受天主教教會之支持。國家民主黨擁護德莫夫斯基，反對畢蘇斯基的社會主義立場，其所獲選票僅次於農民黨派。波蘭的社會主義分子也像俄國的社會民主黨一樣，於二十世紀初期發生分裂，較為激烈的一派是 1918 年成立的波蘭共產黨，領導人為羅莎‧盧森堡，人數較少；一派較為溫和，稱為波蘭社會黨 (Polish Socialist Party, PPS)，最初由畢蘇斯基領導，波蘭獨立之後，畢蘇斯基的立場漸向右傾，社會黨中逐漸加入了一批資產階級分子，於是部分激烈的黨人脫離社會黨，加入波蘭共產黨。

波蘭的第一部憲法大致模仿法國第三共和憲法，保守色彩雖重，但也兼顧農民和社會大眾的福利。依其規定，波蘭為一民主共和國，所有公民，不論種族、語言、宗教信仰，一律平等，思想、言論、出版、集會自由，取消一切傳統特權。但因三分之二的人口務農，三分之一是少數民族，所以不易建立西方式的民主政治。 立法部門分為兩院： 一為 「參議院」(Senate)，一為「西姆」(Sejm)。西姆議員五年一任，二十五歲以上之公民皆有被選權。西姆通過之法案，送達參議院後，如在三十天內未表示反對，即自動成為法律。總統由參議院及西姆聯席會議選舉產生，任期七年。總統之下設部長會議，相當於內閣。新憲仿照法國第三共和憲法，立法部門權力特大，總統權力則受多重限制，因此，畢蘇斯基極表不滿，一再表示不願擔任行政首長，遂即辭去國家元首，退隱幕後。地方政府將全國分為十六個「行政區」(Palatinate)，區設「行政長官」(Palatine)，地方立法則由「區議會」 (Sejmiki) 行使。 全國之最高司法機關為 「最高行政法院」(Supreme Administrative Tribunal)，因波蘭在過去一百餘年間分由俄、德、奧三國統治，而各國之法律不同，故戰後首須加以整理，以求劃一。直至1928 年，全國始有統一的司法系統、法律規章及司法程序。

波蘭復國後的第一任總統畢蘇斯基既拒絕出任， 於是選出 （1922 年

12月9日）納茹托維契 (G. Narutowicz) 為首任總統。納茹托維契教授亦為一社會黨人，畢蘇斯基之好友，支持納氏者為左翼政黨、維托斯之農民黨及若干少數民族之代表。不料引起民族主義分子的憤怒，納氏當選甫數日，即為一狂熱分子所暗殺。同年12月20日，另選吳謝考夫斯基 (S. Wojciechowski) 為總統。總理一職則由斯庫爾斯基 (W. Skulski) 將軍出任。

　　1922年起，波蘭經濟陷入混亂狀態。因波蘭復國初期所使用的臨時通貨——波蘭馬克，與德國馬克有密切關係，而是時德國馬克劇烈貶值，形成經濟危機，波蘭亦受波及，以致物價波動，財政破產，工商業及農業同受影響。是年11月6日，克拉科發生工人罷工，釀成暴亂。斯庫爾斯基內閣辭職，由經濟專家格拉伯斯基 (W. Grabski) 繼任。自1923年起，至1926年止，內閣更迭頻繁，政局擾攘不安，除格拉伯斯基內閣任期較長（將近兩年），對財經穩定尚著成績之外，其他數屆均為短命內閣。

　　1926年春，波蘭面臨雙重危機。在國際關係方面，波蘭的東、西兩個鄰邦——蘇聯與德國，繼〈拉帕羅條約〉(Treaty of Rapallo, 1922) 之後，又於1926年3月簽訂新約，引起波蘭的焦慮，一般民眾多將希望寄託於畢蘇斯基，認為只有畢氏出面領導，始能應付險惡的國際情勢。在內政方面，西姆議會欲利用預算之控制權，將畢蘇斯基一再堅持的軍事獨立指揮權加以限制，造成政治危機。是年5月12日，畢蘇斯基發動武裝政變，率軍進駐華沙，進入畢蘇斯基的獨裁時期。

　　由上分析，可見此一階段之議會政治並不理想，是十八世紀瓜分前夕波蘭政局之重演。造成混亂的原因：⑴1921年所制訂的第一部憲法並不健全。⑵波蘭為一多黨國家，議員由比例代表制選舉產生，更增加了政黨政治運用的困難。⑶為波蘭久被瓜分，復國不久，缺乏具有經驗的政治家和穩定的政治傳統。⑷波蘭經濟曾受馬克貶值所帶來的嚴重打擊，經濟危機轉而加深了政治危機。

㈡畢蘇斯基的獨裁 (1926–1935)

　　1926 年 5 月畢蘇斯基發動政變，率軍進入華沙，農民黨內閣立即宣布畢氏為叛國者，決定以武力對付。當此緊急關頭，工會發動罷工以支持畢氏的政變，內閣被迫下臺。兩院共同推選畢氏為新總統，但他堅不接受，數月之後始同意出任總理，負起實際責任。總統一職則由畢氏推薦莫施斯基 (J. Moscicki) 擔任。

　　戰間期二十年的波蘭歷史 (1919–1939)，自始至終均與畢蘇斯基息息相關，所以有些波蘭史家指此二十年為「畢蘇斯基時代」(Era of Pilsudski)。畢蘇斯基雖於 1935 年即已逝世，但在 1939 年德軍攻占波蘭以前，波蘭政局仍受畢氏生前所定憲法及其軍政集團的支配。

　　五月政變所建立的政府，波人稱為「薩納夏 (Sanacja) 政權」，這是當時流行的一句口號，意即「重建健全的政府」。這個薩納夏政權一直由 1926 年維持到 1939 年為止。

　　在此期間，畢蘇斯基先後擔任臨時政府的國家元首、內閣總理、參謀總長、最高國防委員會主席等職，1926 年憲法修訂後且曾正式被選為總統，但仍拒絕擔任。雖則如此，而實際權力則仍操於畢氏手中。

　　畢蘇斯基的權力基礎，一為武裝部隊，二為中產階級及民族主義者，前者尤為重要。畢氏於大戰期間，曾組「波蘭兵團」，參加德方作戰，希望推翻俄國的統治，使波蘭國土重光。戰後畢氏首先返國，以原有之波蘭兵團幹部為基礎，組成一支武裝部隊，人數已有二十三萬。1919 年 4 月，留在法國境內由海勒 (J. Haller) 將軍統率的波軍，經德返國後，也投入畢氏麾下，乃使波軍力量更為增加。到了 1920 年初，總數已達六十萬人，成為東歐諸國中兵力最強的國家。畢蘇斯基即憑此力量，操縱波蘭政局，他雖未出任總統，但在幕後的支配力常在總統之上。戰間期各任總統，如納茹托維契、吳謝考夫斯基、莫施斯基，皆出於畢氏之推薦。除武裝部隊由其控制外，內閣各部部長、各區行政長官，乃至工商、企業、金融、新聞各

部門的主持分子，也多為出身於「波蘭兵團」的畢氏親信，或謂波蘭已成為「兵團之殖民地」。除上述軍人及中產階級之外，溫和派的社會主義者及由彼等控制之工會，亦為畢蘇斯基之擁護者。所以畢蘇斯基政權，為一包括軍人、中產階級及溫和左翼分子的統合勢力。反對畢氏者，則為農民黨人及共產黨人，自 1926 年起，共黨被列為非法組織。農民黨的勢力，雖仍存在，但因憲法已被修改，西姆議會之權力已受限制，所以無法與畢蘇斯基之龐大力量抗衡，此即畢蘇斯基獨裁政權產生的背景。

1926 年武裝政變之後，畢蘇斯基發動組成一個所謂「非黨集團」(Non-Party Block)，時人嘗戲稱此一集團事實上就是「畢蘇斯基黨」(Pilsudski Party)。此黨並無特殊的思想路線，亦無鮮明的階級基礎，但勢力則遍及全國各地區，深入社會各階層。畢氏個人之威望，成為「非黨集團」之維繫力。

畢蘇斯基為一典型的波蘭愛國志士，其忠於國家之熱誠及其人格之完整，即使政敵亦坦然承認。其終生志業，1918 年以前在求波蘭之獨立自由，重新恢復滅絕多年之祖國。復國之後，則全力爭取領域之擴張與國勢之強大。畢氏對於民主議會政治，表示厭惡，其獨裁統治，過去嘗受西方學者之批評。但近代波蘭史家如海列斯基 (O. Halecki) 等，則對其譽多於貶，認其為現代的愛國志士，是十六世紀的巴托利、十七世紀的蘇別斯基和十八世紀的柯修士科等人傳統精神的繼承者。

(三)第二部憲法 (1935)

畢蘇斯基在經過政變取得獨裁大權之後，即竭盡全力修訂憲法，經過了將近十年的努力，卒於 1935 年向其已能控制的西姆議會提出憲法修正案，經兩院分別通過，自 1935 年 4 月 23 日起開始生效。

1935 年的波蘭第二部憲法，為畢蘇斯基終生奮鬥之最後成果，足以代表畢氏政權之特質。新憲之基本精神在於總統及行政部門權力的提高，立法部門的權力則相對削減，一反 1921 年第一部憲法之規定。總統有權任免

總理及武裝部隊總司令，亦有權解散西姆議會。總統由全國公民投票就兩位候選人選定一人出任，其中一人由前任總統提名，另一人由一個「八十人集團」（其中七十五人由議會選出）選出。立法機關仍分兩院，參議員的三分之一由總統提名，西姆議員則仍由全國普選。全國有六個「國家機關」(Organs of the State)——政府、西姆、參議院、武裝部隊、司法院、監察院 (Court of Supervision)，均在總統直接管制之下。中央政府之權力，亦較前提高，各省省長及區行政長官則由內政部派任，市長雖仍由選舉產生，但區行政長官則對市長之人選保留最後否決權。

　　新憲實施後未及一月，畢蘇斯基突於 1935 年 5 月 12 日逝世。但憲法內容及政治結構並無重大變動，總統仍由莫施斯基連任（1933 年獲重選連任，任期七年），史米格里‧瑞茲 (E. Smigly-Rydz) 元帥繼任武裝部隊總司令，成為畢蘇斯基元帥之繼承人，以全國「第二號人物」之資格接管政權。政府各部門仍由軍人控制，被稱為「上校政府」 (Government of the Colonels)。例如曾任外交部長七年 (1932–1939) 的貝克 (J. Beck)，即係一位畢氏極為信任之上校。

　　畢氏逝世後的唯一重要變革，為「非黨集團」之解散 (1935)。1937 年由科茨 (A. Koc) 上校另外組成「國家統一陣線」（OZON，或 Camp of National Unity），組織方式及一切作風均仿照法西斯黨，畢蘇斯基集團有更向右傾之趨勢。但因農民黨及其他反對分子受當時國際上「人民陣線」的影響，使農民及工人勢力合流，1937 年 8 月，發生大規模的農民罷工事件，迫使政府改採較為溫和之政策。農地改革又加緊推行，以符合人民之意願。其後，因納粹之侵略日急，奧、捷為德國吞併，波蘭成為希特勒的次一目標，政府乃拒絕再作進一步之改革。

三、經濟的改革與重建

波蘭復國後的經濟建設，遭遇雙重困難：一為俄、德、奧三區之經濟情況互不相同，如何予以統籌調整；二為波蘭大部分地方在戰時均淪為戰場，破壞慘重，如何加以重建。

就農業方面言，波蘭仍為一農業國家，在全國人口中，農民約占三分之二。土地分配，極不平衡，在波蘭東部——白俄羅斯及瓦林尼亞一帶，面積多達數百公頃之大地主，為數頗多，甚且有高達三萬公頃以上者。在原屬普魯士之西部及原屬奧匈之加里西亞一帶，則異乎前者。加里西亞因人口繁殖過速，形成土地不足現象。只有西部地區，情形較為理想，由於德區已於 1807 年解放農奴，故中小農戶較為普遍，耕作方法亦較現代化。

波蘭政府的首要工作，為實行土地改革。1919 年 7 月，西姆議會宣布，每一農戶所有土地之面積不得多於四百公頃。1920 年起開始草擬土改法案，1925 年公布實施。將每一地主之土地，分區加以限制：工業區每戶不得超過六十公頃，農業區不得超過一百八十公頃，惟東部地區則放寬為三百至四百公頃。因此降至 1938 年，波蘭產生了七十三萬四千戶新的中小農戶，約占全國可耕地總面積的七分之六，擁有五十公頃以上之地主，僅占七分之一❷。但自 1929 年以後，因受世界性的經濟不景氣風潮之影響，情況又轉蕭條，農產價格低落，農民收入減少，因學校規定學生必須穿著制式的皮鞋，有些家庭竟因無力買鞋而使子女輟學。故在 30 年代中，農民示威及暴動即時常發生。

由於人口增加率較高（戰後平均為 1.7%），每年人口增加數約為四十五萬，故雖有土地改革，農民擁有之耕地則仍感不敷。至 1931 年，擁有五公頃以下之農戶約占農民總數的 65%，擁有二公頃以下者則占 25%❸。

❷　此項統計數字，參閱 Halecki, O. *Contemporary Poland.* London, p. 568.

❸　參閱 Macartney, C. A. & Palmer, A. W. *Independent Eastern Europe.* London:

　　波蘭在土地改革方面之成果，在東歐諸國中，除捷克外，最有績效，此係由於維托斯所領導的農民黨在歷屆內閣中一再爭取之收穫。惟自 1926 年畢蘇斯基實行獨裁後，土地改革之進度，即轉而延緩。

　　就工業方面而言，1921 年的波蘭全國人口中，從事於工礦生產之勞工階級約占 15.7%，多數集中於西里西亞、波茲南及華沙一帶，前者以礦工為主，後二者則以煉鋼及紡織工業為主。在德國統治期間，上西里西亞的煤產量，僅次於西德之魯爾 (Ruhr) 區。所有各個工業區內的工人生活，均極艱苦，故極易接受激進分子之宣傳，成為社會不安之動力。波蘭政府對勞工福利及社會立法，在社會黨執政時，頗多致力，波蘭為最先 (1919) 實行八小時工作制的東歐國家。1938 年全國約有六百萬的勞工，受到頗為進步的勞工法案保護。

　　奧國占領區及俄國占領區之工業，均係在保護關稅的掩護下成長發展，故設備簡陋、技術落後、成本過高、品質低劣，無法與其他西歐國家在國際市場上互相競爭。再則各區工業均係分別為了滿足各國需要而建立，三區合併之後，如何重新統合調整，極費周章。尤其因為各區之間缺乏有系統的運輸聯絡，原料生產地與工廠及市場之間，無法貨暢其流。例如，在華沙與克拉科之間，根本沒有一條鐵路，而在同屬奧國轄境之內的加里西亞與斯洛伐琪亞之間，則有七條鐵路連接。

　　政府雖曾努力推動工業化，但因受政治不安、經濟蕭條的連續打擊，若干計畫，無法積極推行。惟若干重要工業，仍有相當進步，下列事例，可作說明。煤炭：1923 年產量為三千六百萬公噸，1938 年增至三千六百十萬四千公噸。電力：1923 年為十六億瓩，1938 年增至三十八億瓩。鐵砂：1923 年為四十四萬九千公噸，1938 年增至八十七萬二千公噸。生鐵：1923 年為五十二萬公噸，1938 年為八十八萬公噸。水泥：1923 年為六十六萬公噸，1938 年增至一百七十一萬九千公噸，約增三倍。1938 年，政府決定以華沙、洛茲 (Lódz) 等地為中心，建立一個龐大的工業核心區，惜大

Macmillan, 1962, p. 190.

戰旋即爆發，計畫中斷❹。

　　波蘭為波羅的海國家，位於大動脈維斯杜拉河口之但澤為主要國際貿易港口。但巴黎和會並未將但澤劃歸波蘭，而將其行政權由國際聯盟主管，成為一個「自由市」。港口設備固仍准許波蘭使用，但是但澤人口以日耳曼人為主，德國一旦復興，但澤前途難保。波蘭戰後全力發展海外航運，波蘭船隊遍遊世界，同時國際貿易商品之進出，數量亦大，均須有一大港供其利用。因此，波蘭乃在但澤港之西北方，維斯杜拉河三角洲之西端，另外闢建格迪尼亞 (Gdynia) 新港（1927 年完成啟用），以補但澤之不足。截至二次大戰爆發前夕，格迪尼亞業已發展成為波羅的海南岸之第一大港，吞吐量且超越但澤港。

　　另一與經濟發展有密切關係之改革，為貨幣改革。復國之初，波蘭通用貨幣為「波蘭馬克」，與德國馬克有連帶關係，1922 年德國發生貨幣危機，波蘭馬克亦隨之劇烈貶值，造成極大混亂。1924 年至 1925 年間，格拉伯斯基出任財政部長，實行改革，廢馬克，代以新幣「茲洛提」(Zloty)，並創立「波蘭銀行」。最初，新幣價值所定過高，等於金法郎，翌年即降值40%，此後即十分穩定。

　　1929 年的世界經濟危機，對脆弱的波蘭經濟打擊極重。工業產量遽降，社會呈現不安。但因幣值穩定，所受損害反而不如西歐及中歐工業國家之嚴重。

四、少數民族問題

　　兩次大戰之間，波蘭曾作兩次全國性的人口調查統計。第一次為 1921年，全國人口為二千七百一十七萬六千七百十七人，波蘭人占 69%，非波蘭人（依次為烏克蘭人、猶太人、白俄羅斯人和日耳曼人）占 31%。第二

---

❹　參閱 Zweig, F. *Poland Between Two Wars: A Critical Study of Economic and Social Changes.* London: Secker & Warburg, 1944, p. 230.

次為 1931 年，全國人口為三千零六十九萬四千七百人，波蘭人占 71.6%，
比例與 1921 年相似。

茲將 1931 年全國人口之數字列下❺：

表 3　波蘭的民族比例

民　族	人　口
波蘭人	21,993,400
烏克蘭人	3,222,000
白俄羅斯人	989,000
俄羅斯人	138,700
日耳曼人	741,000
猶太人	2,732,600
其他（捷克人及立陶宛人等）	878,000

由此可見，戰後波蘭並非一單一民族國家，而係一多民族國家，少數
民族人數所占之比率高達 28.4%。除猶太人外，其他各少數民族均與波蘭
的毗鄰國家有關。因此，戰後因少數民族問題導致若干困擾。最初為疆域
劃分的爭執，其後竟又成為德、俄兩強鄰侵略波蘭之藉口和二次大戰的導
火線。

在這些少數民族中，烏克蘭人、白俄羅斯人和俄羅斯人均與蘇聯有關，
而三者合計所占之比例為 14.1%。換言之，超過全部少數民族的半數。波
蘭復國之初，蘇聯方在革命之後，布爾什維克政權尚未鞏固，紅軍與白軍
的內戰正在激烈對抗之中。介乎俄、波二國之間的烏克蘭業已宣告獨立，
且已單獨與中歐國家在布勒斯特・里托夫斯克簽訂所謂〈麵包和約〉
(*Bread Peace*)，烏克蘭成為德國糧食之供應倉。德國投降後，紅軍攻入烏
克蘭。西方盟國當時之判斷，認為白軍終必推翻共黨政府，俄國又將成為
西方之友邦。故在巴黎和會及以後有關波蘭東界之建議，大致偏向俄方，
英國所提的「寇松線」，大體上是按民族居地之分界線劃定，遠較 1772 年

---

❺　參閱前書 p. 180。

波蘭被瓜分前夕之邊界偏西，所以引起波蘭之反對。在畢蘇斯基領導下，波軍首先將東加里西亞境內的烏克蘭政府推翻，然後又與烏克蘭領袖彼特里尤拉 (Petliura) 合作，揮軍攻占基輔。其後，紅軍反攻失敗，俄、波〈里加條約〉始將波蘭東界確定。由於〈里加條約〉，使波蘭境內保留了三百萬的烏克蘭人和將近一百萬的白俄羅斯人。

猶太人為波蘭少數民族中僅次於烏克蘭人的重要民族，為數二百七十餘萬，占波蘭全國人口將近十分之一。波蘭為東歐諸國中猶太人最多的國家。猶太人的經濟潛力極大，且宗教信仰自成集團，故其影響力必在十分之一以上。波蘭的高級知識分子、資產階級，尤其是左翼黨派之中，猶太人更占多數，對西姆議會尤具影響。

日耳曼人約有七十四萬，散布於原先的德國占領區及若干重要城市之內，1939 年時，但澤市內之日耳曼人將近四十萬人。這些日耳曼人，因其文化程度較高，經濟勢力較厚，故潛力亦較大。1933 年希特勒執政後，即利用這些散布東歐的日耳曼人，作為第三帝國的「第五縱隊」，分別組織納粹黨，待機活動。捷克被瓜分之後，德國即以波蘭為次一目標。引起納粹攻擊波蘭的導火線，即以但澤既為一日耳曼城市自應歸併於德國為藉口。

巴黎和會於擬訂波蘭復國及疆域問題時，特別成立了一個「波蘭委員會」，由法國的凱彭 (J. Cambon) 主持，當波蘭與聯軍各國簽約時，同時規定波蘭應另簽一項特別協定，承認波蘭境內少數民族須接受國際聯盟之保護。此一規定，等於國際聯盟享有干涉波蘭內政的權力，且此種規定，僅限於東歐諸國，因此引起波蘭之不滿。

五、戰間期的波蘭外交

戰間期的波蘭外交政策，一般而言，大致採取「兩敵原則」(Doctrine of the Two Enemies)，意即以俄、德兩個強鄰為假想敵人。在此二十年間，波蘭的對外關係，以 1933 年為分水嶺，可分為前後兩期。在 1933 年以

前，因希特勒尚未執政，史達林的權力尚未鞏固，波蘭在東、西雙方均無壓力，外交運用自如，享受了一段獨立自主的美好時光。自 1933 年納粹上臺以後，國際風雲日緊，波蘭又成為德國侵略的目標，並因而引發第二次大戰。

波蘭與立陶宛、拉脫維亞、愛沙尼亞及芬蘭等五國，均濱臨波羅的海，而且全是第一次大戰以後由俄國分裂出來的國家，它們同在一個地理區，同受俄國的潛在威脅，利害頗多一致，因此產生了「區域合作」的計畫。

1919 年，在波蘭推動下，舉行首次會議。但波蘭與立陶宛間由於維爾納歸屬問題的領土爭執，雙方關係破裂，立陶宛自 1921 年起即拒絕參加。其他四國在 1922 至 1925 年間， 先後集會於華沙及赫爾辛基， 終於擬訂「波羅的海聯盟」(Baltic League) 盟約，並簽訂〈修好與仲裁條約〉(*Treaty of Conciliation and Arbitration*)，但芬蘭因顧忌俄國，自 1926 年起即聲明退出，轉而加入斯堪地納維亞集團。

波蘭因為地理環境的關係，以德、俄兩國為潛在的敵人。由於歷史的因素，常將希望寄託於法國，而法國也極願拉攏波蘭，一則可以牽制德國，二則可建一道防阻赤流泛濫的「防疫線」(Cordon Sanitaire)，因此法、波兩國首簽〈同盟條約〉(1921)。戰後，法國勢力伸入東南歐，與捷、南、羅等國均締盟約。捷、南、羅三國，因利害相同，經過捷克外長貝奈施的折衝，結為 「小協約國」 (Little Entente) (1920–1921)，其幕後支持者均為法國。法國一度頗想將波蘭納入小協約國之內，波蘭亦極有加盟之議，但因捷克反對而未能實現。波蘭與羅馬尼亞之間，為了聯合抵制俄國的威脅，已經簽訂〈互助條約〉(1921)；波、南之間較無利害關係；而波、捷之間則因德欽區的領土爭執而彼此反目，此一裂痕，阻礙了波、捷、南、羅四個重要東歐國家的進一步聯合。

波蘭與俄國之間的關係，自 1921 年〈里加條約〉之後，暫時維持了一段寧靜，此時俄國正致力於「新經濟政策」，亟盼對外維持和平，爭取友邦，在李維諾夫 (M. Litvinov) 主持外交期間，展開笑臉攻勢，分別與西鄰

各國簽訂了一連串的友好或互不侵犯條約。在〈俄波互不侵犯條約〉（1932年1月25日）中，再度承認〈里加條約〉所訂的邊界。實際上，莫斯科從未忘懷它那一片被波蘭占有的西疆，時機到來仍將攫為己有。

1933年納粹上臺以後，歐洲國際情勢激變。希特勒在他的《我的奮鬥》一書中，已經公然提出了意欲撕毀〈凡爾賽條約〉和侵略東歐的計畫。奧、捷、波、俄全是他未來的攻擊目標。然則在他的行動日程表上，究以何者為先？何者在後？世人尚不瞭解他的底牌。1933年的年底，希特勒突向波蘭秘密提出簽訂互不侵犯條約的要求，翌年1月26日，德、波簽訂為期十年的互不侵犯條約。由此可以推測，納粹的侵略箭頭，可能先指向奧、捷，然後再輪到波、俄。

〈德波互不侵犯條約〉是希特勒外交的一大勝利，它打破了法國在東歐辛苦建立的聯盟體系，使波蘭脫離了親西方的陣營。波蘭之所以接受德國的要求，是由於對於法國立場的懷疑與失望。在此之前，波蘭曾向法國要求締結同盟以抗德國，但被巴黎拒絕。1933年7月15日，法國竟與英、德、義簽訂〈四強公約〉，頓使波蘭心生疑懼。自此以後，以迄大戰前夕，波蘭外交在貝克上校主持下，開始疏遠巴黎，接近柏林。貝克絕非對德國有所偏愛，只想在雙方合作中謀取本身的利益。他意圖說服德國，將其東侵路徑繞過波蘭，改經奧、捷、匈、羅而趨烏克蘭，波蘭甚至可在其間獲利（日後在捷克危機中乘機占領德欽區即其一例）。

〈德波互不侵犯條約〉成立後，波蘭又將原有的〈俄波互不侵犯條約〉延長十年。至此，波蘭與東、西兩個強鄰均已建立友好的關係。依常理來說，華沙當局應可高枕無憂，安享和平歲月，但歷時不過五年，波蘭即又被這兩個強鄰瓜分。

自1936年起，希特勒就露出了他的猙獰面目，首先是撕毀〈凡爾賽條約〉，重占萊茵區 (1936)，繼又兼併奧國（1938年3月），瓜分捷克（1938年9月至1939年3月），兼併米美爾區（1939年3月23日），波蘭迅即成為次一個侵略的目標。

　　希特勒向波蘭的挑釁，也像過去向捷克與立陶宛所提出的請求一樣，要求兼併一處在他國之內的日耳曼人集居地或城市，在捷克為蘇臺德區，在立陶宛為米美爾區，在波蘭就是但澤。1939 年 3 月 27 日，德國向波蘭正式要求：

　　1. 由德國兼併但澤。

　　2. 為了連貫德國本土與東普魯士之間的交通，請准德國穿越「波蘭走廊」修築一條鐵路和公路，其交換條件就是德將保障波蘭領土的完整。

　　這是波蘭復國以來第一次內政遭受侵犯。波蘭表現了不同於捷克和立陶宛的勇氣，率直予以拒絕。同時，華沙向英、法求援。英、法此時放棄了慕尼黑危機以前的姑息政策，英首先與波蘭簽立盟約（3 月 31 日），保證波蘭如受侵略，必將馳援。實際上此時英國絕對沒有援助波蘭的能力，張伯倫此舉不過表態而已。希特勒於是以此為藉口，廢除了 1934 年簽訂的〈德波互不侵犯條約〉（4 月 28 日）。

　　希特勒深知，德如攻波，英、法勢將助戰，俄國也不會袖手旁觀。為了避免與英、法及俄國同時作戰，背腹受敵，德國必須先行取得俄方的諒解。而俄國自慕尼黑危機以後，對於英、法的真正立場，早已表示懷疑。史達林懷疑英、法、德、義四國之間，或有秘密協議，英、法或曾鼓勵誘導納粹東進，以圖摧毀這一個共產國家。所以在外交上改採騎牆搖擺姿態，不再一味結好英、法等西方國家。在 1939 年夏秋之間，俄國與英、法曾就結盟聯合抗德問題，不斷進行討論，但始終未能產生具體結果，其中的癥結，是俄國要求一旦對德作戰時，紅軍必須穿越波蘭和羅馬尼亞兩個中間國家的領土，而波蘭堅拒，英、法既未獲得華沙的同意，也就無法接受俄方的越界要求。英、法雖曾一再向波蘭勸導施壓，波蘭始終不肯讓步。有人曾批評波蘭的立場過於頑固，但波蘭人基於痛苦的歷史經驗，它認為如准紅軍入境，就會帶來「另一次的瓜分」。或謂：如無俄國的援助，波蘭勢將亡於德國，何不作一明智的選擇？波蘭的史米格里・瑞茲元帥曾向法國的穆斯 (Musse) 將軍坦率指出：「被德國統治，我們會失去自由。被俄國統

治，我們會失去靈魂。」❻蘇聯既無法與英、法結盟，乃轉而與德國勾搭。
而且交涉過程出人意料的順利，1939 年 8 月 23 日〈德蘇互不侵犯條約〉
在莫斯科簽字，其中並附一秘密瓜分波蘭的條款，同月 31 日條約經雙方政
府批准，翌日清晨四時，德軍向波蘭發動陸空閃電攻擊，英、法隨即對德
宣戰（9 月 3 日），第二次世界大戰在波蘭原野上點燃了戰火。

❻ Lukacs, J. A. *The Great Powers and Eastern Europe*. N. Y.: American Book Co., 1953, p. 241.

第十六章　戰間期的捷克

　　戰間期的捷克歷史，分為前後兩個階段。前期為「第一共和」(The First Republic, 1918–1938)，後期為「第二共和」(The Second Republic, 1938–1939)。在前期的二十年間，享受了一段安定和平與欣欣向榮的歲月。但好景不長，在慕尼黑會議之後，捷克即被肢解，所謂「第二共和」，實已淪為納粹德國的傀儡，其存在時間極為短暫，歷時不及半年，1939 年 3 月 16 日希特勒更進一步將其降為德國的保護國。

一、捷克的領域與民主政治體制

　　1918 年 10 月 28 日建立的捷克斯洛伐克共和國，位於歐洲的心臟地帶，在當代的東歐諸國中，是首屈一指的民主國家，它的政治體制，大致符合它的國父馬薩里克的崇高理想。如能持續發展，必將成為鄰邦的楷模，東歐的民主重鎮。

　　捷克的建國過程，遠比北鄰波蘭和南鄰匈牙利等國順利。它的疆域問題也較單純。捷克分為四個主要地理區，自西而東，依次是波希米亞、摩拉維亞、斯洛伐琪亞和魯森尼亞。前二者原來屬於奧帝國，後二者原來屬於匈牙利王國。大戰末期，奧匈帝國戰敗解體，上述四個地區乃合組為一個國家，其四周疆界，先後經〈凡爾賽條約〉（1919 年 6 月 28 日）、〈聖·日耳門條約〉（*Treaty of St. Germain*，1919 年 9 月 10 日）和〈特瑞嫩條約〉（1920 年 6 月 4 日）予以確認。這個中歐新國的面積約有十四萬平方公里，人口一千三百餘萬。

　　捷克共和國的第一部憲法，於 1920 年 2 月 29 日經制憲國民大會通過。憲法起草人為法學家郝益則 (Hoetzel) 教授及政治經驗頗為豐富的農民

黨領袖兼內政部長史維拉 (A. Švehla)，他們一方面吸收了當代歐美憲法中的進步精神，一方面也兼顧捷克的歷史傳統。新憲明定捷克國體為民主共和國，為一「捷克斯洛伐克的民族國家」，強調「捷克斯洛伐琪亞」為一不可分割的整體。這是一個中央集權而非地方分權的聯邦，只有地處東陲的魯森尼亞獲有較大的自治權利，該地居民是一批經濟情況和文化程度均極低落的魯森尼亞人，和俄國的烏克蘭人同文同種。

捷克的立法機關稱為「國民議會」(National Assembly)，分上下兩院：上院稱為「參議院」(Senate)，由一百五十位代表組成，任期八年；下院稱為「眾議院」(Chamber of Deputies)，由三百位代表組成，任期六年。選舉的方式，像法國和威瑪共和一樣，採比例代表制。參議員由年滿二十六歲以上之公民選舉之，被選舉人必須年滿四十五歲以上。眾議員之選舉人年齡則降低為二十一歲以上，被選舉人之年齡則須在三十歲以上。內閣僅向眾議院負責。眾議院對於參議院提出之建議案有否決權。但眾議院通過之法案，如僅有眾院五分之三以下人數之支持時，參議院得以四分之三之決議將其否決。

總統七年一任，由兩院聯席會議——國民議會選舉之。除第一任的馬薩里克總統之外，任何人不得連任。捷克總統的權力地位，介乎美國、法國之間。總統擁有否決權，但如議會有五分之三以上多數之決議時，否決無效。總統雖有任命罷免內閣閣員之權，但非實際行政首長，實際行政首長為內閣總理。

內閣不由議會提名，而由總統提出，但內閣須對議會負責，並須得到議會之信任投票。

1920 年 4 月，依照新憲法，舉行第一屆「國民議會」兩院議員的選舉，有十八個黨派參加，在眾議院三百個席位中，「社會民主黨」獲七十四席，為第一大黨；「捷克農民黨」獲四十席，為第二大黨。其餘依次為：日耳曼社會民主黨（三十一席）、國家社會黨（二十四席）等。

同年 5 月，國民議會重選馬薩里克為共和國總統，總理由社會民主黨

領袖杜沙爾 (V. Tusar) 出任。馬薩里克於 1927 年再獲連任，以迄 1935 年以年老退休為止。

自 1920 年起，捷克政權日趨穩定，「別特加」(Pětka) 成為實際指導協調政府一切活動之中心。「別特加」意為「五人常設委員會」，由勢力較強的五個大黨領袖聯合組成，雖無憲法條文之根據，亦非正式的官方機關，但因捷克政黨多達十八個，關係錯綜複雜，政局無法安定。「別特加」即在此種背景下產生，是一個隱在幕後的「影子內閣」。此種方式，為捷克政治家之發明，其他東歐國家亦曾發生同樣的政治混亂現象，惜未仿行「別特加」模式加以解決。「別特加」的領袖史維拉 (A. Švehla) 一直擔任 1920 年代中的內閣總理。

參加「別特加」的五大政黨如下：

㈠捷克農民黨 (Czech Agrarian Party)

在 1914 年以前即已組成，地位初不重要。捷克建國以後，實力突增，乃與斯洛伐克農民黨合作，組成 「捷克斯洛伐克共和黨」 (Czecho-Slovak Republican Party)，但仍沿用「捷克農民黨」舊稱。支持者多為農民及鄉村資產階級，捷克農民一般多為中農及富農，教育程度及耕作技術均高，故頗具政治力量。農民黨為捷克在戰間期最重要的黨派，領導人為史維拉。

㈡社會民主黨 (Social Democratic Party)

為勞工階級之政黨，主要勢力在斯洛伐琪亞，惟日耳曼人及馬札耳人亦各自有其獨立的社會民主黨。領袖為杜沙爾，在 1920 年 4 月的大選中，曾獲七十四席，為當時第一大黨。但其後不久，黨內即告分裂，激進分子脫離，1921 年另組「捷克共產黨」，以施米拉爾 (Smeral) 為領袖，支持者除勞工外，並有斯洛伐克及魯森尼亞偏遠地區之貧農。自 1921 年 5 月創黨起，至 1939 年德軍侵捷止，捷克政府始終承認共黨為一合法之政黨，1925 年大選時，曾獲四十一席，為捷共之巔峰狀態。共產黨脫離社會民主

黨後，後者勢力削弱甚多，其後即與農民黨合作，同受史維拉之領導。

(三)國家社會黨 (National Socialist Party)

建黨於十九世紀末年，黨名雖與希特勒之「國社黨」相同，但性質迥異。它代表中產階級及知識分子，政策介乎社會民主黨與「青年捷克黨」之間，雖有強烈的民族主義色彩，但堅持民主政治原則，馬薩里克、貝奈施皆為該黨之著名領袖。

(四)捷克人民黨 (Czech People's Party)

又稱捷克公教黨，領導人為史拉米克 (J. Sramek)，1921 年分裂為捷克及斯洛伐克兩派，勢力漸減。

(五)國家民主黨 (National Democratic Party)

為一比較保守的自由黨派，相當於波蘭的國家民主黨 (Endeks)，民族主義色彩最為強烈，反德、反教會、反社會主義、反少數民族，其前身為「青年捷克黨」，領袖為克拉瑪什。

在「別特加」指導下，1922 年 10 月建立了一個各黨聯合的內閣，由農民黨之史維拉為總理。史維拉內閣執政七年 (1922–1929)，以迄經濟大恐慌危機為止。貝奈施則始終連任外交部長，自 1919 以迄 1935 年當選總統為止。「別特加」的成員，自 1926 年起即起變化，首先是蘇臺德區的日耳曼領袖取代了社會民主黨，繼之為斯洛伐琪亞的分裂分子提索 (J. Tiso) 於 1927 年加入了聯合內閣。

一般而言，捷克在 1929 年以前的戰後十年建國過程中，情勢頗為安定，政治已上軌道，經濟日趨繁榮，重要內政問題如少數民族、宗教、行政、社會、財經等，大致均獲解決，人民充分就業，外貿已達四百億克朗 (Crown) 的高峰，捷克已成為混亂的東歐之中一個安定的民主堡壘。

二、經濟的建設

　　捷克為東歐新興國家之中經濟結構最健全的國家,農工資源最為豐富,且分配極為均衡,全境並未受到戰火的破壞,條件遠較其他東歐國家為優。

　　捷克所分得的領土,雖僅占奧匈帝國的五分之一,而其所分得的經濟資源,則最為有利:奧匈帝國的工業,80% 在捷克境內,煤礦占 75%、陶瓷工業占 100%、玻璃工業占 90%、糖業占 90%、紡織工業占 75%。農業方面,盛產水果、玉蜀黍、亞麻、菸草、豬隻、甜菜。另有豐富的水利資源。森林占全國三分之一,為林業及其加工提供了充分的原料。糧產足以維持民食,不需大量由國外進口。尤為難能可貴者,則為技術人工之不虞缺乏。捷克人口教育水準較高,社會成分亦較為平衡,沒有其他東歐國家貧富懸殊的現象。

　　捷克迫待解決的經濟問題為土地問題。建國之初,大部分耕地均為日耳曼及馬札耳的地主和教會持有。在波希米亞區,四分之一的土地操之於為數僅占 2% 的大地主手中;摩拉維亞區,三分之一的土地操之於 1% 的大地主手中;斯洛伐琪亞區的二分之一的土地操之於僅僅一千名的大地主手中。

　　政府為改善此種不合理的現象 , 於 1919 年 4 月由國民議會通過一項〈土地管制法案〉(*Land Control Act*),將土地分割,重新分配。規定:

　　1.凡持有土地超過三百七十五畝或耕地與未墾地超過六百二十五畝之地主,其超過部分由政府按戰前價格收購。

　　2.原屬王室之土地無償沒收。

　　3.政府將收購或沒收之土地,配售給無田可耕或耕地不足之貧農,惟每人之購配額不得超過三十七‧五畝。使大部分農民均成為中農,足敷食衣之需。

　　4.教會所有之土地,則視當時需要,必要時亦由政府沒收,因此引起

政府與教會間之嚴重衝突。

　　捷克的土地改革，在東歐諸國中是較為成功的國家，有助於經濟及社會之安定。

三、少數民族問題

　　就民族之組成分子而言，捷克在東歐諸國中是一個最為複雜的國家。依照 1921 年的人口調查統計，捷克各個民族在全國人口（一千三百餘萬）之中所占的比率如下：

表 4　捷克的民族比例

民　族	人　口	比　例
捷克・斯洛伐克人	8,760,037	65.51%
日耳曼人	3,123,568	23.36%
馬札耳人	745,431	5.57%
烏克蘭人（魯森尼亞人）	461,849	3.45%
波蘭人	75,853	0.57%
猶太人	180,855	1.35%
其他	25,871	0.10%
合計	13,374,364	

　　1930 年的人口數字，略有增加，共為一千四百七十二萬九千五百三十六人，各民族之比例無大變動。

　　依照 1920 年憲法及「語言法」的規定，政府只承認捷克人與斯洛伐克人為主要「國族」(Staatsvölker)，只承認他們的語言為官方語言，其他民族均列為少數民族。日耳曼人和馬札耳人雖曾要求平等地位，但被否決，僅在語言法中稍作讓步。

　　在政府辦理人口統計時，雖然故意將捷克人與斯洛伐克人合併計算，但兩者之間，無論就語言、文化、歷史、經濟任何方面而言，仍有相當之差異。在占 65.51% 的捷克・斯洛伐克民族當中，捷克人的人數遠多於後

者，捷克人為六百八十二萬二千九百人，占總數 51%，而斯洛伐克人為一百九十三萬八千人，僅占總數的 14.51%。

捷克人與斯洛伐克人間的爭執，影響到國家的團結。在戰間期二十年中，斯洛伐克人不斷為其自治地位與捷克人鬥爭。當建國之初，斯洛伐克的政治領袖雖曾於 1918 年 10 月 29 日發表〈杜施安斯基·斯瓦臺·馬亭宣言〉，聲明斯洛伐克人願與捷克人共同組織「捷克斯洛伐克國家」，但其所代表者，只是少數的上層人物。至於廣大的民眾，因當時尚無強烈的民族意識，大多均為文盲，經濟背景亦極落後，且長期在匈牙利人的統治之下，與在奧國統治之下的捷克人，關係亦較疏遠，所以這些斯洛伐克人，並不完全支持合組國家的建議。

當馬薩里克於 1918 年由西伯利亞到達美國時，曾代表捷克與在美流亡的斯洛伐克領袖，在匹茲堡會談，是年 6 月雙方簽訂〈匹茲堡協定〉。馬薩里克承諾將來建國成功之後，決由斯洛伐克單獨組成議會，設立自治政府及單獨之法院，在公務及學校教育中，以斯洛伐克語文為官方語文。

但當共和國成立之後，實際困難立即發生。一則因為斯洛伐克人缺乏足夠的各級行政人才，政府職位只得由捷克人擔任；二則在斯洛伐克區內任職的捷克官員或教師，信仰新教，且多具自由主義色彩，與信仰天主教態度保守的斯洛伐克人，自感格格不入。同時，布拉格政府採取中央集權主義，亦不願給予斯洛伐克人以自治之權力。

因此，斯洛伐克的民族主義分子，本身發生了分裂。一派主張維持 1918 年 10 月 29 日的宣言，與捷克合組國家，此派以郝沙 (Hodza) 為首，日後即與農民黨合併。一派主張自治，組成「斯洛伐克人民黨」 (Slovak People's Party)，以霍林加 (A. Hlinka) 神父為首，天主教徒、鄉村資產階級為主幹，他們反民主、反社會主義、反猶，立場與德國的納粹和西班牙、葡萄牙、奧、義等國的「教會法西斯運動」相似。霍林加一派在 1925 年的大選中，獲斯洛伐克 50% 的選票，成為一支重要的政治勢力。

造成斯洛伐克分裂運動的原因，除上述種種差異外，在上層的資產階

級，主要是受了行政權力分配不公的影響。在下層的一般農工，則是受了
經濟方面的影響。斯洛伐克農民多為貧農或小農，捷克農民則為中農，農
產品價格上漲時，中農有餘糧可售，而小農則僅足自給，故斯洛伐克農民，
常處於劣勢地位。同時，戰後斯洛伐克的人口繁殖率遠較捷克為高，造成
人口膨脹及失業，生活水準隨之降低。由於經濟和社會的不平衡，引起斯
洛伐克人的反抗及革命意識，於是各走極端，或則加入共產黨，或則加入
含有法西斯意味的「斯洛伐克人民黨」，後者即成為希特勒利用的對象。

　　第二個捷克政府所遭遇的少數民族問題，為魯森尼亞人的民族主義和
分裂運動。魯森尼亞人就是西支的烏克蘭人，住在捷克東端的喀爾巴阡山
南麓的魯森尼亞地方。他們的宗教信仰有兩派，一支信仰東正教，一支信
仰「聯合教派」(Uniate Church)。文化程度及經濟條件，尤較斯洛伐克為
低。魯森尼亞人的民族意識，有三種傾向：一為傾向大俄羅斯人，二為傾
向烏克蘭獨立運動，三為建立魯森尼亞的地方政權。

　　當馬薩里克抵美時，曾與一批流亡在美國的魯森尼亞移民領袖，成立
〈費城協議〉(*Philadelphia Agreement*，1918 年 10 月)：魯森尼亞加入共和
國，享有自治權，其西界應將斯洛伐琪亞區內有多數魯森尼亞人居住的地
方，劃入魯森尼亞自治區之內。1919 年 5 月 8 日，由華羅申 (Vološin) 領
導的「中央委員會」宣布魯森尼亞加入新建之捷克斯洛伐克共和國。

　　可是捷克建國之後，並未依照〈費城協議〉給予魯區自治權，中央集
權化積極進行的結果，大批捷克官員及殖民者紛紛湧入。不過在 1927 年制
訂的行政法案中，將魯森尼亞與波希米亞、摩拉維亞、斯洛伐琪亞等四區
一律置於平等基礎之上。捷克政府的統治，頗為公正開明，交通及教育建
設，亦頗著成績，但魯森尼亞人仍未忘懷自治的主張，不時與匈牙利秘密
來往，1939 年捷克被瓜分時，魯區即為匈牙利兼併。

　　斯洛伐克、魯森尼亞之外的第三個少數民族問題，是日耳曼人的地位
問題。捷境日耳曼人為數三百餘萬，占全國人口的四分之一，分布於波希
米亞、摩拉維亞及西里西亞三個地區。當捷克宣布獨立時，在維也納奧匈

帝國議會之內的日耳曼籍代表，立即宣布成立了四個小獨立區，彼此並不相連，但應視為奧國領土之一部。奧國政府更進一步表示，他們不僅要求毗連奧國的波、摩二區南面的邊地，甚至散在捷境之內的若干日耳曼人集居的地區，亦屬奧國的管轄範圍。捷克政府遂即以武力占據上述地區，否定了奧國的主權要求。

日耳曼人最密集的住地是波希米亞西北部的蘇臺德區，約有三百餘萬，這是一個工業的精華地帶。他們原來就不贊成捷克共和國的成立，因為不願由原來的統治階級因屬少數民族而降為被統治階級，甚至將受捷克政府的歧視。惟布拉格政府對於這一支日耳曼民族並未加以迫害，不僅仍舊保留他們的教育文化機構，且在國民議會中為他們保留了七十多個席位。但自 1933 年納粹在德國執政之後，捷克境內的日耳曼人就氣焰高漲，又復掀起自治運動，1935 年，在亨林 (K. Henlein) 領導下，組成「蘇臺德德意志黨」(Sudeten-deutsche Partei)，接受柏林的津貼和指示，成為希特勒的一支第五縱隊。在同年舉行的大選中，該黨獲得捷境日耳曼人 60% 的選票。

第四個少數民族問題是馬札耳人的分裂運動。捷克境內的馬札耳人為數七十四萬，占全國人口 5.57%。奧匈帝國瓦解後，馬札耳人隨即掀起「馬札耳民族統一運動」(Magyar Irredentism)，捷境的馬札耳人大多住在斯洛伐琪亞及魯森尼亞地區，此二區過去皆在匈牙利統治範圍之內。惟馬札耳的統一運動，受到捷、羅、南三個鄰邦的聯合抵制，無法有效的發展。

四、慕尼黑會議與捷克之瓜分

捷克在戰間期的對外關係，以 1938 年為轉捩點。在此以前，局勢相當平順安定；自此時起，即陷入驚濤駭浪的激流之中，為時不及一年，即被瓜分吞併。

捷克是第一次世界大戰以後所產生的所謂 「繼承國家」 (Succession States) 之一，也是〈巴黎和約〉的產品。同時，它的建國領袖如馬薩里克

與貝奈施等人全是篤信西方自由民主政治哲學的人物，所以它的立國精神和外交政策均傾向西方國家。戰後，美國對於歐洲事務，採取完全的孤立主義，英國也不願過度牽涉，所以捷克所能依附的西方國家，只有法國一國，於是首先與法國締結〈同盟條約〉（1924 年 1 月 25 日）。此外，捷克與南斯拉夫和羅馬尼亞全是由戰前的匈牙利王國中取得領土的國家，為了防止匈牙利的再起，所以它也和南斯拉夫 (1920)、羅馬尼亞 (1921) 兩國分別簽訂盟約，形成所謂「小協約國」。這些外交關係，全在以法國為主的體系之內。巴黎本想把這個親法的體系擴大，將波蘭也包括在內，但因捷波之間有領土（德欽區）糾紛而未實現。

　　捷克的外交在初期階段均由貝奈施外長主持，自 1918 年建國起以迄 1935 年升任總統為止。貝奈施除了上述活動之外，也是「集體安全」和國際聯盟的支持者。對於東方的蘇聯，最初並不接近，及至希特勒執政以後，為防德國侵略，又與蘇聯締結〈軍事同盟條約〉（1935 年 5 月 16 日），其中規定，如捷克遭受他國之攻擊，蘇聯同意出兵援助，但以法國必須同時參戰為前提。此一「前提條件」，在三年以後的捷克危機中，莫斯科即據此而置身事外。

　　希特勒併吞奧國（1938 年 3 月 12 日）後，捷克即陷於德國的三面包圍之中，成為納粹的下一個獵物。希特勒於 4 月 21 日下達執行「綠色計畫」（Green Case，侵略捷克計畫的代號）的命令，飭德軍速採行動。這一個侵略行動的藉口，就是「蘇臺德問題」。

　　前文中已經指出，捷克有三百萬日耳曼人，大多居住在毗鄰德國的蘇臺德區。「蘇臺德德意志黨」在亨林領導下，1935 年大選後在捷克議會中已擁有四十四個席位，他們一再叫囂，要求民族自決，並不斷發生暴動，製造緊張氣氛，德軍則在德國的東南邊區集中演習，彼此呼應。5 月 20 日捷克下令局部動員，此舉更使希特勒激怒，決定在 10 月以前將捷克問題徹底解決。

　　希特勒侵略捷克的目的，是向東歐進軍。取得捷克之後，即可直接包

圍波蘭，間接威脅匈牙利與羅馬尼亞，最後再東征烏克蘭，攫取他在《我的奮鬥》一書中所指的日耳曼人的「生存空間」。希特勒的侵捷野心，於 9 月 12 日紐倫堡 (Nuremberg) 的納粹黨員大會中公開揭露，國際局勢立呈緊張。就表面看來，捷克的危局並非無可救藥，因為一方面它與南斯拉夫和羅馬尼亞分別結有同盟，另一方面它也與法、俄兩強結有互助盟約，一旦遭受攻擊，多方可以馳援。但就事後的發展看來，這些盟約完全禁不起考驗，全是一堆無用的廢紙。捷克外長克洛夫塔 (K. Krofta) 在布列德 (Bled) 舉行的小協約國外長會議（8 月下旬）中，並未取得南、羅兩國支援的保證，小協約集團至此宣告瓦解。捷克的唯一希望，只有寄望於法、俄的支援。

法國的第三共和，戰後政局不穩，內憂重重，閣潮起伏，此時達拉第 (E. Daladier) 內閣雖已取代「人民陣線」政府，擁有較大行政權力，但軍事準備仍未完成，本人又缺乏魄力，一味追隨英國的馬首是瞻。而英國政府正由高年的張伯倫 (N. Chamberlain) 當政，對德採取姑息政策，當捷克危機於 1938 年 9 月中下旬步入高潮時，他竟突發奇想，自告奮勇，三訪希特勒，充任和平使者。在歷次談判中，甚至卑躬屈膝，諂言獻媚，以爭取所謂「光榮的和平」。

9 月 15 日，張伯倫初訪希特勒於德國南部之伯克特斯格登 (Berchtes-gaden)，德方所提要求，已非蘇臺德區的自治，而是徹底的兼併。希特勒在痛施恫嚇之後，故作姿態，同意略延行動的時間。張伯倫返抵倫敦時，竟感志得意滿，自誇已為世界爭得了和平。18 日，英邀法國代表前往倫敦協商，達拉第總理最初反對接受德方的要求，但張伯倫堅持同意，會談中甚至警告法國：除了英國絕不插手中歐之爭以外，相信美、俄兩國也會置身事外，屆時「你們將獨力承當」。翌日，英、法駐捷大使乃將希特勒要求及英、法立場面告貝奈施，並向其施加壓力勸請接受。貝奈施如聞晴天霹靂，不敢相信此一事實。經過了一天的考慮，決定拒絕接受，於是一方面下令準備動員（英即要求停止動員，並將此項要求同時電告柏林），一方面

召見俄使詢問其確實態度。俄使告以依照 1935 年俄、捷盟約的規定，「如果法國參戰，俄國方能助戰」。換言之，法國既已表示無意支援，俄國自亦無從助戰。貝奈施無計可施，乃於 9 月 21 日通知英、法，決定接受對方的條件。事後，蘇聯常向國際宣傳它對履行條約義務的決心，事實上史達林根本並無助戰的誠意，此由其毫無軍事準備一節中可以洞見真情。

　　9 月 22 日張伯倫二訪希特勒於萊茵區之格代斯堡 (Godesberg)，以「丑表功」的姿態，告以捷克已接受德方所提條件。不料希特勒得隴望蜀，又提更多要求，並以最後通牒方式，要求捷克在 9 月 28 日以前完全撤出蘇臺德區。捷克拒絕，政府同時改組，軍隊開始動員準備作戰。同時，法軍進入馬其諾防線，英國徵召後備軍人入伍，大戰頗有一觸即發之勢。其後經由教宗庇護十一世 (Pius XI) 及美國總統羅斯福的呼籲，墨索里尼的居間調停，希特勒同意於 9 月 29 日在慕尼黑再舉行一次會議，由德、義、英、法四國領袖參加，蘇聯及當事國捷克反而均未受到邀請。會議自 29 日中午起舉行，希特勒態度粗暴，一再抱怨各方的拖延，延至 30 日晨，協定簽字，由睡眼惺忪的張伯倫和面色凝重的達拉第將決議案面交捷克駐德大使，要求捷克將蘇臺德區割予德國，一切完全依照希特勒在格代斯堡所提之要求。當曲終人散，張伯倫、達拉第、墨索里尼等各赴歸程時，捷克外長克洛夫塔黯然告三國大使曰：「為了我國的和平生存，我們屈服了，但不知你們是否可以由此獲益？不過我們絕不是最後的一個，在我們之後，必有其他國家也將受到影響，或許也將遭遇同一的命運！」❶

　　捷克軍方曾請求貝奈施總統對德作戰，但貝氏堅不同意，他認為捷克已被友邦背棄，孤立無援，貿然作戰，徒受犧牲。一年以後的波蘭，就遭受重大的破壞，仍不免於亡國。

　　也許是一種巧合，捷克史中的幾次重大災難，多次與「八」有關。在慕尼黑會議以前，1618 年為了反抗哈布士堡的統治引發「三十年戰爭」。

---

❶　參閱 Ripka, H. *Munich: Before and After.* London: V. Gollancz Ltd, 1939, Reprinted 1969, pp. 230–231.

在慕尼黑會議以後，1948 年開始淪入鐵幕，1968 年的「布拉格之春」(Prague Spring) 引來了蘇聯的入侵。

捷克的領土損失，除蘇臺德區為德國兼併之外，北疆的德欽區和另外兩處邊區小鎮——斯比施 (Spiš)、奧拉瓦 (Orava) 被波蘭趁火打劫而奪去。南疆毗鄰匈牙利的一大片地方，被匈奪去，匈牙利由是增加了 12% 的人口，13% 的土地。捷克經此巨變，大約損失了三分之一的人口（由一千四百萬減為一千萬），三分之一的土地（由十三萬九千平方公里減為九萬八千平方公里）和三分之二的工業資源。

慕尼黑會議以後，捷克進入「第二共和」時期，貝奈施總統被迫辭職（1938 年 10 月 5 日），辭職之前，指派另一新政府，由席洛維 (J. Syrovy) 將軍主持。貝氏旋即前往倫敦，另組流亡政府，第二次大戰爆發後，流亡政府獲得英、俄等國之承認，戰後重組「第三共和」。

所謂「第二共和」表面上包括三部分：⑴波希米亞‧摩拉維亞；⑵斯洛伐琪亞；⑶喀爾巴索‧烏克蘭；而實際上已經成為一個四分五裂的聯邦國家，斯洛伐克人和魯森尼亞人要求自治。魯森尼亞改稱「喀爾巴索‧烏

圖 58　慕尼黑會議（左起：張伯倫、達拉第、希特勒、墨索里尼、齊亞諾）

克蘭」(Carpatho-Ukraine)，希特勒一度想要利用這些烏克蘭人扮演類似「皮德蒙」的角色，引誘蘇聯境內的烏克蘭人，另組「大烏克蘭」，作為德國的傀儡，及至〈德蘇互不侵犯條約〉簽訂後，此項計畫隨即放棄。1939 年，喀爾巴索・烏克蘭由匈兼併，由是匈牙利乃與波蘭接壤。

　　斯洛伐琪亞在慕尼黑會議後即宣告自治，「捷克斯洛伐克共和國」改稱「捷克－斯洛伐琪亞共和國」 (Republic of Czech-Slovakia)，由提索 (J. Tiso) 擔任總統。1939 年 3 月 14 日，在希特勒支持下，斯洛伐琪亞再由自治而獨立，在第二次大戰期間，斯洛伐琪亞是一個獨立的國家。

　　捷克總統貝奈施辭職之後，無黨無派的法學家哈察 (E. Hácha) 博士繼任總統（1938 年 11 月）。翌年 3 月 14 日，希特勒召喚哈察前往柏林，對其百般恫嚇，迫其屈服，下令捷軍不必抵抗。15 日德軍順利開入捷境，翌日希特勒在布拉格的拉德坎尼堡宣告 「波希米亞・摩拉維亞」 (Bohemia-Moravia) 降為德國的保護國，併入德國版圖。

　　建國只有二十一年的捷克共和國乃自地圖上消失，其命運與十八世紀末年的波蘭相似。

圖 59　希特勒巡視布拉格 (Attribution: Bundesarchiv, Bild 183-2004-1202-505)

第十七章　戰間期的匈牙利

一、領域與人口的消滅

　　匈牙利在第一次世界大戰以後是一個戰敗的國家，依照〈特瑞嫩條約〉（1920 年 6 月 4 日）的規定，匈牙利等於被人瓜分。領土只有戰前的四分之一強（由三十二萬五千三百二十六平方公里減為九萬零六百四十九平方公里），人口只有戰前的 40%（由二千萬人減為八百餘萬人）。因為匈牙利並非純由馬札耳人組成的國家，而是一個多民族國家，它的民族政策一向以馬札耳人為中心，對其他少數民族強制執行「馬札耳化」，雙方積怨已深，所以當奧匈帝國瓦解之際，治下的少數民族在「民族自決」的原則下，紛紛脫離匈牙利，併入四周的新興國家。北部的斯洛伐琪亞和魯森尼亞併入捷克，東部的外息爾凡尼亞併入羅馬尼亞，南部的克洛琪亞等地併入南斯拉夫，甚至西面的奧國也奪去了柏根蘭 (Burgenland) 一地。

　　其中最大的損失是東部的外息爾凡尼亞，面積約為匈牙利原有總疆域的三分之一，人口約有二百五十萬。其中羅馬尼亞人約占一百五十萬，匈牙利人也有一百萬。這一片地方，在羅馬尼亞統治下歷時二十年，希特勒在第二次大戰初期，因支持匈牙利，又強迫羅馬尼亞將外息爾凡尼亞劃歸布達佩斯 (1940)，但戰後又併入羅馬尼亞。

二、政局的演變

　　戰間期的匈牙利，政局極不穩定，歷經三個階段的變化：第一階段是戰後短期的親西方民主政權（1918 年 10 月至 1919 年 3 月）；第二階段是

貝拉孔 (Béla Kun, 1886–1938) 建立的短命共產政權（1919 年 3 月至同年 7 月）；第三階段是以賀提 (N. Horthy) 為首的右傾獨裁政權（1919 年至二次大戰為止）。

㈠民主政權

　　大戰結束前夕，奧匈帝國於 1918 年 10 月 16 日發表聲明，決將帝國改為聯邦，匈牙利認為這就表示奧匈的聯合已告結束，乃於同月 23 日組成「全國委員會」(National Council)，發動獨立革命，為便於識別，凡參加革命者皆佩帶一束紫菀花，故稱「紫菀花革命」。領導革命者為「獨立黨」領袖凱洛里伊 (M. Károlyi) 伯爵，奧匈帝國皇帝兼匈牙利王查理四世遂任命凱氏為總理。11 月 13 日查理進一步宣示不再兼任匈王，局勢更加澄清，「匈牙利共和國」乃宣告成立（1918 年 11 月 16 日）。

　　凱洛里伊伯爵雖出身貴族，但頗有民主自由思想，他所建立的聯合政府，除了獨立黨之外，還有一批社會民主黨人。新政府遂即實施一連串的改革：頒布選舉法，男女公民均有選舉權，依比例代表制選出制憲會議代表，建立「民主聯邦共和國」。實行土地改革，分割大地主田莊轉配貧農。使教育脫離教會的控制。言論出版自由。實行司法改革，建立陪審制度。並擬對少數民族實施較為寬大的政策。但上述政策並未能滿足各方的要求，尤其久受壓迫的少數民族，不滿建立瑞士式的聯邦，而主張分別併入屬於同族的鄰邦各自獨立。同時，各鄰邦也推波助瀾，出兵略地，捷克攻占斯洛伐克，羅馬尼亞攻占外息爾凡尼亞，塞爾維亞攻占克洛琪亞，這也就是〈特瑞嫩條約〉所顯示的結果。

　　凱洛里伊篤信威爾遜主義，對協約國尤表信任，相信和會必有公正的處理，為了討好協約國，甚至先將匈牙利武裝部隊解散，以示愛好和平的決心。不料和會竟作瓜分的決定，同時也摧毀了凱洛里伊的民主政權。

(二)共產蘇維埃政權

　　1919 年 3 月，匈牙利的少數共產黨人，在貝拉孔領導下，奪取政權，建立了俄國以外的第一個歐洲的蘇維埃共和國，由貝拉孔擔任外長，操縱實權。貝拉孔為一匈籍猶太人，1915 年春被俄軍俘虜，在俄國加入共產黨，與列寧及史達林等人相識，戰後被俄共送回匈牙利主編《紅色新聞》，暗中發展共黨組織，其擴展範圍，可由匈牙利而及整個中歐。執政之後，即仿照俄共十月革命和「戰鬥共產主義」(Militant Communism) 的規範，實施共產獨裁。將全國大企業、鐵路、銀行、礦山等一律收歸國營；土地亦由政府無償沒收，並向農民徵繳餘糧；建立紅軍，設置革命法庭，實行恐怖統治；只准勞工無產階級享有參政權，建立各級地方蘇維埃。

　　貝拉孔的共產統治，立即引起國內外的反抗。國內的保守分子和自由分子──包括大地主、資產階級、天主教會、保皇黨人、中產階級、知識分子等等，合組「白軍」，展開內戰。貝拉孔雖將私人土地沒收，但未立即轉配予貧農，引起農民的反感，也紛紛投入反共行列。在國際方面，協約國聯軍當局，極不願在俄國之外又出現一個中歐的共產政權，決定加以干涉。東鄰的羅馬尼亞，於 1919 年 7 月派軍攻入匈境，捷克與塞爾維亞也出兵助戰，當羅軍迫近布達佩斯時，貝拉孔政權瓦解，貝拉孔逃往維也納（8 月 1 日），其後轉往俄國，為第三國際 (Communist International, Comintern) 之一員。

圖 60　匈共領袖貝拉孔向群眾發表演說

⑤右傾獨裁政權

貝拉孔逃亡後，羅馬尼亞軍盤據布達佩斯及東部一帶，燒殺劫掠，再使匈、羅兩國之間加深了彼此的仇恨。11 月中旬，羅軍在聯軍總部壓力之下方始撤離，賀提率國民兵進駐首都，接掌政權，實行「白色恐怖」，殺戮極慘。賀提在大戰期間，曾任奧匈帝國海軍總司令，戰後的匈牙利雖已沒有海軍，但仍以海軍元帥自命，常著海軍制服。1920 年初以「全國行政長官」(Administer of the Realm) 執政，同年的匈牙利國民大會決議，廢除凱洛里伊的共和國政體和貝拉孔的蘇維埃政體，仍然恢復為王國，但究由何人為國王，則懸而未決。查理四世雖然名義上仍是匈牙利的國王，但聯軍當局堅決反對匈王仍由哈布士堡王朝擔任。在王位虛懸下，由賀提為攝政 (Regent)。查理四世曾兩度企圖返回布達佩斯復位，均被賀提拒阻。因此匈牙利變成了一個「沒有國王的王國」，由一位沒有艦隊的海軍元帥執政。

賀提擁有一切權力，下議院由他的「國家聯合黨」 (National Union Party) 控制，上議院的議員多數由其任命，他有權委派法官，頒布法令。1920 年再被推為終身執政，1933 年再享有和國王一樣解散國會的權力。在攝政之下，仍設內閣，內閣總理自 1920 至 1932 年間，先後由三位伯爵擔任——德萊奇 (P. Teleki)、白特倫 (S. Bethlen)、卡羅利伊 (G. Károlyi)，均屬大地主階級。1932 年起改由戈伯斯 (J. Gömbös) 將軍繼任，代表中產階級勢力。由於法西斯和納粹在義、德兩國興起，匈牙利迅即受到感染，法西斯及納粹組織紛紛成立，尤以親德勢力為強，其中的「雙箭黨」(Arrow-Cross Party)❶，類似納粹的黨衛隊。1938 年德國兼併奧地利以後，重掌政權的德萊奇內閣更倒入希特勒懷抱。1939 年 2 月匈牙利加入反共公約，成為軸心集團之一員。

---

❶　雙箭黨成立於 1938 年 8 月，主要領袖是一位狂熱的市長，名叫沙拉西 (F. Szálasi)，高唱反猶，以爭取城市居民的支持；同時主張土地改革，以爭取農民的支持。

三、經濟與社會

　　戰間期的匈牙利，仍是一個以農業為主的國家，64% 的人口均以農業為生。全國土地之中，有 60% 是已經開發的耕地，20% 是草地牧場，因此匈牙利是一個極好的食物供應地，也是納粹所以極想染指的國家。由於人口的繁殖增加快速，而土地資源有限，故農民生活仍極困苦，耕地仍感不足，其中半數甚至無地可耕。主要農作物有小麥、玉蜀黍、甜菜、馬鈴薯和蔬果，牛、羊、馬、豬等畜類和漁產也非常豐富，礦產則有煤、鋁、石油等等，鋁及礬土尤為出口之大宗。工業以食品加工業、紡織及化學工業最為發達，因缺少鐵礦，重工業尚無基礎。匈牙利的運輸工業以鐵路為主，布達佩斯是中歐各線鐵路系統的中心，四通八達。更因位於多瑙河的中流，而多瑙河是一條全長四百公里均可通航的水道，所以匈牙利的航運也非常發達。以上這些水陸交通的優點，也正是二次大戰以前的納粹和大戰以後的蘇聯所以盤據匈牙利的主要原因。

　　匈牙利的貧富差距較大，上層社會的主幹是一批擁有極多土地的大地主貴族階級，在戰間期八百餘萬的全國人口當中，擁有一百畝以上田產的大貴族有三十六人，他們繳給政府的賦稅卻微乎其微，每畝只有十個匈幣本格 (Pengö)，而一般農民則須每畝繳納十六個本格。

　　匈牙利的一般經濟結構，在 1920 年代中間，在國際聯盟的協助下，一度漸趨安定，工業也快速發展，但好景不長，1931 年 7 月，世界經濟大恐慌的浪潮，由於奧國維也納信託銀行的破產，迅即影響到匈牙利，因為匈牙利的貨幣財政體系原與奧國有密切的關聯，匈幣亦隨之大幅貶值，接近崩潰。納粹在德國執政後，全力發展與東歐諸國的經濟關係，匈牙利的農產品與工業產品，同受其惠，但匈牙利的經濟也因對柏林的倚賴日深而受其控制。

四、戰間期的對外關係

　　大戰結束，匈牙利為失敗的一方，因政局不安，故協約國與匈牙利的正式和約──〈特瑞嫩條約〉，遲至 1920 年 6 月方始簽訂。匈牙利失去了四分之三的領土，60% 的人口，獲得這些土地與人口的國家，分別是捷克、南斯拉夫與羅馬尼亞。

　　戰間期的匈牙利外交政策，主要是修改或廢棄〈特瑞嫩條約〉，收復失去的領土，重建古代「聖‧史蒂芬王冠的領地」。而捷、南、羅三個獲益國，為了維護既得的利益，防範匈牙利的報復，乃在法國支持下，結為「小協約國」集團，匈牙利陷於敵國包圍與孤立之中。

　　匈牙利為了打破上述孤立狀態，首先與義大利簽訂〈友好條約〉(1927)。其後，再與義大利和奧國簽訂〈羅馬議訂書〉 (Rome Protocol, 1934)，此約的目的之一是防阻德國兼併奧國，因此布達佩斯與柏林之間也隨之處於敵對形勢。其後不久，義、德關係改善，成立「羅馬柏林軸心」（1936 年 10 月）。又年餘，德國兼併奧國，匈牙利受到德國的威脅。賀提政府和沙拉西 (F. Szálasi) 領導的「雙箭黨」雖意圖接近納粹，但關係並未改善。慕尼黑危機發生時，匈牙利透過墨索里尼的居間斡旋，方能取得捷克南疆的一片土地。

　　捷克危機以後，匈牙利有感於西方民主國家勢力的衰微不振和軸心集團勢力的逐漸擡頭，決心投入軸心陣營，簽署〈反共公約〉（1939 年 2 月），退出國際聯盟。所得的初步報酬，便是魯森尼亞區的兼併（1939 年 3 月），因此，匈牙利乃得與北方的波蘭接壤。

　　匈牙利雖然是軸心國家之一員，但透過靈活的外交運用，並未在二次大戰初起時就捲入戰爭漩渦。當德軍攻擊波蘭時，匈牙利婉拒德軍假道，並宣布自身為非交戰國。1940 年 6 月，蘇聯向羅馬尼亞提出最後通牒，欲乘機兼併羅屬比薩拉比亞。匈牙利立即掌握機會，不顧德、義勸阻，逕向

羅馬尼亞要求割讓外息爾凡尼亞，後來透過德、義的居間仲裁，於 1940 年
8 月迫使羅國簽訂所謂〈維也納獎賞〉(*Vienna Award*)，同意將外息爾凡尼
亞區的北部（約占全境的五分之二）割予匈牙利，這是布達佩斯加入軸心
集團的另一收穫。

　　到了第二次大戰的末期，軸心集團轉勝為敗，義大利首先投降，蘇聯
也開始反攻。匈牙利政府亟欲擺脫軸心，投向西方集團。1944 年 3 月 19
日，德軍不顧匈牙利的反對，越界占領布達佩斯，另置傀儡政權。1945 年
2 月 13 日，布達佩斯再度易主，蘇聯紅軍於是日進駐，匈牙利淪入鐵幕
之中。

第十八章　戰間期的巴爾幹各國

巴爾幹五國在戰間期的遭遇各有不同。僅有保加利亞一國參加德、奧、匈等中部國家 (Central Powers) 一方作戰，其餘如塞爾維亞、黑山國、羅馬尼亞、希臘等國均參加協約國一方。阿爾巴尼亞在大戰爆發前夕方始建國（1912 年 11 月 28 日阿國獲得獨立），戰時領土被義大利及塞爾維亞等國瓜分，故其地位實無足輕重。

塞爾維亞與黑山國，戰後合建為南斯拉夫。

茲將南、羅、保、阿、希五國在戰間期的史事，分節列述如次。

一、南斯拉夫

㈠新國家的建立

南斯拉夫這個國家，是由幾支住在巴爾幹區的斯拉夫人共同組成的，它是近代民族主義的產物，和波蘭、捷克等東歐新興國家一樣，同為威爾遜所倡「民族自決」原則催生的寵兒。

在第一次世界大戰以前，「南斯拉夫」並不是國家的名稱，而是泛指住在南方的若干斯拉夫民族，他們分屬不同的政治組織，住在不同的地區。到了十九世紀末年和二十世紀初年，因受多種因素的影響，逐漸產生了一種由分而合的統合意識，稱為「南斯拉夫主義」(Yugoslavism)，它所包括的範圍，比所謂「泛斯拉夫主義」(Pan-slavism) 狹小，並不包括波蘭、捷克乃至保加利亞等斯拉夫人在內。

南斯拉夫主義是一種民族聯合運動，以塞爾維亞為中心，聯合的對象主要是其毗鄰的克洛特人和斯洛汶人，這兩支民族當時均在奧匈帝國統治

之下，所以南斯拉夫主義也具有民族獨立運動的色彩。

　　早在 1905 年間，還在奧匈帝國治下的克洛特人領袖杜魯比契 (A. Trumbić) 與塞爾維亞人領袖蘇比洛 (F. Supilo)，在阜姆商獲協議，成立「克洛特‧塞爾維亞聯盟」 (Croato-Serb Coalition)，成為克洛琪亞地方議會中的主要政黨，取得多數席位，這是克、塞兩支民族合作的開始。大戰爆發之後，這些政治領袖經過義大利逃往倫敦，於 1915 年成立了一個「南斯拉夫委員會」(Yugoslav Committee)，以建立包括塞爾維亞、克洛特和斯洛汶等三支民族在內的一個國家為奮鬥目標。不過當時塞爾維亞王國的政府，最初只想將塞國的領域擴大，將波士尼亞省兼併，並沒有進一步聯合其他民族共組「南斯拉夫國」的意圖，對共組聯邦的態度比較積極者反而是來自克洛琪亞方面的領袖。1917 年 7 月間，早已逃亡到科孚島上的塞爾維亞王國總理巴什契 (N. Pasić) 終於同意與「南斯拉夫委員會」代表杜魯比契等在科孚島集議，會後發表〈科孚宣言〉(*Declaration of Corfu*)，聲明願於戰後在塞國的黑喬治王朝領導下，由塞爾維亞、克洛特和斯洛汶等三支民族共組聯合王國，實行君主憲政。至於聯合王國的組織型態，採取中央集權或聯邦制，則尚無定論。

　　〈科孚宣言〉發表後，立即引起奧匈帝國治下的南斯拉夫人的共鳴。1918 年 8 月他們推派代表在斯洛汶尼亞首府留布里安納集會，組成「南斯拉夫國家委員會」(Yugoslav National Council)，11 月 23 日國家委員會宣布願與塞爾維亞王國及黑山國共組聯合王國，並派代表二十四人晉見塞國攝政亞歷山大親王請其出任新國元首。12 月 1 日亞歷山大在貝爾格萊德正式宣告新國成立，國家名稱頗為怪異，為了強調組成分子的獨立性，稱為「塞爾維亞‧克洛特‧斯洛汶人的王國」。同時，黑山國也迅速召開國會，決議廢除該國國王，加入新成立的聯合王國。

　　臨時政府的內閣於 1919 年 1 月組成，總理由塞爾維亞人普羅提契 (S. Protić) 擔任，副總理由斯洛汶人柯洛什伊 (Korošec) 擔任，外交部長由克洛特人杜魯比契擔任。新閣的首要工作，一為與聯軍簽訂〈巴黎和約〉，二為

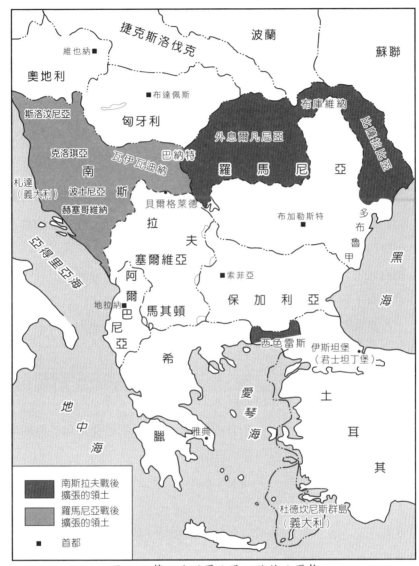

圖61　第一次世界大戰以後的巴爾幹

召開制憲代表大會。但因南斯拉夫對於西北方的邊界問題，與義大利發生嚴重爭執，因而延誤了制憲代表大會的召開。

　　制憲代表大會延至1921年方始召開，6月28日通過了第一部憲法。因為6月28日是南斯拉夫人的一個重要節日，稱為「聖‧維塔士節」(St.

Vitus Day)，所以新憲又稱為《維多夫坦憲法》(Vidovdan Constitution)。

在制憲會議中，各方爭辯的焦點是新國的國體問題。巴什契領導的「塞爾維亞激進黨」(Serbian Radical Party)，主張中央集權；拉迪契 (S. Radić) 領導的「克洛特農民黨」(Croatian Peasant Party)，則主張聯邦制，各民族仍擁有高度的自治權，雖有中央政府，而中央政府的權力只限於全國的外交、國防、錢幣、郵電等部門。巴什契是一個大塞爾維亞主義者，希望新國均在塞人的控制之下，而拉迪契卻是一個強烈的克洛特民族主義者，全力反對塞爾維亞勢力的擴張。他們所代表的，正是塞、克兩族的對立與衝突，而此種對立與衝突，在南國的建國初期，始終未能化解。它的潛在影響，一直持續到今天。

制憲代表大會共有四百十九席，參加的黨派多達十餘個，但其中較為重要者則有下列各黨：

1.「塞爾維亞激進黨」，獲九十一席，代表農民及中產階級，後來漸趨保守。

2.塞爾維亞的「民主黨」，獲九十二席，由激進黨的分裂分子聯合前屬奧匈帝國統治的塞爾維亞人代表組成。

3.「克洛特農民黨」，雖在大會中僅獲五十席，卻是克洛琪亞區的唯一大黨，維護農民權益，並強烈要求自治。

4.斯洛汶的「人民黨」(People's Party)，獲二十七席。

5.波士尼亞的伊斯蘭教徒，獲二十四席。

6.共產黨，成立於 1919 年，戰後人數激增，獲五十八席，是此次大選中獲票較高的第三個大黨。

在第一次大戰以前，塞爾維亞王國境內原有一個「社會黨」，頗受法國和俄國社會黨人的影響。由於塞國工業落後，缺少勞工無產階級，所以盛行當時的「社會民主黨」並未在塞國生根，只有「社會黨」活動。俄國十月革命成功後，也在塞國引起衝擊，很多社會黨人組成共產黨，居然在此次大選中獲得第三高票。不過，南斯拉夫共產黨的勢力卻沒有繼續擴大，

由於在 1921 年發生了共黨刺殺內政部長一案，政府即大力鎮壓，列為非法組織，剝奪了他們的參政權，於是自 1920 年代起，共黨的活動即轉入地下，一直到第二次大戰期間才在狄托領導下復活。

圖 62　南斯拉夫國王──亞歷山大

　　1921 年頒布的《維多夫坦憲法》，是塞爾維亞激進黨的一大勝利，因為它是一部採取中央集權制的憲法。新憲規定:「塞爾維亞·克洛特·斯洛汶王國」是一個君主立憲國，由成年男子普選產生一院制的議會（設三百十五席），國王就多數黨領袖提名為內閣總理，總理向議會負責。國王統率武裝部隊，軍隊不受政黨的干預。中央政府尤其是塞爾維亞人享有較大的權力，全國劃分為三十三區，僅享受有限度的自治。

　　亞歷山大一世 (Alexander I) 就任國王（1921 年 8 月 16 日）後，授命激進黨領袖巴什契籌辦大選，大選於 1923 年 3 月舉行，激進黨獲較多席位，巴什契遂出任第一屆內閣總理。

㈡民族問題

　　南斯拉夫是一個多民族國家，1918 年的全國人口約共一千二百萬人。依照《維多夫坦憲法》的規定，塞爾維亞、克洛特和斯洛汶等三個民族為「國族」(State Nations)，就好像捷克人和斯洛伐克人在捷克斯拉夫共和國中的地位一樣。除此之外，另有若干少數民族，依照 1931 年的統計數字，各民族的人數及所占比例如下:

表 5　南斯拉夫的民族比例

民　族	人口數	占全國人口
塞爾維亞人	5,574,000	0.40%
克洛特人	3,484,000	0.25%
斯洛汶人	1,254,000	0.9%
馬其頓人	600,000	4.3%
黑山人	400,000	2.9%
波士尼亞伊斯蘭教徒	750,000	5.4%
其他（日耳曼人及馬札耳人等）	1,872,000	13.4%

　　南斯拉夫的民族問題，一方面是三個所謂「國族」之間的衝突，一方面是國族以外的少數民族問題。

　　南斯拉夫的建國基礎，以塞爾維亞王國為主幹，在原來的塞爾維亞王國境內，除了為數僅有十萬左右的羅馬尼亞人和保加利亞人以外，幾乎全是塞爾維亞人，占全國人口的40%。這些塞爾維亞人，信仰東正教，民族意識極強，一向以南斯拉夫人的領導者自居，且自認在大戰期間，淪為戰場，所受損害較重，戰後應獲補償。基於以上因素，故建國之初，即與其他兩個「國族」，尤其是克洛特人，發生了尖銳的爭執。克洛特人占全國人口的四分之一，多數信仰天主教，在各支南斯拉夫人之中，文化程度及經濟水準，均較其他民族為高。他們在奧匈帝國統治之下經過了長期的艱苦歲月，民族意識因此而更加堅強。在奧匈帝國統治期間，他們不斷為提高政治地位而奮鬥。

　　在戰後南斯拉夫建國的活動當中，克洛特人首先發難，以首府札格瑞伯為中心，組成了一個民族委員會。在政黨活動中，拉迪契及其死後之繼承人馬契克 (V. Maček) 所領導的「農民黨」，即係克洛特民族的代言人。戰後十年間南斯拉夫政治之所以未上軌道，部分就由於塞爾維亞人與克洛特人的對立。民族歧見，破壞了國家的團結。馬契克在 1929 年亞歷山大一世未實行獨裁以前，曾向南王提出另制新憲的要求，主張由七個半獨立的邦國聯合組成南斯拉夫聯邦。此七邦是塞爾維亞、克洛琪亞、斯洛汶尼亞、

波士尼亞、瓦伊瓦迪納、黑山國及馬其頓。每邦各有自己的立法機關，除外交由中央政府主持外，其餘的財政、貿易、教育、郵電等政務，均由各邦自主。甚至軍事權亦交由各邦負責，邦政府可在各邦徵兵，這些地方軍隊的任務，平時僅在本邦活動，非經邦議會批准，不得擔任本邦以外之任務。其後，馬契克讓步，由七邦減為五邦，將馬其頓併入塞爾維亞，波士尼亞則由塞、克二邦瓜分。此一要求，可以代表克洛特人的政治觀點，充滿了分離主義的色彩。

斯洛汶人人數遠比塞、克二族為少，僅占全國人口的 9%，故勢力亦遠遜於前者。塞、克二族的語言相同，屬於所謂「塞爾維亞克特洛琪語」，惟塞人使用拉丁字母，克人使用錫瑞字母。斯洛汶人則另有獨立的語文。信仰天主教。因其住在南斯拉夫王國的西北部，與義大利和奧國接壤，所以他們的民族意識雖強，但大致仍願與中央政府合作，以期保障本身的利益。在戰後政黨的活動中，斯洛汶的「人民黨」，常處於中立的調解人地位，周旋於塞、克兩者之間。

除以上三個所謂「國族」以外，在南國的少數民族中，馬其頓人占第一位。戰後，馬其頓民族主義興起，擬聯合散居於希臘、保加利亞的馬其頓人，合組另一個獨立的「馬其頓國」。南國曾對境內六十萬馬其頓人，強力推行「塞化」運動 (Serbization)，引起馬其頓人的不滿。南斯拉夫與希臘及保加利亞三國之間之所以常起爭執，主要癥結之一，就是馬其頓少數民族問題。

南斯拉夫境內的日耳曼人，亦近五十萬人，人數雖不為多，但因經濟勢力及文化程度較高，故地位亦極重要。這些日耳曼，散住在下列四個地區：

1.巴琪加 (Bačka) 及巴納特區，稱為「史瓦比安人」(Swabians)。
2.克洛琪亞。
3.斯洛汶尼亞。
4.波士尼亞。

其中以斯洛汶尼亞區的日耳曼人處境最為困難，因該地原由奧國統治，統治者與被統治者之間，積有多年仇恨。1933 年納粹興起之後，南斯拉夫境內的日耳曼人即成立親德組織，領袖為阿塔蓋雅 (Altgayer)，開始掀起類似捷克蘇臺德區的自治運動。1941 年希特勒入侵巴爾幹時，這些日耳曼少數民族即成為納粹的第五縱隊。

㈢政局的演變

東歐各國在戰間期的政局，除捷克外，一般均為先經過一段民主議會政黨政治的嘗試，然後再轉變為各種形式的獨裁。

在 1923 年至 1929 年之間，南斯拉夫的政局並不安定，主要的衝突是塞爾維亞人與克洛特人之間的對立。塞爾維亞的激進黨領袖巴什契組織了首屆內閣，克洛特農民黨即居於反對黨地位，農民黨領袖拉迪契堅持聯邦的原則，要求享受高度的自治權利，他和巴什契之間，時分時合，始終未能充分合作。拉迪契為了提高他個人和克洛琪亞的地位，時而潛行出國，1924 年一度前往莫斯科與蘇聯政府磋商，加入與「第三國際」有密切關聯的「農民國際」(Peasant International)，返國之後即積極活動，攻擊政府，乃因此入獄。出獄後改變立場，加入巴什契政府為教育部長，不久又退出，1927 年與民主黨之普利比色維支 (S. Pribicević) 共組 「農民黨‧民主黨聯合陣線」，仍以推行民主改革及聯邦制為奮鬥目標。

上述對立形勢至 1928 年 6 月突然惡化 ，拉迪契和四位克洛特農民黨代表在貝爾格萊德的南國議會中被一名黑山籍的議員射殺，克洛特議員憤而全體退出議會，由對立進一步變成分裂。南王亞歷山大一世於 1929 年 1 月初，為圖打開僵局，邀見新任農民黨領袖馬契克徵詢意見，馬氏要求另制新憲，將全國分為七個（其後又減為五個）單位，合組聯邦，各邦自設議會，邦政府除了控制財政、貿易、教育、郵電之外，甚至可以自行徵兵，除了維持本邦的治安以外，如須應召擔任全國性國防任務，必須先獲邦議會的同意。如此過分的要求，無異造成國家的解體。

　　亞歷山大一世衡量情勢，決定廢除議會政治，改行「君主獨裁」(Royal Dictatorship)。1929 年 1 月 6 日下令解散議會及各政黨，廢除 1921 年《維多夫坦憲法》，集軍政大權於國王一身，建立一個超越塞爾維亞民族主義和克洛特民族主義之上的「南斯拉夫民族主義」國家。首將國名改為「南斯拉夫王國」(Kingdom of Yugoslavia)，1931 年更正式頒布新憲法，使其獨裁合法化。

　　在「君主獨裁」之下，國王享有最高權力，不受憲法的約束，有權制頒法律、任免官員、宣戰媾和、指揮軍隊。人民言論出版集會的自由一律停止，並實行恐怖統治。凡具有地方性色彩的政黨和宗教，一律禁止，所以過去冠有「塞爾維亞」或「克洛特」的名稱不再出現。將全國的地方行政區，由原來的三十三區改劃為九省，並取消原來的歷史性名稱，改以河流為省名——如「德拉瓦省」就是原來的斯洛汶尼亞，「薩瓦省」就是原來的克洛琪亞，「多瑙省」就是原來的塞爾維亞中北部等等。

　　亞歷山大一世所懸目標雖高，但在實質上卻暴露一切獨裁政府的缺點：官僚弄權，貪污腐化，尤其是恐怖統治的手段，引起了人民普遍的反感。他對於克洛特人的分離情緒，並未加以安撫，農民黨領袖馬契克被捕下獄，這種高壓迫使左右極端分子更走極端。在右派的極端勢力之中，提高了「烏斯塔沙運動」(Ustaše Movement) 的氣焰。所謂「烏斯塔沙」，意即反叛，是克洛琪亞爭取獨立的運動，克洛特人仇視塞爾維亞人在南斯拉夫王國中的優勢攬權地位，因其大多為天主教徒，所以也對東正教信仰具有反感。他們的領袖巴維里契 (A. Pavelić) 經常匿住於義大利，遙遙指揮，與墨索里尼的法西斯黨有密切關係，受其津貼協助，二次大戰期間，是巴爾幹區的一支極為活躍的親軸心勢力。左派的極端勢力則以貝爾格萊德大學為中心，大多為青年一代，名義上是「共產黨」，實際上他們既對馬克思主義毫無瞭解，也不是真正的共產黨人。政府常將所有的不滿分子，一概視之為共黨，這樣反而助長了共黨的聲勢。

　　1934 年 10 月 9 日，亞歷山大一世赴法作友好訪問，意在加強小協約

國與法國的關係，道經馬賽時遇刺身死，法國外長也同時遇難，兇手喬治耶夫 (Georgiev)，是一個馬其頓籍的烏斯塔沙分子，幕後顯然有匈牙利和義大利的支持。

　　王子彼得二世 (Peter II) 繼位，年僅十一歲，依照前王遺囑，設三人攝政團，以保羅親王 (Paul Karageorgevich) 為主席。1935 年的大選後，政府改組，克洛特農民黨領袖馬契克獲釋，願與政府合作，降低所提自治要求。新閣由立場較為溫和的史托雅迪諾維支 (M. Stojadinović) 主持，史氏也結合塞爾維亞激進黨、斯洛汶教會黨和波士尼亞的伊斯蘭教徒聯合組成「南斯拉夫激進聯盟」 (Yugoslav Radical Union)。新政府在內政上並未採取民主政治路線，也未多受正在法國實行的「人民陣線」的影響，大致仍循亞歷山大一世的成規。新任內政部長為斯洛汶籍的柯洛色茨 (Koroshets) 神父，除全力爭取斯洛汶尼亞的自治之外，並促請政府與羅馬教廷簽訂一項〈政教協定〉(Concordat of 1937)，此舉立即引起信仰東正教的塞爾維亞人的不滿，適於此時東正教教長逝世，謠言傳說是由於天主教徒的毒殺，暴亂隨之而起，政府為安撫民意，又將協定作廢。據事後調查，政府與教廷接近，並無提高天主教以對抗東正教的用心，其真正目的是透過教廷而加強與義大利之間的關係。

　　新政府與克洛特人之間的關係漸獲改善，雙方均欲結束歷時多年的對立狀態，1938 年 8 月克洛特領袖馬契克訪問貝爾格萊德，受到塞人熱烈歡迎，塞人視為民主自由的象徵。1939 年 2 月，保羅攝政將阻礙塞克合作的內閣總理史托雅迪諾維支免職，由茨維考維支 (D. Cvetkovich) 繼任。不久，捷克被瓜分，南國更受威脅，政府必須早日結束內訌，促成全國團結，遂於 1939 年 8 月 26 日與克洛特人達成「協議」(Sporazum)，將克洛琪亞省的範圍擴大，面積約占全國的 26%，馬契克出任副總理，馬氏另一助手出任財政部長，多位農民黨領袖參加議會。惟協議成立不及一週，第二次世界大戰爆發。

㈣戰間期的對外關係

南斯拉夫是以塞爾維亞及黑山國為基礎，再加上原屬奧匈帝國的斯洛汶尼亞、克洛琪亞、波士尼亞、赫塞哥維納等斯拉夫人的居住地區合併而成的新興國家，也是戰後東歐的「繼承國家」之一。因為部分領土來自匈牙利，所以南斯拉夫和捷克與羅馬尼亞一樣，均以防阻匈牙利再度興起為共同外交政策，乃在捷克外長貝奈施活動下，南、捷、羅三國結盟，成為所謂「小協約國」(Little Entente)。

小協約國的幕後支持者與保護者，是西歐的法國。法國為了防制德國，必須在東歐尋求盟邦。在第一次大戰以前，法國的東歐盟友是俄國，戰後俄國成為共產政權，另有外交路線，小協約集團和波蘭乃成為法國爭取的對象。但是這一系列以法國為中心的外交組合，經不起考驗，在 1938 年捷克危機發生時就全盤崩潰了。

南斯拉夫於建國之初，即與西鄰義大利發生領土爭執，爭執的焦點是伊斯特里亞半島東北端的阜姆港。阜姆原屬奧匈帝國，大戰爆發後，義大利宣告中立，成為協約國與「中部國家」爭奪的對象，羅馬奇貨可居，視雙方出價的高低，再作敵友的選擇。1915 年 4 月，協約國以極為優厚的條件，與義大利簽訂〈倫敦秘約〉，義大利隨即於同年 5 月加入協約國一方正式參戰。在〈倫敦秘約〉中預定劃予義大利的奧國領土，原包括伊斯特里亞半島和阜姆在內，但戰後情況已有變化，因南斯拉夫建國後，要求將阜姆劃歸南國，一則由於該地居民多為斯拉夫人，二則由於該地為一重要海港，而且是南國鐵路系統的終點。南國的要求獲得美國總統威爾遜的大力支持，義大利總理奧蘭多 (V. Orlando) 因此憤而退出巴黎和會。在爭執未定之際，義大利愛國詩人鄧南哲 (G. D'Annunzio) 仿效昔年加里波底故事，率領一支私人組成的黑衫遠征軍將阜姆擅自占領。其後義大利在國際壓力之下，與南國簽約，承認阜姆為一自由市。墨索里尼的法西斯政府執政 (1922) 後，對自由市狀態表示反對，義、南兩國幾經交涉，於 1924 年商獲

協議，阜姆市區劃歸義國，而港區則劃歸南方，由於墨索里尼在外交上採擴張侵略政策，南、義關係始終未能徹底改善。

　　納粹在德國執政後，積極發展東歐貿易，1934 年南國與德國簽訂〈貿易條約〉，使南國農產獲得渴盼的市場，南、德關係漸趨接近。南王亞歷山大一世於訪法途中遇刺事件，是南國內部的右派極端分子與義、匈兩國合作的陰謀，藉以除去親法勢力。繼之攝政的保羅親王，更向德方靠攏。在希特勒調停下，南國與義大利簽訂〈友好條約〉(1937)，義大利放棄敵視南國的傳統政策。在 1938 年德國兼併奧國之役中，南國表示支持。但在 1939 年捷克慘被瓜分（3 月）和義大利兼併阿爾巴尼亞（4 月）以後，貝爾格萊德所受威脅加重，因此促成了塞爾維亞人與克洛特人的和解（8 月），共組聯合政府，準備應付即將到來的危機，已如前述。

二、羅馬尼亞

㈠疆域的擴大

　　羅馬尼亞是戰後東歐諸國中最幸運的國家，疆域比戰前增加一倍。展視戰前戰後的羅國地圖，不難發現已由一個不規則的馬蹄形，擴大為頗為規則的方圓形。

　　羅馬尼亞夢寐以求的領域，除了原來的莫德維亞與瓦雷琪亞——合稱「老王國」(Regat)——以外，還包括其他住有多數羅馬尼亞人的地區，西方有外息爾凡尼亞和巴納特，東北方有比薩拉比亞，北方有布庫維納。但是這些地區分屬奧匈帝國和俄國，難望同時收復，一併攬為己有。

　　一次大戰前，羅馬尼亞與德、奧集團之間原有盟約關係。大戰爆發後，羅王凱洛爾一世欲維持原狀，傾向德、奧一方，但首相布拉提安紐 (I. Bratianu) 則傾向協約國一方，亟欲利用機會為羅國謀取最大的利益。因羅國立場搖擺不定，乃成為交戰雙方相互爭取的對象。俄國允以戰後支持將

外息爾凡尼亞交還羅國為代價換取羅國的嚴守中立，德國則以戰後支持將比薩拉比亞交還羅國為代價換取羅國的中立。雙方提出的條件相同，而羅國則魚與熊掌亟盼兼而得之。正徘徊間，羅王駕崩（1914 年 10 月），布拉提安紐乃投入協約國陣營，與英、法等國簽訂〈倫敦秘約〉，協約國同意於戰後由羅國兼併外息爾凡尼亞、巴納特及布庫維納等地，羅馬尼亞遂即正式參戰（1916 年 8 月 28 日）。但為時不久，羅京被德奧軍攻占，遷都雅賽。其後，俄國發生兩次革命，列寧政府與德、奧簽約締和，退出戰局，頓使羅國更失奧援，迫使政府改組，布拉提安紐下臺，由阿維瑞斯古 (A. Averescu) 及親德之馬吉羅曼 (A. Marghiloman) 先後組閣，與德、奧簽訂〈布加勒斯特條約〉（1918 年 5 月 7 日），羅國雖被迫將多布魯甲割予保加利亞，但卻獲得德、奧承諾將原屬俄國的比薩拉比亞併入羅馬尼亞。早在俄國革命發生之後，比薩拉比亞的羅馬尼亞人即宣布成立「莫德維亞共和國」，脫離俄國而獨立。1918 年 4 月 9 日，莫德維亞共和國又宣稱併入羅馬尼亞，至此再獲德、奧之承認。羅國終於收回了早在 1812 年即被俄國奪去的這一片失土。

　　1918 年 11 月 10 日，也就是德國投降的前一天，羅馬尼亞政府再度對德宣戰，由是重又成為協約國家的一員，並在日後的巴黎和會中取得有利的地位。對德宣戰之後，羅軍立即開入垂涎已久的外息爾凡尼亞。1919 年 3 月，貝拉孔在匈牙利建立蘇維埃政權，共產主義的洪流沖入中歐，更有向西繼續氾濫的趨勢，引起西方國家的憂懼，法國的福煦元帥和克里蒙梭總理尤為關切，即在這種心理的影響下，羅馬尼亞的部隊乃以反共急先鋒的姿態，通過外息爾凡尼亞攻入布達佩斯，摧毀了貝拉孔政府。

　　繼馬吉羅曼之後重新組閣的布拉提安紐乃邅赴巴黎，要求盟邦履行前於 1916 年〈倫敦秘約〉中給予之承諾，最後在聯軍與匈牙利簽訂的〈特瑞嫩條約〉中，羅馬尼亞除獲得外息爾凡尼亞全境之外，並取得巴納特的東部。

　　布庫維納位於比薩拉比亞的西方，戰前原屬奧國，是奧國奪自土耳其

的一片土地 (1777)，原先劃為奧屬加里西亞之一部，1849 年改為直屬維也納的皇家領地。大戰末期，布庫維納的代表大會宣告脫離奧國而獨立，並即加入羅馬尼亞 （1918 年 11 月）。此項領土變更，在聯軍與奧國簽訂的〈聖・日耳門條約〉中予以認定。

　　至此，羅馬尼亞在戰前夢寐以求的理想，均已全部實現，疆域之大，已非昔比。

(二)少數民族問題

　　羅馬尼亞的領土雖增，但也帶來了令人困擾的少數民族問題。依照羅國在 1930 年所作的人口調查，在全國人口一千七百八十萬人之中，羅馬尼亞人約占 73%，其他少數民族約占 27%。在這些少數民族中，匈牙利人有一百四十二萬高居第一位，日耳曼人（七十四萬）、猶太人（七十二萬）次之，餘為烏克蘭人（五十七萬）與保加利亞人（三十六萬）等。

　　外息爾凡尼亞是匈牙利人聚居的地區，由於歷史的關係，這是羅馬尼亞與匈牙利兩國發生爭執的焦點。前文中業已指出，外息爾凡尼亞和莫德維亞與瓦雷琪亞一樣，是古羅馬帝國時代戴西亞省的範圍，也是羅馬尼亞人的主要棲息地，所以羅馬尼亞一向把外息爾凡尼亞視為自己的傳統領土。但事實上早在十一世紀起，該地即被匈牙利王國征服，匈牙利人也大批移殖，歷時已有八百餘年之久。該地的匈牙利人雖占少數，卻是統治階層，地位遠比下層的羅馬尼亞人為高。自中世紀起，一直到十九世紀為止，布達佩斯政府只承認在外息爾凡尼亞省內，只有三支 「民族」，即匈牙利人、薩克遜人和施克勒人，而羅馬尼亞人並不在內，因為他們都是附屬於匈牙利或薩克遜地主的農奴，地位卑賤。薩克遜人是在十三世紀間遷入的一批日耳曼人，住在外息爾凡尼亞省的南部，信仰路德教義。施克勒人則是一批幾乎完全「馬札耳化」的土著，羅馬尼亞政府強調他們是「馬札耳化的羅馬尼亞人」，而他們則自視為匈牙利人，甚至是文化和經濟較高的匈牙利人。

　　依照〈特瑞嫩條約〉，外息爾凡尼亞割予羅馬尼亞以後，該地匈牙利人的政治地位便一落千丈，由統治階層變成了「二等公民」，地方行政官員由新來的羅馬尼亞人接替，匈人的學校雖仍維持，但教學即受干涉。當地的匈牙利人如欲擔任公教人員，必須通過羅馬尼亞文的檢定考試，羅國當局在考試時多方為難，因此原本擔任公職的年長匈牙利人，常因考試未能通過而被免職，年輕的一代亦被排拒。再則羅馬尼亞在戰後實行的土地改革當中，匈籍農民受配的土地遠比羅人為少，激起了不平之鳴。基於以上種種原因，羅國境內的匈牙利人產生了對於羅國政府的痛恨，時常盼望改變現狀，和布達佩斯統治之下的同胞一樣，企圖遇機就撕毀〈特瑞嫩條約〉。

　　納粹興起後，匈牙利也加入軸心集團，二次大戰爆發後不久，希特勒即於 1940 年 8 月將外息爾凡尼亞瓜分，將該省的一半地區割予匈牙利，其中包括九十萬的匈牙利人，同時更附帶一百四十萬的羅馬尼亞人，是即所謂「維也納獎賞」。

　　羅馬尼亞的另兩支少數民族是為數均是七十餘萬的猶太人和日耳曼人。羅國是猶太人較多的東歐國家，僅次於波蘭。所占人數的比率雖然不大，但經濟權則掌握在他們手中。日耳曼人的主要棲息地，一在外息爾凡尼亞境內，稱為「薩克遜人」；一在巴納特地區，稱為「史瓦比安人」。這些日耳曼人在戰間期所受的待遇，遠優於羅籍匈牙利人，不過在納粹勢力東進之際，他們便成為德國的第五縱隊。

　　羅馬尼亞東北方的比薩拉比亞，也就是聶斯特河與普茹特河之間的條形地帶，原是羅馬尼亞人的棲息地，自 1812 年被俄國奪占以後，到 1918 年羅馬尼亞收回為止，歷時約一百年，在此期間，有很多烏克蘭人遷入，惟羅馬尼亞人仍占絕對多數。

㈢政局的混亂

　　戰間期的羅馬尼亞政局，極不安定，表面上雖為君主立憲政體，但政黨紛立，且時分時合，內閣不斷更迭，大致無法持續推行。羅馬尼亞的王

室，在此二十餘年間，祖孫三代臨朝，但常因王室不正常的婚姻關係而影響政局。領導羅國經歷第一次世界大戰的國王斐迪南一世（Ferdinand I, 1914–1927 年在位）於 1927 年逝世後，王位由其孫麥可一世（Michael I, 1927–1930 年第一次在位）繼承，年僅五歲。麥可之父凱洛爾因熱戀情婦露比斯古（M. Lepescu）而被迫放棄王位，遠去巴黎。但當他發現羅國政局不安時即又突然返國，迫其子麥可讓出王位，是為羅王凱洛爾二世（1930–1940 年在位）。

戰間期羅馬尼亞的主要政黨，一為代表工商資產階級的自由黨（The Liberal Party），一為國家農民黨（National Peasant Party）。後者名義上雖為農民的政黨，實質上也代表自由分子的勢力。

大戰結束時，原由自由黨的布拉提安紐執政，因對聯軍未能完全履行戰時承諾憤而辭職，由農民黨的魏達（A. Vaida-Voevod）和阿維瑞斯古將軍先後組閣，後者為一戰時英雄，執政期間，一方面壓制共黨的活動，一方面實行土地改革，但仍發生工人的大規模示威，因而改組。自 1922 年起至 1928 年止，均由自由黨執政，主要領袖為布拉提安紐，致力工業化，力行中央集權，引起國家農民黨的不滿。國家農民黨成立於 1926 年，由外息爾凡尼亞的農民黨與「舊王國」的農民黨合併而成，主要的領袖是曼紐（J. Maniu）博士。羅王斐迪南一世及首相布拉提安紐於 1927 年同年逝世，傳位於幼孫麥可，由曼紐組閣。曼紐內閣名義上雖是農民黨政府，但其施政並未造福廣大的農民，受惠者只是少數的富農地主，貧農的比例反而增加，1930 年約占全部農業人口的 75%。曼紐內閣的另一要政——開放市場，吸收外國投資，以舒解經濟困境——則頗有貢獻。

凱洛爾二世返國並接掌王位後，羅國政局進入新階段，由政黨政治逐漸走向「君主獨裁」。凱洛爾熱中權勢，誇大不實，雖才具平庸，但以偉人自命，墨索里尼是他崇拜模仿的偶像。在位十年之間，玩弄權術，翻雲覆雨，最初，他利用「鐵衛士」(Iron Guards) 來打擊政黨勢力；1938 年以後，又打擊「鐵衛士」轉而實行君主獨裁。

圖 63　羅馬尼亞的法西斯組織——「鐵衛士」

　　所謂「鐵衛士」是 1930 年代在羅馬尼亞興起的一個畸形政治團體，組成分子是一批不滿現狀而狂熱愛國的青年，以雅賽大學學生為主幹，他們仿照法西斯的「戰鬥團」(Fasci di Combattimento) 和納粹的「突擊隊」，以反猶、反自由分子、反政客及反共互相標榜，頗受警察當局及凱洛爾的暗中支持，最早的領袖為一青年學生，名曰考德瑞紐 (C. Z. Codreanu)，常以「大天使」自命，著農民裝，騎白馬，奔馳於鄉間，後因暗殺雅賽市長而聲勢漸起，逐漸受到下層民眾支持。甚至曼紐也與「鐵衛士」合作，此舉嚴重損害了這位政治家的形象。

　　1937 年大選後，凱洛爾任命右派的「國家基督黨」(National Christian Party) 黨魁高加 (O. Goga) 組閣，大肆打擊猶太勢力，全國陷於混亂。不久，高加被免職，凱洛爾於是宣布，議會政治業已失敗，為了人民的利益，實行獨裁，頒布新憲法 (1938)，並獲公民投票通過，新政府由東正教教長克瑞斯提亞 (M. Cristea) 出任首相。遂即捕殺「鐵衛士」領袖考德瑞紐，另由政府自組「國家復興陣線」(Front of National Rebirth)，實行一黨專政。1940 年，再將「國家復興陣線」改組為「國家黨」(National Party)，羅王自任黨魁，並向納粹靠攏。羅雖媚德，但仍不敵匈、保對德之壓力。匈牙

利要求德國助其取得外息爾凡尼亞；保國要求德國助其取得多布魯甲。希特勒決定遷就匈、保，於 1940 年 8 月召開維也納會議，邀匈、羅參加，在所謂「維也納獎賞」中，准由匈牙利兼併外息爾凡尼亞的五分之二，羅王被迫接受，舉國聞訊騷然，「鐵衛士」在首都示威，迫使凱洛爾二世退位，王位由其子麥可繼承 (1940–1947)，安多尼斯古 (I. Andonescu) 將軍出任首相，「鐵衛士」領袖席瑪 (H. Sima) 副之。此輩狂徒，一旦執政，立即展開血腥屠殺，知識分子和猶太人同遭噩運，安多尼斯古為恢復秩序，又對「鐵衛士」全面整肅。

是時，德軍已源源開入羅馬尼亞，1941 年 6 月，德軍攻擊蘇俄，羅國同時對俄宣戰，於是捲入二次大戰漩渦。

三、保加利亞

保加利亞在戰間期的歷史，約可分為三個階段：㈠史坦包利斯基 (A. Stambolisky) 執政時期 (1919–1923)；㈡「馬其頓革命組織」 (Internal Macedonian Revolutionary Organization, IMRO) 的恐怖統治 (1924–1934)；㈢包利斯三世 (Boris III) 的君主獨裁 (1935–1943)。

㈠史坦包利斯基執政時期

保加利亞是巴爾幹諸國中唯一加入德、奧一方作戰 （1915 年 9 月 6 日） 的國家，也是「中部國家」中首先向協約國聯軍投降 （1918 年 9 月 29 日） 的國家。保王斐迪南被迫退位，由其子包利斯三世繼位 （10 月 4 日）。依照〈納伊條約〉和其他相關條約的規定，保國失去了多處領土。東北方的南多布魯甲割予羅馬尼亞；南方的西色雷斯讓予希臘，由此切斷了通往愛琴海的通道。保更將毗鄰南斯拉夫的斯特魯米沙 (Strumitsa) 等四地割予南國。除失地外，更有龐大的賠款，並被解除武裝，限制軍備。

戰後的一般情況是驚濤駭浪，民不聊生，物價飛漲 （1919 年為戰前

的一倍，1920 年為戰前的兩倍半）。共黨和左翼社會黨獲人民支持，1919
年 5 月發生鐵路及電報工人大罷工。政府派軍隊開車，並武裝農民來對抗
工人。

　　史坦包利斯基是保加利亞「農民黨」的領袖，並且是「綠色國際」
(Green International) 的發起人之一。「綠色國際」是歐洲各國農民黨的組
織，和共產黨組成的「赤色國際」對立。史氏主張，保國政府應由占全國
人口中 80% 的農民來主持，資產階級和工商業者應退居次要地位。保加利
亞的農民政府，更應與巴爾幹其他各國（如克洛琪亞和羅馬尼亞）的農民
政府合作，結為「巴爾幹聯盟」。

　　史坦包利斯基的農民黨內閣於 1920 年 3 月大選後成立，執政四年，頗
多建樹。他首先推動土地改革，將較大田莊（三十公頃以上者）沒收分配
給貧農，使全國半數的耕地掌握在中小地主手中，在東歐諸國中，農地的
平均分配以保國為首屈一指。此外，史氏並致力於稅政、司法、公共建設
的改進。為了推動公共建設，實行「強迫勞動服務」，以勞動服務代替兵
役。史氏為了對抗共黨分子，以農民組成「橙色衛士」(Orange Guards)，
作為衛護政府的武力。

　　在外交方面，保國是戰敗國家中第一個獲准加入「國際聯盟」的國家。
史氏主張改善和南斯拉夫之間的敵對關係，但因一則南國的巴什契政府並
不合作，二則有「馬其頓問題」的阻擾，進行頗不順利，最後簽訂〈尼施
條約〉(Treaty of Nish, 1923)。保國與希臘之間，則有開闢出海口的爭執，
依照〈納伊條約〉及其有關條款的規定，聯軍決定將原屬保國的西色雷斯
轉讓希臘，同時也應為保國預留一條通往愛琴海的通道。保國希望能劃出
一條類似「波蘭走廊」的走廊，由薩羅尼加出海，但希臘只同意提供狄底
阿蓋契 (Dedeagach) 一處海港，雙方未獲協議，保加利亞與愛琴海的通道
由是被攔腰切斷。

　　史氏有不同的政敵，其中包括左派的共產黨（1919 年創黨，人數頗
多），右派的軍官集團、資產階級和馬其頓的激進分子。他們在 1922 年結

為聯盟，並在 1923 年 6 月發動武裝政變，史氏被「馬其頓革命組織」截捕，飽受酷刑，斷其右手，以懲罰其手簽〈尼施條約〉對南修好之不當，最後復將其亂刀刺死。

桑可夫 (A. Tsankov) 繼之組閣，對共黨施以高壓，多人遇害，共黨被定為非法組織，其後即轉入地下活動。其中最活躍的分子就是二次戰後執政的季米特洛夫 (G. Dimitrov)。此後內閣變動頻繁，政局始終混亂。

(二)馬其頓革命組織的恐怖統治

馬其頓革命組織 (IMRO) 是 20 年代到 40 年代之間保加利亞最棘手的政治組織。馬其頓人的棲息地，正好位於保、南、希三國之間。一方面，他們希望分別脫離三國的統治而另建統一的「馬其頓國」；另一方面，這三個國家也希望兼併馬其頓來擴大自己的領域，而以他國為犧牲，其中尤以保、南兩國的衝突最為熾烈。經過了兩次巴爾幹戰爭以後，有一部分馬其頓人逃入保加利亞境內，聚住在保國西南部的比特里契 (Petrich) 省和首都索菲亞兩地，IMRO 的成員是一批好勇鬥狠的狂熱分子，尤其痛恨塞爾維亞人，所以反對保、南和解，史坦包利斯基之被害即種因於此。

1925 年他們分裂為兩派，一派主張在未來的「南斯拉夫聯邦」(South Slav Federation) 中由馬其頓單獨建國，一派主張馬其頓應為保加利亞的一省，雙方互相殘殺，首都街頭時起槍戰，保加利亞政局陷於恐怖與混亂之中，他們狙殺的對象，除農民黨的政府官員以外，還包括共黨分子。他們幕後除獲軍方、國防部乃至國王的支持外，義大利也給予財政支助。此時，義大利的法西斯政權正向巴爾幹積極伸張勢力，保、義關係密切，1930 年保王包利斯三世娶義王伊曼紐三世之女吉娥婉娜 (Giovanna) 公主為后。

IMRO 的暴行和政府的無能，激起了左派反對勢力的不滿，他們組成「民眾集團」(People's Bloc)，在 1931 年的大選中獲勝，由馬里諾夫 (A. Malinov) 和穆山諾夫 (N. Mushanov) 先後組閣 (1931–1934)，但仍無法穩定政局。1934 年 5 月，首都發生武裝政變，威爾柴夫 (D. Velchev) 上校所領

導的「軍人聯盟」(Military League) 和一批所謂「茲文諾」(Zveno) 集團❶
合作共組新政府，解散所有政黨及工會，並以武力肅清 IMRO，將其逐出
盤據已有十餘年的比特里契省，此後即失去原有地位。但為時不久，新政
府即起爭執，保王乘機獨掌政權，1935 年起，實行君主獨裁。

(三)包利斯三世的君主獨裁

包利斯生性狡詐，善於利用機會，先是利用青年，繼又利用 IMRO，
最後再利用軍人，一步一步的消除異己，提高自己的實際權力。

1935 年起，包利斯的最後目的已達，開始君主獨裁。此時，自由黨、
農民黨及 IMRO 的勢力，均已瓦解，國內再無強大的阻力，乃得在嚴密的
警察監督和恐怖統治下，享受和希特勒及墨索里尼等同樣的獨裁權力。

1937 年 1 月，包利斯與南斯拉夫政府簽訂〈友好條約〉，實現了史坦包
利斯基和威爾柴夫嘗試多年的理想。保、南兩國為了馬其頓問題，爭執多
年，敵視極深，史坦包利斯基且曾因此而招怨喪命。惟此時的保加利亞已
走向軸心集團，希特勒極盼透過保加利亞來爭取南斯拉夫也倒向軸心一方。

1938 年，保加利亞舉行停止已有七年的議會大選，政黨雖仍禁止活
動，但政黨領袖仍可競選擔任行政公職。大選結果，支持政府者獲得將近
三分之二的席次，包利斯頗以此自滿。實則保國社會，依然暗潮起伏，充
滿了潛在的危機。占全國人口 80% 的農民敵視城市資產階級，勞工和部分
知識分子嚮往共產革命，並盼加盟蘇聯。

四、阿爾巴尼亞

阿爾巴尼亞雖於 1913 年獲得獨立，並獲列強的承認，但第一次大戰爆
發之後，立即成為強鄰爭奪的目標。塞爾維亞希望兼併阿國以便獲得通往
亞得里亞海的海口；義大利則絕對不願見到塞國勢力伸入亞得里亞海，且

---

❶　茲文諾意即「火炬」，是一個期刊的名稱，由若干知識分子及政治人物組成。

視阿國為其東進的橋頭堡；希臘則一向覬覦阿國的南疆，因為那裡有相當
多的希臘人口。

希臘首先行動，於 1914 年 11 月占領阿國東南部的科爾契 (Korrcë) 等
地，並於兩年之後將其兼併。同年 10 至 12 月間義大利出兵占有薩西諾
(Saseno) 島及弗洛納 (Vlona) 港。1915 年夏，黑山國及塞爾維亞占領阿國
北部及中部，包括首都地拉納在內。塞國與黑山被奧匈帝國擊潰後，北中
部即為奧匈占領。大戰終止後，義大利獨占優勢，曾在巴黎和會中提出要
求，請將阿國劃為義大利的委任統治地，一如法國之於敘利亞，英國之於
巴勒斯坦。同時，義大利與希臘也在 1919 年 7 月間商獲協議，希臘支持義
大利除了取得弗洛納港以外，並可在阿建立保護國地位；反之，義大利則
支持將阿國南部和全部的色雷斯劃歸希臘所有。不過，所有上述瓜分計畫
均因威爾遜的反對而未能實現。

1920 年，阿國獲准加入國際聯盟。1921 年外長會議發表宣言，聲明今
後阿國領土如受威脅，不論阿國政府是否請求援助，英、法、義、日四強
均將自動要求國際聯盟加以干涉，而干涉的任務即交由義大利就近執行。
同時，國聯也要求南斯拉夫立即撤出阿境，阿爾巴尼亞由是再獲重生。

國家的命脈獲得延續以後，阿國領袖開始致力於內政的建設。早在
1919 和 1920 年，曾召開兩次全國代表大會，組成國會 (National Cauncie)，
並以地拉納為首都。關於制憲問題，有兩派主張：一為佛拉西 (S. Verlaci)
領導的「進步黨」(Progressive Party)，代表南方和北部山區的大地主及部
族領袖等保守勢力，主張維持現狀，反對土地改革。另一為「人民黨」
(Popular Party)，雖亦帶保守色彩，但贊成多項改革。人民黨中有兩位著名
的領袖，一為諾里 (Fan S. Noli) 主教，一為左格 (A. B. Zog)。諾里曾在雅
典及埃及執政，並獲哈佛大學學位，1920 年被推為旅美阿人代表返國，對
國內政情較為生疏。左格則為一伊斯蘭教徒，先世曾在土耳其政府中服務，
與國內政界較有關聯。兩人在人民黨執政時期均任要職，諾里為外交部長，
左格為內政部長，1922 年左格更兼任總理，並與進步黨領袖佛拉西之女訂

婚，由是更與保守勢力發生密切關係，立場日趨右傾，諾里等人因而退出人民黨，另組反對勢力。1924 年 5 月發生政變，左格逃往南斯拉夫，由諾里繼之執政，但為時不及一年，左格即在南國協助下率軍返國，諾里下臺，殘餘國會於 1925 年宣布改建共和，並選左格為首任總統。

圖 64　阿爾巴尼亞首任總統——左格

依照國會通過的憲法，總統擁有極大權力，可以任免內閣部長，否決國會通過之法案。參議院設十八席，總統提名三分之一，眾議院由民選產生。新政府代表地主和部落領袖的利益，較為保守，但國內秩序則恢復安定。

阿爾巴尼亞因本身實力貧乏，必須仰賴大國的協助，自 1925 年起，即與義大利密切合作，義國勢力也隨之伸入。阿國國家銀行由義大利財團協助建立，有權發行紙幣，並以低利貸款興建公共工程如公路、橋樑、港口等。1926 年義阿簽訂友好條約，由義保證阿國的領土完整與現行制度。翌年，雙方再進一步簽訂為期二十年的軍事同盟，由義方供給武器及軍事顧問，義國海軍並得使用弗洛納港。

1928 年 9 月，左格召開另一次制憲會議，頒布新憲，改共和為王國，左格改稱左格一世。立法議會改為一院制，設五十六席。民刑商法均照西方形式重訂，但未觸及土地之重劃，因左格政權依然建立在地主和部落領袖的支持之上。

在外交方面，義大利的壓力激增，要求關稅聯盟，在阿國學校中推行義大利語文教學，義籍顧問出任政府公職及軍官，義籍移民也蜂湧而至。

阿爾巴尼亞是巴爾幹諸國中在 1920 年代期間唯一沒有共產黨組織的

國家，蘇聯雖於 1924 年底一度派遣代表團抵阿訪問，但在英國與南斯拉夫的壓力下，為時僅僅兩天即被遣走。阿國的不滿分子，在維也納組織了一個「民族解放委員會」（CONARE，或 National Liberation Committee），並在日內瓦發行一本期刊，由諾里擔任主席，1927 年諾里訪問蘇聯。1930 年第三國際派凱爾門迪 (A. Kelmendi) 前往阿國建立共黨組織，但因阿國缺少勞工階級，故參加分子僅限於少數知識分子，實力極為薄弱。

捷克危機之後，德國勢力伸入中歐。在德國攻擊波蘭之前，義大利搶先行動，1939 年 4 月 8 日，墨索里尼突派兵攻入阿境，左格逃亡，義王伊曼紐三世兼領阿國國王，義大利兼併阿爾巴尼亞的目的終於達成。其後，義大利並以阿國為基地，續向巴爾幹擴展勢力。

五、希　臘

在第一次世界大戰中，希臘加入協約國一方作戰。大戰雖已於 1918 年 11 月德國投降後宣告結束，但希臘方面的戰局則又延長了四年之久，直到 1922 年 9 月方始終止。

戰時，英、法一度企圖闖越黑海海峽，但被阻於達軛尼爾海峽的西端，無功敗退 (1915)。其後，聯軍作戰的重點，集中於法國前線，無力兼顧土耳其，遂將攻擊土耳其的任務交與希臘。此正符合希臘的理想。因為自古以來，在安納托利亞 (Anatolia) 半島的西部，住有大量的希臘人。希臘獨立以後，有一建立大希臘國的夢想，稱為「大理想」(Great Idea)，希望希臘的疆域，「地跨兩洲，濱臨五海」，意即安納托利亞半島的西部也應納入希臘版圖之內。

1921 年初，希臘在英、法、義等國支持下，揮軍十萬，攻入安納托利亞半島，最初進行尚稱順利，但土耳其此時已另建共和政府，戰時名將凱末爾出任總統，統領土軍，迎戰於安卡拉 (Ankara) 西方的薩卡里亞河 (Sakarya R.) 一線，激戰三週，希軍因進入土境過深，補給線過長，竟被土

軍擊敗，死亡四千，傷者二萬，攻勢受阻。翌年土軍發動反攻，收復半島西岸大城伊茲米耳 (Izmir)，希軍全部撤退，同行者尚有大批希臘僑民。凱末爾更越過海峽，攻入色雷斯，進至馬瑞莎河一線。1922 年 10 月，希、土簽訂停戰協定，希臘由戰勝國變成戰敗國，「地跨兩洲」的幻夢成空，土耳其反而保存了海峽北岸的一片領域，依然是一個地跨歐、亞兩洲的國家。

希臘受害最大者，是換僑問題，久住安納托利亞半島已歷千年以上的希臘人，總數約有一百三十餘萬，被迫離開土耳其，遷往希臘本土。希臘本土的人口當時約有四百三十萬人，這一批希僑因知識程度普遍較高，不少醫生、律師、教師及商人，希臘社會不易全部吸收，發生就業困難。反之，原住希臘境內的土耳其人，也有三十八萬人被迫遷入土境，同樣造成土國政府的困擾。

希臘於戰前原為王國，希王君士坦丁於 1917 年因傾向德、奧一方，被登陸希臘的聯軍迫其退位，由其次子亞歷山大繼位。1920 年亞歷山大因意外被猴咬傷而感染逝世，遂王君士坦丁復位，1922 年再傳位於其長子喬治二世 (George II)，在位不久，因議會以壓倒多數（259：3）主張廢王政，改共和，遂於 1924 年改建共和國 (1924–1935)，潘加羅斯 (T. Pangalos) 將軍當選為第一任總統，實行獨裁。其後政局不穩，內閣更迭頻繁。威尼綏洛斯 (E. Venizelos) 是這一段時間最具影響力的政治家，在他出任總理期間 (1928–1933)，頗多建樹，但此時正值世界經濟大恐慌浪潮波及巴爾幹之際，出口銳減，經濟凋敝，社會動蕩不安。1935 年，希臘又廢共和而恢復王國，喬治二世復辟，米泰克薩斯 (J. Metaxas) 將軍自 1936 年起出任總理，實行獨裁。1941 年希臘為德軍占領，希臘政府由雅典遷往克里特島，但為時不久，即又逃往倫敦，成為「流亡君主俱樂部」之一員。

戰間期的希臘外交活動，挫敗多於成就。在希、土戰爭期間，英、法、義等國最初皆支持希臘，但自 1921 年下半期起，法、義與英國發生歧見，轉而支持凱末爾的共和政府，僅有英國仍然站在希臘一方。土耳其擊敗希臘以後，國際聲望提高，使其得以廢棄原已簽訂的〈色佛茲條約〉(Treaty of Sèvres, 1920)，改以〈洛桑條約〉(1923) 取代，土耳其雖仍失去了敘利亞、美索不達米亞、阿拉伯半島和埃及等屬地，但卻保留了原已劃歸希臘的安納托利亞半島的西部、愛琴海中部分島嶼以及東色雷斯等地。換言之，希臘失去了這些地區，損失極為重大。

　　希臘與義大利之間，互相爭奪杜德坎尼斯群島的所有權。群島位於安納托利亞半島的西南端，居民大多為希臘人，1912 年義、土戰爭時被義大利占領，〈色佛茲條約〉將其劃歸義大利。早在 1913 年時，義大利與希臘商獲協議，由義讓予希臘，但自墨索里尼在義大利執政後，積極向東地中海區發展，宣稱前此所作之轉讓協議已告無效，堅持繼續占有，最後在洛桑會議中又將其劃歸義大利。一直到第二次世界大戰以後，希臘方始取得杜德坎尼斯群島的統治權 (1947)。

　　希、義之間的另一糾紛，也發生在 1923 年間，事因希臘與阿爾巴尼亞互爭領土而起。希臘堅持阿國南部的伊比拉斯為其所有，聯軍外長會議於是指派一個由希、阿、義等國組成的「劃界委員會」前往勘查，其中的三位義籍委員在希臘境內被希人殺害，義大利要求希臘懲兇，並賠款五千萬里拉，希拒，義乃派兵強占科孚島。希臘向國際聯盟提出申訴，但義大利認為此事非國聯管轄範圍而拒絕接受。最後由外長會議再行調查，兇手雖未查出，但兇案實發生於希境，因此判定由希臘賠償結案，義軍遲至 1923 年 9 月底方始撤出科孚。

　　希臘與保加利亞間的關係亦數度緊張，關於在色雷斯地區給予保國一條通往愛琴海的通路及海口使用問題，希臘拒保要求。又在 1925 年間，雙方邊界發生事故，有兩名希臘軍官被擊死，希乃派兵侵入保境以圖報復，此舉嚴重破壞國際秩序，國聯調查之後，處罰希臘，罰款四萬五千鎊。

　　在威尼綏洛斯最後出任總理期間，努力改善希臘與鄰邦之間的緊張關係，頗具成果，其中最為重要者是希、土之間簽訂了〈安卡拉條約〉(1930 年 10 月)，互相承認現存的邊界，並同意今後雙方在東地中海維持海軍實力的平衡。

奧地利史——藍色多瑙國度的興衰與重生

奧地利有著令世人屏息的絕美風光,音樂、藝術上更有登峰造極的傲人成就。這個位處「歐洲心臟」的國家,與德意志世界有著千絲萬縷的糾葛,其波瀾壯闊的歷史發展,造就了奧地利的璀璨與滄桑。讓我們嘗一口香甜濃郁的巧克力,聽一曲氣勢磅礴的交響樂,在阿爾卑斯山環繞的絕色美景中,神遊奧地利的古往今來。

土耳其史——歐亞十字路口上的國家

在伊斯蘭色彩的揮灑下,土耳其總有一種東方式的神秘感;強盛的國力創造出充滿活力的燦爛文明,特殊的位置則為她帶來多舛的境遇。且看她如何在內憂外患下,蛻變新生,迎向新時代的來臨。

國家圖書館出版品預行編目資料

東歐諸國史(當代完備版)(上)／李邁先著；洪茂雄增
訂.－－初版一刷.－－臺北市：三民，2020
　　面；　　公分

　　ISBN 978-957-14-6857-0　（平裝）
　　1.東歐史

740.73   109008971

東歐諸國史(當代完備版)(上)

| 作　　者 | 李邁先 |
| 增 訂 者 | 洪茂雄 |

發 行 人	劉振強
出 版 者	三民書局股份有限公司
地　　址	臺北市復興北路 386 號 (復北門市)
	臺北市重慶南路一段 61 號 (重南門市)
電　　話	(02)25006600
網　　址	三民網路書店 https://www.sanmin.com.tw

出版日期	初版一刷 2020 年 12 月
書籍編號	S740700
I S B N	978-957-14-6857-0

三民書局